U0442527

中国
社会科学
博士论文
文库

20世纪20—40年代
德国女性问题研究

German Women's Studies from 1920s to 1940s

张 浩 著

导师 孙立新

中国社会科学出版社

图书在版编目(CIP)数据

20 世纪 20—40 年代德国女性问题研究 / 张浛著 . —北京：中国社会科学出版社，2022.4

（中国社会科学博士论文文库）

ISBN 978 - 7 - 5203 - 6227 - 6

Ⅰ.①2⋯　Ⅱ.①张⋯　Ⅲ.①妇女问题—研究—德国—现代　Ⅳ.①D751.686.8

中国版本图书馆 CIP 数据核字（2020）第 054615 号

出 版 人	赵剑英
责任编辑	刘　芳
责任校对	孙义艳
责任印制	李寡寡

出　　版	中国社会科学出版社
社　　址	北京鼓楼西大街甲 158 号
邮　　编	100720
网　　址	http://www.csspw.cn
发 行 部	010 - 84083685
门 市 部	010 - 84029450
经　　销	新华书店及其他书店
印　　刷	北京明恒达印务有限公司
装　　订	廊坊市广阳区广增装订厂
版　　次	2022 年 4 月第 1 版
印　　次	2022 年 4 月第 1 次印刷
开　　本	710×1000　1/16
印　　张	16.75
字　　数	280 千字
定　　价	89.00 元

凡购买中国社会科学出版社图书，如有质量问题请与本社营销中心联系调换
电话：010 - 84083683
版权所有　侵权必究

《中国社会科学博士论文文库》
编辑委员会

主　　任：李铁映
副 主 任：汝　信　江蓝生　陈佳贵
委　　员：（按姓氏笔画为序）
　　　　　王洛林　王家福　王缉思
　　　　　冯广裕　任继愈　江蓝生
　　　　　汝　信　刘庆柱　刘树成
　　　　　李茂生　李铁映　杨　义
　　　　　何秉孟　邹东涛　余永定
　　　　　沈家煊　张树相　陈佳贵
　　　　　陈祖武　武　寅　郝时远
　　　　　信春鹰　黄宝生　黄浩涛
总 编 辑：赵剑英
学术秘书：冯广裕

总　序

在胡绳同志倡导和主持下，中国社会科学院组成编委会，从全国每年毕业并通过答辩的社会科学博士论文中遴选优秀者纳入《中国社会科学博士论文文库》，由中国社会科学出版社正式出版，这项工作已持续了12年。这12年所出版的论文，代表了这一时期中国社会科学各学科博士学位论文水平，较好地实现了本文库编辑出版的初衷。

编辑出版博士文库，既是培养社会科学各学科学术带头人的有效举措，又是一种重要的文化积累，很有意义。在到中国社会科学院之前，我就曾饶有兴趣地看过文库中的部分论文，到社科院以后，也一直关注和支持文库的出版。新旧世纪之交，原编委会主任胡绳同志仙逝，社科院希望我主持文库编委会的工作，我同意了。社会科学博士都是青年社会科学研究人员，青年是国家的未来，青年社科学者是我们社会科学的未来，我们有责任支持他们更快地成长。

每一个时代总有属于它们自己的问题，"问题就是时代的声音"（马克思语）。坚持理论联系实际，注意研究带全局性的战略问题，是我们党的优良传统。我希望包括博士在内的青年社会科学工作者继承和发扬这一优良传统，密切关注、深入研究21世纪初中国面临的重大时代问题。离开了时代性，脱离了社会潮流，社会科学研究的价值就要受到影响。我是鼓励青年人成名成家的，这是党的需要，国家的需要，人民的需要。但问题在于，什么是名呢？名，就是他的价值得到了社会的承认。如果没有得到社会、人民的承认，他的价值又表现在哪里呢？所以说，价值就在于对社会重大问题的回答和解决。一旦回答了时代性的重大问题，就必然会对社会产生巨大而深刻的影响，你也因此而实现了你的价值。在这方面年轻的博士有很大的优势：精力旺盛，思想敏捷，勤于学习，勇于创新。但青年学者要多向老一辈学者学习，博士尤其要很好地向导师学习，在导师的指导下，发挥自己的优势，研究重大问题，就有可能出好的成果，实现自己的价值。过去12年入选文库的论文，也说明了这一点。

　　什么是当前时代的重大问题呢？纵观当今世界，无外乎两种社会制度，一种是资本主义制度，一种是社会主义制度。所有的世界观问题、政治问题、理论问题都离不开对这两大制度的基本看法。对于社会主义，马克思主义者和资本主义世界的学者都有很多的研究和论述；对于资本主义，马克思主义者和资本主义世界的学者也有过很多研究和论述。面对这些众说纷纭的思潮和学说，我们应该如何认识？从基本倾向看，资本主义国家的学者、政治家论证的是资本主义的合理性和长期存在的"必然性"；中国的马克思主义者，中国的社会科学工作者，当然要向世界、向社会讲清楚，中国坚持走自己的路一定能实现现代化，中华民族一定能通过社会主义来实现全面的振兴。中国的问题只能由中国人用自己的理论来解决，让外国人来解决中国的问题，是行不通的。也许有的同志会说，马克思主义也是外来的。但是，要知道，马克思主义只是在中国化了以后才解决中国的问题的。如果没有马克思主义的普遍原理与中国革命和建设的实际相结合而形成的毛泽东思想、邓小平理论，马克思主义同样不能解决中国的问题。教条主义是不行的，东教条不行，西教条也不行，什么教条都不行。把学问、理论当教条，本身就是反科学的。

　　在21世纪，人类所面对的最重大的问题仍然是两大制度问题：这两大制度的前途、命运如何？资本主义会如何变化？社会主义怎么发展？中国特色的社会主义怎么发展？中国学者无论是研究资本主义，还是研究社会主义，最终总是要落脚到解决中国的现实与未来问题。我看中国的未来就是如何保持长期的稳定和发展。只要能长期稳定，就能长期发展；只要能长期发展，中国的社会主义现代化就能实现。

　　什么是21世纪的重大理论问题？我看还是马克思主义的发展问

题。我们的理论是为中国的发展服务的,绝不是相反。解决中国问题的关键,取决于我们能否更好地坚持和发展马克思主义,特别是发展马克思主义。不能发展马克思主义也就不能坚持马克思主义。一切不发展的、僵化的东西都是坚持不住的,也不可能坚持住。坚持马克思主义,就是要随着实践,随着社会、经济各方面的发展,不断地发展马克思主义。马克思主义没有穷尽真理,也没有包揽一切答案。它所提供给我们的,更多的是认识世界、改造世界的世界观、方法论、价值观,是立场,是方法。我们必须学会运用科学的世界观来认识社会的发展,在实践中不断地丰富和发展马克思主义,只有发展马克思主义才能真正坚持马克思主义。我们年轻的社会科学博士们要以坚持和发展马克思主义为己任,在这方面多出精品力作。我们将优先出版这种成果。

2001年8月8日于北戴河

序　言

本书是张湉在其博士学位论文基础上修缮完成的一部学术专著，对深化德国妇女史研究和"纳粹运动"史具有重要的理论价值和现实意义。作为张湉读博期间的指导教师，我深知她为该项研究所付出的的巨大努力：殚精竭虑、呕心沥血，废寝忘食地度过了无以计数但也令人难忘的日日夜夜。这部专著即将问世，我有幸先睹为快，兴奋之余也百感交集。

本书具有两个突出特征：一是强调纳粹运动是贯穿德国魏玛共和国和第三帝国的连续运动，德国妇女对于纳粹主义的态度也经历了从普遍漠视到普遍关注，从零星支持到相当一部分狂热追捧的复杂曲折的发展过程。对于理解德国妇女在纳粹运动中的表现，这一开阔的视野是十分关键的。二是采取了跨学科的研究方法，把历史学与社会学、统计分析等结合起来，既有人物、事件、过程的深度描述，又有分析批判的理论阐释，这对于深化主题、总结经验教训是非常必要的。

本书在创新方面较为突出：一是视角新。从传统的以希特勒和纳粹党为主体的研究转变为以德国妇女为主体的研究，从以纳粹妇女理论和妇女政策为主要内容的研究转变为以德国妇女对纳粹主义和纳粹政权的认识和态度为主要内容的研究，给人以全新的感受；二是明确提出"纳粹运动"概念，打破了一般史著把魏玛共和国和第三帝国形而上学地分为两个截然不同的独立部分的观念，把纳粹运动视为希特勒和纳粹党组织发动的一场旨在颠覆魏玛共和、建立"元首独裁统治"和"大德意志国家"的政治运动，德国妇女也是这一连续运动的全程参与者。无论是反对还是支持，德国妇女都在这一运动中发挥了作用。三是采用阶级和阶层分析方法，对于参与纳粹运动的德国妇女进行了比较准确、恰当的归属性分析，并由此做出了比较深刻的评判。

张湉自幼生长在美丽的沿海城市山东青岛，对德国和德国历史有着天然的兴趣。她也自幼养成勤奋好学、酷爱读书、锲而不舍、坚韧不拔、意志顽强的良好品质。在北京师范大学读博期间所接受的严格学术训练，又使她无论在理论方法论修养，还是在知识结构完善方面达到了一个新的水平，具备了扎实的独立从事科学研究的能力，并表现出深厚的发展潜力——这在本书中是不难看出的。

这部专著的问世，表明张浠在其漫长的学术生涯中，已迈出了坚实的一步，衷心祝愿她一发而不收，百尺竿头更进一步，能有更多更优秀的成果问世。

是为序。

孙立新
2022 年 4 月 19 日
于山东大学第五宿舍

摘　　要

本书以专题研究的方式，重点考察了德国女性在20世纪30年代德国国会大选中对纳粹党的支持、亲纳粹德国女性的政治活动和纳粹女性组织的建立与发展、德国女性对于纳粹东部计划和战时动员的态度、"希特勒的志愿女凶手"的思想和行动、基督教女教徒与纳粹运动的关系以及德国女性对纳粹运动的政治抵抗等史实。通过这一考察，笔者认为，以希特勒为首的纳粹党是通过自由、公开的竞选进入魏玛共和国国会并夺取国家政权的。对于希特勒和纳粹党在魏玛共和国时期参与国会竞选的活动，德国女性选民的支持率高于男性选民，并且这种倾向集中在经济危机爆发后，具有突发性特征，对纳粹党的"竞选成功"和纳粹政权的建立发挥了重大作用。在篡夺了国家政权后，希特勒和纳粹党实现全面统制，取缔了所有非纳粹主义政党和团体，确立了纳粹党的唯一合法地位，组建了一些由纳粹党政机关管辖的社会团体，其中包括"民族社会主义女性联盟""德意志女性工作社"和"德意志少女同盟"等女性团体。这些组织的许多领导人和积极分子大肆宣传纳粹主义，致力于贯彻纳粹党和国家的各项政策方针，组织德国女性为建设"族民共同体"和"大德意志国家"服务，为纳粹政权的巩固和纳粹德国的对外扩张做出了重要贡献。希特勒和纳粹党其他领导人坚持女性的"民族母亲"身份地位，并在上台后不久就实施了"迫使女性回家"的政策，但在面临"夺取生存空间"这一更为迫切的现实需求时，又不得不对现行政策加以调整并实施了招聘女性参与"新家园"建设和到工厂做工的政策。

对于这些政策，有不少德国女性是积极响应和支持的。她们或者主动放弃工作，回家料理家务，侍奉丈夫，为国家生育和养育接班人；或者满怀激情地参与殖民地的"日耳曼化"工程，帮助元首和国家拓展疆域，驱逐"低等人"；或者是到军事工业部门工作。有些人甚至成为集中营看守，疯狂地虐待囚徒，积极参与纳粹政权的"种族灭绝"计划，犯下了令人触目惊心的累累罪行。

　　绝大部分德国女性是为了保护自身的利益而顺应纳粹运动的，对于纳粹主义，她们并不完全认同。在大选期间，并非所有德国女性都投票支持纳粹党，投票支持中央党、巴伐利亚人民党、德国社会民主党和共产党的女性选民仍不在少数。在纳粹统治时期，绝大多数德国女性是被迫顺从纳粹党和国家的各项政策的，也有相当多的人采取了各种各样的抵抗行动，例如拒绝加入纳粹党和纳粹女性组织，拒绝参加纳粹女性举办的政治教育、母亲培训和晚间聚会，利用种种借口逃避纳粹当局的战时动员和招聘等。还有一些德国女性是态度鲜明的反对派。早在20世纪30年代的竞选中，不少德国共产党的女党员就是希特勒和纳粹党的死对头，坚决与之进行斗争。纳粹政权建立后，许多女共产党员、女社会民主党员以及各种政治抵抗组织的女性成员依然坚持进行反纳粹活动，许多人甚至为此付出了宝贵的生命。她们或者与男性抵抗者并肩战斗，或者独自承担传递情报、站岗放哨、打印和传播"非法"的宣传册、看望被捕同志、安抚惨遭杀害和流放的抵抗者的家属等任务。在整个反纳粹的抵抗运动中，德国女性抵抗者也构成了一股重要力量，虽然未能推翻纳粹政权，但却在一定程度上挽救了德国女性和整个德意志民族的良知和声誉。

　　关键词：德国女性　纳粹党　亲纳粹女性　女性抵抗者

Abstract

By using monographic study methods, this dissertation investigated the following historical facts: the supports that the Nazi party received from German women during the election of the Reichstag in the 1930s; the establishment and the development of pro-Nazi political movements of the German women as well as the Nazi women organizations; the attitude of German woman towards the Nazi's colonial projects in Eastern Europe and wartime mobilizations; the thoughts and the deeds of "Hitler's voluntary women accomplices"; the relationship between Christian woman and Nazi movement as well as anti-Nazi political movements among German women.

Though such investigation, it could be said that the Nazi party and its leader Hitler entered the Reichstag andoverthrown the Weimar Republic through free and open elections. Female German voters gave more supports to Hitler and his Nazi party than male voters during the Reichstag elections of the Weimar Republic. The votes came from woman sharply increased during the period after the Great Depression and thereby played an important role in the successful election of Nazi party and the establishment of the Nazi regime.

After seizing power, Hitler and his Nazi party began to implement total control of the nation. They suppressed all the non-Nazi parties and organizations and thus securing the Nazi party's status as the only lawful political organization. Some social organizations led by the Nazi party and government institutions were established, including " Nationalsozialistische Frauenschaft ", " Deutsches Frauenwerk ", "Bund deutscher Mädel" and other women organizations. Many leaders and active members of these organizations boasted Nazism, aiming at carrying out polices of the Nazi party and the regime and organizing women to contribute to the construction of "Volkisch Community" and "Greater German Reich". They contribute a lot in the consolidation of the regime and the expansion of Nazi Germany.

Hitler and other leaders of the Nazi party insisted on woman's identity as "Nation's Mother" and adopted police that forced women to go back to home. However, when facing the crucial needs of seizing the living space, they had to adjust the current police and hiring women for the construction of the "new homeland" as well as working in the factories.

Many German women reactedpositively towards theses polices, some of them gave up their works and went back to manage the housework, serve their husbands and bring up successors of the country, some passionately participated in the Germanization of the colonies, others works in the military industries. A few of them even became guardians of the concentration camps; they madly abused the prisoners, actively took part in the genocide plan and committed serious crimes.

The reason for most German women to go with the Nazi movement is to protect their own interests. They did not completely agree with Nazism. During the election, not all of the German women vote for the Nazis, and there is a considerable amount of female voters who support the Catholic Centre Party, the Bavarian people's party, the Social Democratic Party of Germany and Communist Party of Germany.

During the reign of the Nazi regime, most of the German women were forced to obey the Nazi party and the country's polices and a considerable amount of them did carry out resistant actions such as refusing the join the Nazi party and Nazi's women organizations, refusing to attend the Nazi political educations activities for women, the training projects for mothers and evening parties. They also used many excuses to escape the mobilization and employment of the Nazi regime.

During the elections of the 1930s, many female member of the Communist Party of Germany are the deadly enemies of Hitler and his Nazi party, they persisted in struggling against the Nazis.

After the Nazi's came in power, many female member of the Communist Party of Germany the Social Democratic Party of Germany and many other political resistance groups still committed to their anti-Nazi activities, a lot of them even sacrificed their lives. They fought alongside with the male members of the resistance groups, or carrying out independent missions such as delivering intelligence, standing on watch, printing and spreading illegal brochures, visiting arrested comrades, placating family members of those comrades who had been killed or banished.

Female Germen resisters were an important power in the entire anti-Nazi movements. Although failed to overthrown the Nazi regime, they saved the conscience and the reputation of the Germen woman as well as the entire German nation.

Key Words: German Women; Nazi Party; Pro-nazi women; Female resistance

目　　录

绪　论 ……………………………………………………………… (1)

第一章　国会选举中德国女性对纳粹党的态度 …………………… (27)
  第一节　学术界对于女性选民倾向的不同观点 ………………… (28)
  第二节　对大选中女性选票的分析 ……………………………… (31)
  第三节　女性选民支持纳粹党的原因 …………………………… (37)
  第四节　德国女性在大选中对纳粹党的抵制 …………………… (43)

第二章　纳粹女性组织的建立和运行 ……………………………… (49)
  第一节　近代以来的德国女性运动和女性组织 ………………… (50)
  第二节　纳粹女性组织的建立与发展 …………………………… (58)
  第三节　纳粹女性组织的特点和工作效果 ……………………… (76)

第三章　德国女性与纳粹德国的对外扩张 ………………………… (81)
  第一节　德国女性与殖民扩张 …………………………………… (82)
  第二节　德国女性与纳粹东部计划 ……………………………… (85)
  第三节　德国女性与纳粹战时动员 ……………………………… (103)
  第四节　希特勒的"志愿刽子手" ……………………………… (108)

第四章　基督教女教徒与纳粹运动 ………………………………… (123)
  第一节　基督教会官方和普通教徒的总体态度 ………………… (123)
  第二节　福音教女性与纳粹运动 ………………………………… (142)
  第三节　天主教女性与纳粹运动 ………………………………… (164)

第五章　反纳粹抵抗运动中的德国女性……………………（178）
　　第一节　德国抵抗运动概述……………………………（179）
　　第二节　德国女性的政治抵抗…………………………（182）
　　第三节　德国女性在日常生活中的抵抗………………（213）

第六章　结语………………………………………………（220）

参考文献……………………………………………………（228）

索　　引……………………………………………………（245）

致　　谢……………………………………………………（247）

Contents

Introduction ··· (1)

Chapter Ⅰ **German women's attitudes to the Nazi Party in parliamentary elections** ································· (27)
- Section 1 The different academic views on female voter preference ······ (28)
- Section 2 An analysis of the female vote in the general election ·········· (31)
- Section 3 Reasons why female voters supported the Nazi Party ·········· (37)
- Section 4 German women's resistance to the Nazi Party in the general election ·· (43)

Chapter Ⅱ **Establishment and operation of women's organizations** ··· (49)
- Section 1 German women's movement and women's organization since modern times ·· (50)
- Section 2 The establishment and development of Nazi women's organizations ·· (58)
- Section 3 Features and work effects of Nazi women's organizations ······ (76)

Chapter Ⅲ **German women and the expansion of Nazi Germany** ··· (81)
- Section 1 German women and Colonial Expansion ······················· (82)
- Section 2 German women and the Nazi East Project ······················· (85)
- Section 3 German women and Nazi wartime mobilization ················ (103)
- Section 4 Hitler's Volunteer "Executioner" ······························ (108)

Chapter Ⅳ Christian Women and the Nazi Movement ·············· (123)
  Section 1　An overview of the official church and the Layman ········· (123)
  Section 2　Evangelical women and the Nazi Movement ················ (142)
  Section 3　Catholic Women and the Nazi Movement ·················· (164)

Chapter Ⅴ German women in the Anti – Nazi Resistance movement ·· (178)
  Section 1　Overview of the German Resistance ······················ (179)
  Section 2　Political Resistance of German women ···················· (182)
  Section 3　Resistance of German women in daily life ···················· (213)

Chapter Ⅵ Conclusion ·· (220)

Reference ·· (228)

Index ·· (245)

Acknowledgements ·· (247)

绪　　论

　　长期以来，占人类人口半数的女性一直是历史记载中的边缘角色，除了部分女王、名媛、烈女或卓有成就的巾帼英雄，绝大多数女性并没有青史留名，她们的活动轨迹更不见踪影。这一情形自20世纪六七十年代起有所改观，随着女权主义运动的逐步发展和社会史研究的全面开展，"把女性还给历史和把历史还给女性"的女性史研究应运而生，有关历史上的女性政策、女性组织、女性生活和女性劳动的论著日渐增多。

　　对于纳粹德国时期的女性，中外学者也有了越来越多的关注。但与女性史研究的总体状况一样，论述纳粹德国女性政策、女性组织、女性生活和女性劳动的著作较多，论述女性的政治态度和政治参与的著作较少，女性似乎是不关心政治的被动接受者，她们仿佛与纳粹运动的兴起和发展、纳粹政权的建立和巩固以及纳粹德国最终覆灭没有多大关系。实际上，这是一种习惯性偏见。这种偏见不仅没有因为研究的增多而减少，反而更加突出了。在习惯于将女性看作"非政治性群体"的传统思维模式的支配下，这种情况的出现是毫不奇怪的。想要取得突破，还原历史真相，除了发掘原始资料外，还要转换视角、更新观念，要承认女性同男性一样也是有政治头脑的，即使程度不同、方式相异。

　　本书将提供一部新的女性史，其重点是德国女性与纳粹运动的关系，按照时间顺序，根据教派和党派归属，分门别类地考察德国女性对希特勒和纳粹运动或认同或拒绝，或追随或抵抗等不同态度和行为，深入考察德国女性的政治意识和政治参与，纠正偏见，填补空白，丰富女性史研究的内容，也为一般德国史研究提供重要素材。

一　选题意义

　　民族社会主义运动（简称"纳粹运动"）是由奥地利德意志人阿道

夫·希特勒（Adolf Hitler，1889—1945年）和德意志民族社会主义工人党（Nationalsozialistische Devtsche Arbeiterpartei，简称"纳粹党"）组织发动的一场旨在颠覆魏玛共和国、建立"大德意志帝国"的政治运动。它起始于1920年，终结于1945年。在此期间，希特勒和纳粹党通过竞选，于1933年1月30日攫取了德国国家政权，不久又以"保护德国人民和国家""消除阶级对抗"为由，废除议会民主制和多党制，确立了以纳粹意识形态和政党组织为核心的极权统治，并将国家结构由联邦形式的复合制改为中央集权的单一制。

1934年8月2日，魏玛共和国总统保罗·冯·兴登堡（Paul von Hindenburg）去世，希特勒颁布《国家元首法》，将总统和总理的职位合二为一，自任国家领袖兼政府总理，掌握了武装力量最高统帅权，成为集党、政、军大权于一身的"大独裁者"。

希特勒和纳粹党还拉拢垄断资本家，强行卡特尔化，兴建高速公路等大型工程，把国民经济纳入战争轨道；实行社会统制，强迫所有工人都加入"德国劳工阵线"（Deutsche Arbeitsfront）；组建特务恐怖组织和修建集中营，大肆恐吓、逮捕、监押、拷打和杀害政敌、犹太人和其他"无生存价值的生命"；在农村成立了农民必须参加的全国农会，以取代其他农民组织；控制教会，以所谓"积极的基督教"（即无须接受教会教义束缚的基督教）的概念取代原有的教义，使教会成为其巩固国内统治的一种特殊工具；推行文化专制主义，建立德国文化协会，严禁具有革命思想或民主思想的书籍，垄断全部文教卫生和思想宣传事业；打破凡尔赛体系，摆脱外交孤立状态，重整军备，组织国际军事政治集团，吞并奥地利，占据苏台德，进攻波兰，征服西欧，入侵苏联，力图建立一种统一的、以德意志人为主宰的欧洲"新秩序"，但在世界反法西斯同盟的坚决抵抗和沉重打击下，纳粹德国最终于1945年5月8日宣布战败投降。

不可否认，希特勒和纳粹党之所以能够攫取德国国家政权、建立独裁统治、发动大规模侵略战争并在战争过程中屠杀了600多万名犹太人，是与德国社会各阶层的普遍支持有密切关系的，也与许多德国女性的拥戴密不可分。

绪　论

希特勒曾说："女性是我坚定的支持者，因为我的胜利就是她们的胜利。"① 的确，对于女人，希特勒好像有一种神奇的魔力，不少社交界的贵妇对他青睐有加，为他向上爬铺平了道路。他的外甥女吉莉（Geli Raubal）因他而寻死，他的情人爱娃（Eva Braun）与他共赴黄泉。还有一大批德国女性狂热地加入了纳粹党或其他纳粹组织，"以无私的理想主义助纣为虐"②。有些女性在严寒的冬夜为希特勒织毛衣；有些女性则通过筹集钱款、器具，为被逮捕的家属提供帮助。而在1932年的国会选举中，大批女性把选票投给了希特勒和纳粹党，致使纳粹党的得票数陡然大涨，一跃成为国会中的最大党，希特勒也顺势成为国家总理。③ 即使希特勒和纳粹党大男子主义劲头十足，公开反对女性解放，鄙视"受过教育且爱打扮、喜欢外出社交、工作的女子"，声称女性的终身职业就是在家里"相夫教子、繁育后代"④，许多德国女性仍不以为意。相反，她们积极响应纳粹政府的号召，主动放弃工作，回归家庭，忙着为"第三帝国"繁殖更多健康的后代。不少女性还因为生育有功，获得了荣誉奖章。未婚少女则在纳粹党和政府各级女性组织的带领下，积极参加义务劳动，帮助训练护士和社会工作者，协助反犹排犹，消灭妓女、酒鬼和毒贩。妻子送丈夫参军，母亲送儿子上前线，女导演拍摄《意志的胜利》，女影星深入军营慰问士兵。在1939年第二次世界大战全面爆发后，纳粹政府实施了战时动员，要求女性重返生产第一线，数百万计的女性又不辞辛劳地干起了通常专由男人干的活儿。在1943年2月《元首关于广泛布置男人和妇女以保卫帝国的公告》发布后，一下子有约90万名女性投入到各类生产部门。⑤

然而，正如说"全体德意志人都是纳粹罪犯"是不可理喻的那样，声称"德国女性全都支持希特勒"也十分荒谬。在魏玛和纳粹时期，德国女性共有约3000万人，但在1933年1月，只有42500名德国女性加入纳粹

---

① Helen Boak, "Women in Weimar Germany: The 'Frauenfrage' and the Female Vote", in: Richard Bessel and E. J. Feuchtwanger (eds), *Social Change and Political Development in Weimar Germany*, London: 1981, p. 155.
② 王肇伟：《试论纳粹德国的人口政策》，《山东师大学报》（社会科学版）1994年第4期。
③ 不少史学家因此称希特勒是由女性选上台的。
④ Charu Gupta, "Politics of Gender: Women in Nazi Germany", *Economic and Political Weekly*, Vol. 26, No. 17, Apr. 27, 1991, p. WS40 – WS48.
⑤ 王肇伟：《论纳粹德国的女性理论及政策》，《世界历史》1995年第3期。

党。① 到 1940 年，加入纳粹各种女性组织的女性人数虽然达到 800 万人，但许多女教师和女公务员都是在纳粹党和政府的压力下集体加入的。真正狂热的女纳粹分子充其量也只有几十万人。② 更多的女性是保持沉默的"态度冷淡者"，而沉默既有顺从也有反抗之意，她们对纳粹运动不闻不问，我行我素，甚至想方设法逃避纳粹党和政府的命令和义务，实际是在进行消极抵抗。还有一些女性是态度鲜明的反对派。早在 20 世纪 30 年代的竞选中，社会民主党和共产党的女党员就是希特勒和纳粹党的死对头，她们大胆揭露纳粹的反动实质，并且特别向广大女性选民发出警告，如若希特勒上台，德国女性经过长时间斗争才获得的些许解放，就将毁于一旦，重新陷入被奴役的低下地位。③ 在纳粹政权建立后，依然有不少女性坚持抵抗，许多人为此付出了宝贵的生命，如女共产党员格特鲁德·皮特尔（Gertrud Piter）、海伦讷·格拉茨尔（Helene Glatzer）、莉泽萝特·赫尔曼（Liselotte Herrmann）、凯特·尼德基什内尔（Käthe Niederkirchner），女社会民主党员托妮·普福尔夫（Toni Pfülf）、约翰娜·基什内尔（Johanna Kirchner）、弗丽达·罗森塔尔（Frieda Rosenthal）、玛利亚·格鲁姆斯（Maria Grollmuß）、"红色乐队"中的伊尔泽·施托伯（Ilse Stöbe）、莉波塔斯·舒尔策—鲍伊森（Libertas Schulze-Boysen）、伊丽莎白·舒马赫（Elisabeth Schumacher）、米尔德瑞德·哈纳克（Mildred Harnack）、艾丽卡·冯·布鲁克道夫（Erika von Brockdorff）、格丽塔·库克霍夫（Greta Kuckhoff）、希尔德·科皮（Hilde Coppi）和爱娃—玛丽亚·布赫（Eva-Maria Buch），索尔夫团体中的汉娜·索尔夫（Hanna Solf）和伊丽莎白·冯·塔登（Elisabeth von Thadden），以及"白玫瑰小组"中的索菲·朔尔（Sophie Scholl），等等。她们当中有的人与男性抵抗者并肩战斗，有的人承担起传递情报、站岗放哨的任务，有的人负责照料抵抗者的家属等后勤工作……在整个反纳粹抵抗运动中，德国女性抵抗者也构成了一股重要力量，虽然未能推翻纳粹政权，但却在一定程度上挽救了德国女性和整个德意志民族的良知和声誉。

---

① 王肇伟：《论纳粹德国的女性理论及政策》，《世界历史》1995 年第 4 期。
② 王肇伟：《论纳粹德国的女性理论及政策》，《世界历史》1995 年第 4 期。
③ Ute Frevert, *Frauen-Geschichte, zwischen bürgerlicher Verbesserung und neuer Weiblichkeit*, Frankfurt am Main：Suhrkamp, 1986. 参见 ［德］U. 弗雷福德《德国妇女运动史：走过两世纪的沧桑》，马维麟译，台北五南图书出版公司 1995 年版，第 195 页。

由此可见，德国女性并非铁板一块。对于纳粹运动，她们从一开始就采取了各种各样的立场态度和行为模式，有的支持，有的反对，有的则是不理不睬，漠然置之。那么，德国女性在纳粹运动中究竟扮演了怎样的角色？究竟是支持者多，还是反对者多？更进一步说，究竟是哪些人支持，哪些人反对？她们分别来自哪个阶级或阶层？隶属于何种政治党派或宗教教派？支持什么？反对什么？纳粹时期的男女两性关系是否真的如希特勒和纳粹党所宣传的那样平等？德国女性是不是真的放弃了解放要求？德国女性的反纳粹斗争是否或在多大程度上与女性解放要求相关联？在支持和反对的两大阵营中，是不是还有立场态度逆转的发生？在支持者和反对者当中，有哪些人是主动的，哪些人是被动的？各种立场态度和行为模式背后有着怎样的动机、目的抑或其他更深层的原因？国家耻辱和个人恩怨在多大程度上相互混杂，相互交融？支持或反对的结果如何？

对于上述问题，国内学者基本尚未涉猎，更没有展开广泛讨论。西方学者虽然有所关注，对部分问题还进行过相当深入的研究，但全面系统的阐述也不多见。本书试以德国女性与纳粹运动的关系为研究对象，从女性史的角度出发，运用历史学和阐释学方法，对上述问题做出比较适当的解答。

研究德国女性与纳粹运动的关系问题，首先有助于更加准确地说明德国女性在纳粹运动中所发挥的作用。在这里，我们既可以证明她们当中的某些个人和团体对于纳粹运动恶性发展所负的责任，也可以彰显她们当中另一些个人和团体对于粉碎纳粹统治所做出的贡献。自20世纪80年代以来，史学界就有关于纳粹时期的德国女性究竟是"刽子手"还是"受害者"的争论。我们认为，德国女性在纳粹运动中所扮演的角色不仅仅限于"刽子手"或"受害者"两种，她们当中还有不少反纳粹的英雄。

研究德国女性与纳粹运动的关系问题也有助于深化人们对德国女性史的认识，更加清楚地了解20世纪上半叶德国女性的政治和社会地位、她们的生活和就业状况、她们的思想观念和政治倾向。在魏玛和纳粹德国时期，德国女性尽管在总体上依然处于依附地位，在家庭和社会的各个领域中缺乏独立性和自主性，但是作为一个占人口总数过半的群体，她们的存在是不容忽视的，她们参政、议政的本能是压抑不住的，其社会影响力也是不可替代的。

德国女性与纳粹运动的关系不仅仅关乎女性自身的利益，它也与当时社会上的若干重大问题,如政治问题、社会问题、种族问题和战争问题等密切相关。因此,研究德国女性与纳粹运动的关系也有助于丰富人们对魏玛和纳粹时期德国社会史的认识。

此外,研究德国女性与纳粹运动的关系还有助于揭露纳粹运动的危害,促进人们吸取纳粹从犯的教训,学习纳粹抵抗者的光辉榜样,不断提高自己的思想觉悟,以顺应人类社会理性、健康、和谐发展的要求。

二 国内外研究现状

德国女性与纳粹运动的关系问题涉及纳粹运动史、魏玛和纳粹德国时期的德国社会史和女性史等诸多领域,但在以往的研究中,人们主要侧重于希特勒和纳粹党的女性政策、这一政策的实施效果以及魏玛和纳粹德国时期德国女性的日常生活等问题。对于德国女性对纳粹主义和纳粹运动本身(而不仅仅是其女性理论和女性政策)的认识和态度,虽然也有部分论述,但大都处于从属地位,分散在各种著述的边边角角和字里行间。以女性为主体,专门研究女性的政治意识和政治参与的著作,虽然已开始出现,但数量很少,论述也不够完整和深入。

(一) 英美德奥诸国学者的研究

1. 纳粹史研究

第二次世界大战结束以来,英、美、德、奥诸国历史学家的纳粹史研究大体经历了三个发展阶段,其研究内容也随着纳粹档案的逐渐开放和学术理念的发展变化而日益丰富。

从1945年到20世纪60年代中期,也就是说在战后初期,许多史学家都致力于研究纳粹主义产生的原因,但不同的学者有不同的看法。有的学者认为,纳粹主义起源于普鲁士和德意志帝国时期;有的学者则认为起源于魏玛共和国时期;有的学者认为纳粹德国是中欧历史的延续;但也有学者〔如德国的弗里德里希·迈内克(Friedrich Meinecke, 1863—1954年)和格哈德·里特尔(Gerhard Ritter, 1888—1967年)〕否认纳粹主义为普鲁士与德意志帝国历史传统的产物,强调纳粹运动是法国大革命以来政治民主化与大众化进程的病变结果,是一种欧洲的而非德国的现象。[1]

---

[1] [美]格奥尔格·G. 伊格尔斯:《德国的历史观》,彭刚、顾杭译,译林出版社2006年版,第297页。

这个时期，在东西方冷战和意识形态对峙的大背景下，西方学者普遍怀有强烈的反共、反苏倾向，极力反对共产党和苏联东欧学者把纳粹主义视为垄断资本家的政治统治工具的法西斯主义理论，强调纳粹德国的"极权主义"特征，并且认为纳粹德国和斯大林统治下的苏联虽然在意识形态上截然对立，但都实行一党制和个人独裁的专制统治，对本国民众的生活和思想实行全面控制，与西方资本主义国家的民主自由诉求格格不入。

在研究方法上，这个时期的西方史学家也大都沿袭传统的政治史理念，强调"外交政策的优先地位"和大国务活动家的决定性作用，认为国家的外交和军事活动在人类历史创造过程中发挥着重要作用，大国务活动家是历史发展的唯一决定性的动力。在纳粹德国也是"元首"决定一切，所有经济和社会因素都居于次要地位。

自20世纪60年代中期起，随着纳粹档案的大量公开和社会史研究的普遍兴起，许多历史学家把研究重点转向了1933—1939年的德国历史：考察纳粹政权的体制结构和运作方式，探讨纳粹政府的军备和扩张政策，分析德国民众未对纳粹体制予以坚决抵抗的原因以及"长时段"地考察工业化以来德国政治与经济的"非同步发展"的"特殊道路"的研究逐渐增多。有关政治史和体制史的研究被对社会史的研究所取代，"自下而上"研究历史的方法开辟了若干新的研究领域，有关纳粹德国社会结构、利益团体和社会—政治运动的论著大量涌现。许多学者开始质疑纳粹德国"自上而下的极权主义"体制特征，从"蓄意论"转向"功能论"。

20世纪80年代之后，纳粹史研究进入第三个阶段，与社会史研究并行，日常生活史、新政治史和新文化史著作逐渐增多，有关纳粹德国对犹太人等其他"劣等民族"的大屠杀以及对同性恋者、残疾人、精神病患者等"社会废物"的清除等政策和措施的论述层出不穷。纳粹政权的种族主义特征得到更多关注，其种族政策、人口政策、女性政策、家庭政策和生育政策成为新的研究热点。新的研究表明，纳粹政权不仅清洗非德意志的异族群体，而且致力于清洗本族人，通过限制生育和性行为、强制绝育、杀害精神病患者和残疾人等措施提高人口质量。新的研究还表明，人与制度之间的关系相当复杂，公众对纳粹政权的态度是有所变化的，顺从或反抗都与具体政策的实施密切相关。

2. **女性史研究**

在传统的历史研究中，广大女性一直处于次要的、被边缘化的地位。

在许多历史学家笔下,人类历史仅仅是以男性活动为中心的政治和社会发展史。20世纪70年代,随着社会史研究的深入开展,有关历史上的家庭、婚姻和性等为传统史学所忽视的题目也受到了越来越多的关注,在此,女性当然是不可或缺的角色,女性史研究遂逐渐兴起。至80年代,随着日常生活史的兴起,女性史的研究范围又逐步扩大,除了"知名女性"外,"普通女性"及其宗教信仰、家庭生活和心理特征也成为重要研究对象。女性史汇入了一般史研究的洪流,成为一般历史中不可或缺的一个重要组成部分。

3. 德国女性史研究

与一般女性史研究相呼应,由德国女性学者主导的德国女性史研究也获得了大规模发展。

不少学者从宏观角度对德国女性运动的发展历程进行了概述。U. 弗雷福德（Ute Frevert）著《位于资产阶级改良和新女性之间的女性史》①,从18世纪初期的人权及女性义务写起,一直论述到1986年新共和时代女性所面临的机会与限制,将二百多年来德国女性为求解放而进行的斗争清清楚楚地展现在世人的面前。对于魏玛共和国中的"现代新女性"、纳粹政权的女性政策（劳动市场、人口及家庭）和德国各阶层女性的生活状况,作者也做了概括性论述,但基本是从纳粹女性政策的影响和德国女性对这一政策的应对的角度论述的。该书的第四章专门阐述纳粹时期的女性,以"第三帝国的女性：在传统与现代之间"为章题,从劳动力市场、人口及家庭政策三个方面考察了纳粹的女性政策,探究了各类女性对于纳粹女性政策所表现出的忠诚或反抗的态度。该书涉及的女性问题横跨两个世纪,是从事该领域研究的学人的必读之作。

南希·R. 里根（Nancy R. Reagin）著《德国女性运动一瞥——1880—1933年汉诺威的阶级和社会性别》②,以汉诺威为例,对1880—1933年女权主义在德国的兴起和发展进行了深入阐释。对于"阶级"和"社会性别"概念的运用,表明作者是从新女性史的角度进行考察的。

---

① Ute Frevert, *Frauen-Geschichte, zwischen bürgerlicher Verbesserung und neuer Weiblichkeit*, Frankfurt am Main: Suhrkamp, 1986. 参见 [德] U. 弗雷福德《德国妇女运动史：走过两世纪的沧桑》,马维麟译,台北五南图书出版公司1995年版。

② Nancy R. Reagin, *A German Women's Movement, Class and Gender in Hanover*, 1880 – 1933, Chapel Hill: North Carolina University Press, 1995.

有更多的学者关注魏玛共和国和纳粹德国的女性政策，以及这种政策对于女性生活（包括家庭生活和社会生活、女性社会地位和生存状况等）所产生的影响。蒂姆·梅森（Tim Mason）在《1925—1940年的德国女性——家庭、福利和工作》[①]一文中，分析了纳粹政府的婚姻贷款及各种补助、福利等政策实施情况，指出，最终获得金钱的是男性，响应政府号召，脱离工作，回到家庭的女性仍处于依附地位，女性只是承担辅助性工作，起配合作用的角色。作者还指出了多子女家庭在生活水平上与少子女家庭的巨大差距，以及前者所面临的压力。刺激婚育的措施在某些女性中间并不起作用，她们依然选择继续工作和小规模家庭。作为一名马克思主义史学家，梅森主要是从阶级斗争的角度来论述纳粹时期的德国女性的，他力图通过对女性政策和家庭政策的考察，展现纳粹政府对德国社会，特别是对工人阶级的掌控。

蕾拉·J.鲁普（Leila J. Rupp）在《为战争动员女性——1939—1945年德国和美国的宣传》[②]一书中，着重论述了纳粹政权在1939年第二次世界大战爆发后动员女性从事生产劳动、支援前线作战政策的实施和效果。按照作者的见解，纳粹政权的战时女性动员政策基本是失败的，许多德国女性想方设法逃避征召，这也说明并非全体女性都支持民族社会主义。

吉尔·史提芬森（Jill Stephenson）在《多子化的帝国同盟——纳粹德国人口政策中的大家庭联合》[③]一文中，论述了纳粹刺激生育政策的实施情况。他虽然没有专门论述女性对该政策的态度和意见，但从他提供的数据中明显可见女性的消极态度。

吉瑟拉·鲍克（Gisela Bock）著《纳粹德国的种族主义和性生活——母性、强迫绝育和国家》[④]，分析了纳粹政权在1933—1939年采取的优生和强制绝育政策。作者指出，女性是纳粹政权贯彻其种族主义思想的工具，德国女性尤其是那些非雅利安族女性，是纳粹种族主义和性别歧视的

---

① Tim Mason, "Women in Germany, 1925–1940, Family, Welfare and Work", *History Workshop*, No. 1, Spring, 1976.
② Leila J. Rupp, *Mobilizing Women of War, German and American Propaganda, 1939–1945*, Princeton, N. J.: Princeton University Press, 1978.
③ Jill Stephenson, "Reichsbund der Kinderreichen, the League of Large Families in the Population Policy of Nazi Germany", *European History Quarterly* 1979, pp. 351–375.
④ Gisela Bock, "Racism and Sexism in Nazi Germany: Motherhood, Compulsory Sterilization and the State", *Signs*, Vol. 8, No. 3, Spring, 1983, pp. 400–421.

最大受害者。她们深受种族主义和性别歧视之害,即使在纳粹政权中担任公职,参与实施"安乐死"计划和绝育手术,也不能改变她们身受男权支配的从属地位。

雅克·R. 帕维尔斯(Jacques R. Pauwels)在《女性、纳粹和大学——1933—1945年第三帝国的女大学生》①一书中,详细考察了纳粹政权的大学政策及其对女大学生的态度,也论述了女大学生联合会的活动情况。作者认为,纳粹政府虽然对女性高等教育持排斥态度,并在第二次世界大战前对女性高等教育施行了一系列限制措施,但并没有达到目的,甚至产生了相反的结果即德国女性获得了史无前例的学术解放。

科妮莉亚·乌斯波讷(Cornelie Usborne)著《魏玛德国的身体政治——女性的生育权和生育义务》②,论述了魏玛共和国为增加人口而采取的鼓励女性婚育政策和干预性别、生殖措施。由此可见,国家的社会人口政策已经从人口的数量规模型转向了优生优育型,社会立法和福利改革也涉及性和生育控制等最私密的个人和家庭事务。

安提娜·格罗斯曼(Atina Grossmann)在《改革性别——普通德国的控制生育和堕胎的运动》③一书中,有一部分记录了德国女医生或普通女性对纳粹人口政策的观点,从生育政策来审视纳粹的种族政策。

莉萨·潘(Lisa Pine)著《纳粹家庭政策,1933—1945年》④,论述了纳粹党的家庭理想及其为实现这一理想而制定的各项政策,如给予多子女家庭的各种奖励和福利,对犹太人和"反社会"家庭的打压和惩罚。该书旨在通过分析纳粹的家庭思想体系和具体的家庭政策,探讨纳粹家庭政策所产生的影响。

米歇尔·蒙顿(Michelle Monton)著《从教养民族到清理人民——1918—1945年魏玛共和国和纳粹政权的家庭政策》⑤也是论述政府政策

---

① Jacques R. Pauwels, *Women, Nazis and Universities-Female University Students in the Third Reich*, 1933 - 1945, Westport: Greenwood Press, 1984.
② Cornelie Usborne, *The Politics of the Body in Weimar Germany, Women's Reproductive Rights and Duties*, Basingstoke: Macmillan Press, 1992.
③ Atina Grossmann, *Reforming Sex: The German Movement for the Birth Control and Abortion*, London: Oxford University Press, 1995.
④ Lisa Pine, *Nazi Family Policy, 1933 - 1945*, New York: Berg, 1997.
⑤ Michelle Monton, *From Nurturing the Nation to Purifying the Weimar and Nazi Family Policy*, 1918 - 1945, New York: Cambridge University Press, 2007.

的，但与以往的同类作品不同，它对德国女性的不同观点和选择做了比较细致的区分，我们从中可以看到，有些女性视婚姻贷款如珍宝，有些女性则视为禁锢女性自由的枷锁；有些女性积极响应纳粹的多子女政策，有些女性则更愿意外出工作而不愿意充当生育机器，甚至拒绝享用为其产后提供的福利。本书还提供一些纳粹德国女性的离婚案例，我们从中可以看出，在纳粹统治时期德国女性依然是处于从属于男性的地位的。

严格地说，政策研究仍属于政治史范畴，而非真正意义上的女性史，因此，有一些学者转换视角，开始了以女性为研究对象的真正意义上的女性史研究。

克劳迪亚·昆兹（Claudia Koonz）在《1933年以前的纳粹女性——反解放的暴动》[①] 一文中，分析了德国女性放弃先前女性解放的成果、心甘情愿地投票给纳粹党的原因。作者从亲纳粹和反纳粹女性之间的辩论，看出了当时德国女性内部的观点差异，也从女性在纳粹党内的待遇，得出了在纳粹德国女性已经丧失了独立的地位，仅仅是在一定程度上获得"官方认可"的结论。

克劳迪亚·昆兹在《祖国的母亲——纳粹德国的女性》[②] 一文中，从对前纳粹女性组织领袖格特鲁德·舒尔茨—克林克（Gertrud Scholtz-Klink）以及一位犹太幸存女性的采访开始展开，对纳粹女性的心理活动及其与纳粹政权的关系进行了论述。作者分析了雅利安女性在纳粹德国的种种角色，尤其是她们顺从和执行了纳粹的各项政策，遵守了纳粹所宣扬和推行的那种保持传统的生活方式，照顾家庭和男性，为其饮食起居而服务。作者认为，女性的这一回归举动让男人们产生了一种真实的"预想"，即只要为纳粹政权奋斗，最终这一切就会保持下来，家庭观念和传统就会回归。所以，作者认为女人们维持家庭稳定和为帝国开枝散叶，从另一方面助长了纳粹的气焰，这种顺从和面对暴行时的沉默，使她们同样应对纳粹罪行负有责任。除了助纣为虐的女性坯了有，书中还提到了有些女性因看不惯纳粹的暴行而与之作对的事例，她们救助犹太人和非雅利安人的行为是部分女性不再沉默，将自己的思想付诸实践的缩影。

---

① Claudia Koonz, "Nazi Women Before 1933. Rebels Against Emancipation", *Social Science Quarterly*, 56 – 4 Mar., 1976, pp. 553 – 563.

② Claudia Koonz, *Mothers in Fatherland*, *Women*, *the Family and Nazi Politics*, New York: St. Martin's Press, 1987.

理查德·J. 埃文斯（Richard J. Evans）在《德国女性与希特勒的胜利》[1]一文中，通过对各种案例、数据的分析得出了希特勒从未获得大部分女性真心支持的结论。虽然在纳粹党获得政权之后，有一部分女性充满狂热，但在纳粹政权逐渐显露其残酷的本质之后，绝大多数女性都弃暗投明，明里暗里与政府作对，至少是不再参与纳粹女性组织的活动了。

吉尔·史提芬森（Jill Stephenson）著《纳粹女性组织》[2]考察了在纳粹党"德意志女骑士团"（Deutsche Frauenorden, DFO）、"纳粹妇联"（NS-Frauenschaft, NSF）和"德意志少女同盟"（Bundes Deutscher Mädel, BDM）等女性组织的建立和发展，分析了纳粹女性组织在规划女性、吸纳女性、培训女性等方面所发挥的作用。作者指出，德国女性在德国军事失利的情况下对纳粹失去了信心，纳粹女性组织在稳定民心、鼓舞士气方面发挥了重大作用。该作者还撰写了论文《纳粹德国的女性劳动服务》[3]，对比于魏玛时期的女性劳动服务情况，他全面分析了纳粹时期从提倡到强制女性劳动服务的动因、内容、效果，以及战时女性劳动服务性质的转变等情况，指出第三帝国实际上违背了"劳动服务"中的服务理念，它最为重要的实际任务是接受"政治教育"，成为替纳粹党的领导高唱赞歌的工具。该论文否认了女性"劳动服务"的服务功能，指出它的实质在于成为纳粹意识形态的被灌输对象和工具。吉尔·史提芬森著《纳粹德国的女性》[4]一书，对纳粹女性的历史地位，其在家庭、生育方面的特殊角色有着详细的说明。除了列举纳粹针对女性和家庭采取的政策和措施，还讨论了女性对这些政策的态度。例如，有的女性积极融入政治生活，有的并不支持纳粹的举国体制，甚至抵制纳粹的生活方式，也有的成为种族主义政策的代理人。妇女们还进行了有组织的抵抗。而在全面战争爆发之后，大多数女性需要自力更生，自己养活自己。

卡罗拉·萨赫泽（Carola Sachse）1987年发表的《产业家庭主妇：纳

---

[1] Richard J. Evans, "German Women and the Triumph of Hitler", *The Journal of Modern History*, Vol. 48, No. 1, On Demand Supplement Mar., 1976, pp. 123–175.

[2] Jill Stephenson, *The Nazi Organisation of Women*, London: Croom Helm, 1981.

[3] Jill Stephenson, "Women's Labor Service in Nazi Germany", *Central European History*, Vol. 15, No. 3, 1982.

[4] Jill Stephenson, *Women in Nazi Germany*, New York: Longman Press, 2001.

粹德国女性在工厂中的社会工作》①,从社会工作的角度论述了纳粹政府针对产业女工人所制定的社会政策以及女工的工作状况。

玛丽恩·A. 卡普兰（Marion A. Kaplan）写作的《纳粹德国的犹太女性——1933—1939年的日常生活和斗争》②一文，论述了犹太女性在战争爆发前的纳粹德国的私人生活和公共生活，展示了她们作为个体和组织的反抗斗争。

查鲁·古普塔（Charu Gupta）著《社会性别政治——纳粹德国的女性》③一文，论述了纳粹政府针对女性的一些政策措施，如放弃工作、刺激生育，等等。申明了纳粹当局重视生育的原因和背景，分析了纳粹时期女性的使命。不同的是，该文的第五部分分析了共产党、社会主义者和天主教女性等德国女性对希特勒的反抗，作者认为女性的实际抵抗行为远比历史学家的研究有效得多，如女性工人消极怠工，中产女性不参与工作，许多女性拒绝多生孩子，一些女性救助犹太苦工和受迫害者，还有些女性印刷和散发违禁的传单，等等。

多里斯·戈戴尔（Doris Gödl）发表了《女性对纳粹政治的贡献》④，围绕"在1933年前后支持纳粹并与其一同工作的1200万名女性是谁？纳粹推行了什么样的政策来诱惑女性支持他们的政治计划或者激励她们加入纳粹？"等问题展开论述，作者赞成汉娜·阿伦特的"平庸的恶"⑤的观点，提出不能将男性等同于暴力，是权力等同于暴力，指出即使这些女性没有亲手动用自己的权力作恶，她们对纳粹暴行的授权和默许也是一种罪过。

马丁·杜哈姆（Martin Durham）写作了《女性与法西斯主义》一书⑥。他首先阐述了法西斯主义、纳粹主义和女性之间的关系，然后分析

---

① Carola Sachse, *Industrial Housewives: Women's Social Work in the Factories of Nazi Germany*, New York: The Institute for Research in History and the Haworth Press, 1987.
② Marion A. Kaplan, "Jewish Women in Nazi Germany, Daily Life, Daily Struggles, 1933 - 1939", *Feminist Studies*, Vol. 16, No. 3, 1990, pp. 579 - 606.
③ Charu Gupta, "Politics of Gender, Women in Nazi Germany", *Economic and Political Weekly*, Vol. 26, No. 17 Apr., 1991, pp. WS40 - WS48.
④ Doris Gödl, "Women's Contributions to the Political Policies of National Socialism", *Feminist Issues*, No. 3, 1997, pp. 31 - 41.
⑤ [德]汉娜·阿伦特:《极权主义的起源》,林骧华译,生活·读书·新知三联书店2008年版。
⑥ Martin Durham, *Women and Fascism*, London: Routledge Press, 1998.

了德国女性把希特勒选上台的原因，并对纳粹领导人如何定位德国女性的角色，以及供职于党卫队中的德国女性的作用进行了深入考察。除此之外，马丁·杜哈姆还论述了其他欧洲国家，例如法国和意大利的女性与法西斯主义的关系。

莎荣·寇斯尼尔（Sharon Cosner）与维多利亚·寇斯尼尔（Victoria Cosner）在1998年合作出版了《第三帝国的女性——一部传记体字典》[1]。该书收录了一百多名在纳粹德国时期具有相当高的知名度的德国女性的信息，介绍了她们的出身和家庭背景，在第二次世界大战前所从事的职业，对纳粹主义所采取的态度。此书为纳粹女性的研究提供了更多的案例，丰富了这一领域的实体研究对象。

茱莉亚·施令格（Julia Sneeringer）著《魏玛德国的宣传和政治——赢得女性的选票》[2]，考察了魏玛共和国时期各个政党为赢得刚刚获得选举权的女性的选票而付出的努力，揭示了纳粹党自1930年起得票大增的奥秘，认证了希特勒是被女性们推上台的这一事实。

马修·斯蒂布（Matthew Stibbe）在《第三帝国的女性》[3]一书中，专门论述了未婚女性、离异女性，以及被隔离、被遗弃和被关押的女性的情况。他指出，纳粹政权的女性政策完全是从希特勒和纳粹党的种族主义理论中衍生出来的，既非现代也非反现代，不同的年龄、阶层、信仰、种族的女性有着不同的境遇，只有那些"无价值女性"属于真正的受害者，而雅利安女性大体上都是受惠者。

伊丽莎白·哈维（Elizabeth Harvey）著《女性与纳粹东部——日耳曼化的代理人和见证者》[4]，论述了在纳粹领土东扩的过程中，德国女性配合纳粹的政策，在东部地区承担特别的任务：帮助纯正的雅利安家庭建立健康的、纳粹化的生活方式，尤其是教导主妇照顾孩子，在边境建立纳粹化的幼儿园，保持种族卫生，帮助纳粹"清洁"低等种族，在吞并地区树立模范的德意志形象，并通过教育的方式来影响年青一代，给青少年灌输纳

---

[1] Sharon Cosner, *Women under the Third Reich: a Biographical Dictionary*, New York: Greenwood Press, 1998.

[2] Julia Sneeringer, *Propaganda and Politics in Weimar Germany, Winging Women's Vote*, Chapel Hill: University of North Carolina Press, 2002.

[3] Matthew Stibbe, *Women in the Third Reich*, London: Arnold Press, 2003..

[4] Elizabeth Harvey, *Women and the Nazi East-Agents and Witnesses of Germanization*, London: Yale University Press, 2003.

粹思想，等等一系列在东部占领区的辅助纳粹化行为。作者认为，民族主义的口号被用来挑战传统的两性分工理论，并为女性提供了新的机会。女性对"德意志化"的参与即使多限于家庭领域，但却将这一领域向更宽泛的公共领域拓宽。该书为女性与纳粹主义关系的研究提供了新的视角。

为考察女性在纳粹德国的具体地位，伊丽莎白·D. 海讷曼（Elizabeth D. Heineman）著《丈夫的地位是什么？纳粹和战后时期的女性和婚姻地位》①，作者采访了许多单身、离异和丧偶的女性，从生活的各个维度分析她们在战争中的独身生活，揭示在纳粹时期德国女性的真实生活状况。

拉斐尔·舍克的论文《魏玛共和国早期的德国保守主义及女政治活动家》②，论述了魏玛共和国早期保守主义思想的由来，该时期的女性积极分子，如女共产党、女性右翼分子是如何产生的及其思想的来源，这些女性的政治活动事迹。该作者的另一本书《民族的母亲——魏玛德国的右翼女性》③阐述了魏玛时期的德国右翼女性的政治思想和主要作为。分析了她们为何不愿意站在女性的立场，帮女性说话，反而愿意为民族社会主义效力。

奥地利历史学家、奥地利历史研究所成员安娜·玛丽亚·西格蒙德（Anna Maria Sigmund）在广泛查阅事后公开的保密档案、认真比较大量当事人和第三者的描述的基础上，写出了《纳粹女人》④一书，揭示了纳粹当权者的女人们不同寻常、颇具戏剧色彩的人生命运。该书曾雄踞德语国家畅销书榜一年之久，已被翻译成20多种文字在世界各地出版。

达格玛·瑞兹（Dagmar Reese）著《纳粹德国的女性成长》⑤，介绍了纳粹时期女青年团的形成、发展、教育理念以及活动内容，并以两个地区为实例进行了考察。还论述了德国少女在成长过程中接受的各种教育，德

---

① Elizabeth D. Heineman, *What Difference Does a Husband Make? Women and Marital Status in Nazi and Postwar Germany*, Los Angeles: University of California Press, 2003.
② Raffael Scheck, "German Conservatism and Female Political Activism in the Early Weimar Republic", *German History*, Vol. 15 No. 1, 1997, pp. 34–55.
③ Raffael Scheck, *Mothers of the Nation: Right-wing Women in Weimar Germany*, New York: Berg Press, 2004.
④ ［奥］安娜·玛丽亚·西格蒙德：《纳粹女人》，班玮、曲俊雅译，北京十月文艺出版社2004年版。
⑤ Dagmar Reese, *Growing Up: Female in Nazi Germany*, Berkeley and Los Angeles: University of Michigan Press, 2006.

国少女组织的理念和训练方式。

阿德海特·冯·萨尔登（Adelheid von Saldern）发表了有关纳粹德国女性研究的新趋势的论文《关于纳粹时代的女性和性别研究的新动态》[1]，文章第一部分阐述了可供调遣的中年女性、社会工作者、女纳粹工作人员、纳粹国防军的女助理等在各种社会环境和职业领域中的女性活动。第二部分强调了以犹太人、反社会女性、同性恋和妓女为对象的"生物政治"，它是建立在生理差异的基础上的，具有严重的不平等性。第三部分介绍了民族共同体中（Volksgemeinshaft）所提到的一系列概念，如民族家庭、同志关系、前线家庭等。第四部分阐述了在第二次世界大战之后，亲历者有关性别、男权主义的回忆及其观点。作者的这一总结和概述为国内外研究者提供了一个了解该领域研究动态的窗口。

卡罗拉·萨克斯（Carola Sachse）著《工业主妇：纳粹德国的女工》[2]，记录了在纳粹时期，德国女工人在工厂所承担的任务，她们的工作环境和薪酬，在工厂中所处的地位，以及德国政府针对女性的各种政策，暗示了在纳粹时期工业与政府之间暧昧复杂的关系。

温迪·阿德勒—玛丽亚·萨蒂（Wendy Adele-Marie Sarti）著《女性与纳粹：1933—1945年纳粹当政时期种族灭绝和其他犯罪的执行者》[3]，以多个个案的形式表现个别女性在纳粹体制中，所从事的邪恶职业，她们信仰纳粹主义，在臭名昭著的集中营中工作，将犹太人送入毒气室，或以注射的方式使其"安乐死"。但是作者也强调指出，在集中营中也有一些心地善良的女性，暗中保护囚徒，被称为集中营中的天使。

杰曼·梯零（Germaine Tillion）著《拉文斯布吕克：女子集中营中的所见所闻》[4]，记录了作者在该集中营中的的见所闻，诸如党卫军是如何虐待囚犯的，毒气室的运作，"最后解决方案"是如何执行的，等等。

还有一些学者对那些参与过抵抗纳粹主义运动的德国女性的活动进行

---

[1] Adelheid von Saldern, "Innovative Trends in Women's and Gender Studies of the National Socialist Era", *German History*, 2009 - 27, pp. 84 - 112.

[2] Carola Sachse, *Industrial Housewives: Women's Social Work in the Factories of Nazi Germany*, New York: The Institute for Research in History and the Haworth Press, 1987.

[3] Wendy Adele-Marie Sarti, *Women and Nazis: Perpetrators of Genocide and other Crimes During Hitler's Regime, 1933 - 1945*, London: Yale University Press, 2012.

[4] Germaine Tillion, *Ravensbrück: An Eyewitness Account of a Women's Concentration Camp*, Garden city, NY: Anchor Books, 1975.

了专门研究，为我们讲述了一个个可歌可泣的历史故事。

关于抵抗运动的著述包括希欧多尔·托马斯（Theodore N. Thomas）著《女性对抗希特勒：第三帝国的基督教抵抗运动》①，描写了基督教女性因不满纳粹政权的宗教干涉政策而与之进行抗争的事迹，特别是女神学家和教士的妻子所组织的小范围抵抗运动。

多萝西·冯·麦丁（Dorothee Von Meding）著《勇敢的心——德国女性与1944年密谋刺杀希特勒》②，讲述的是1944年的"720"事件中，那些密谋杀害希特勒的刺客的妻子们，对希特勒本人和纳粹政权的看法，对刺杀元首抱有怎样的观点，以及她们当时复杂的心情和艰难的处境。

L.威斯特菲尔德（Leigh Westerfield）著《"痛苦，就像一种亲密的歌曲"——二战女性文学中的抵抗》③，第二章论述了德国女性在对纳粹政权的抵抗中所起的作用，简述了女性在各个抵抗组织中所担任的职责、工作内容、她们之间不同的抵抗思想。有的女性即使在海外流亡也不忘与纳粹政权作斗争，例如多拉·绍尔（Dora Schaul）和希尔德·梅塞尔（Hilde Meisel），她们致力于拯救和帮助犹太人，以及号召国与纳粹政权作斗争。

弗雷亚·冯·毛奇（Freya Von Moltke）著《抵抗希特勒：米尔德里德·汉纳克与红色乐队》④ 是一本回忆录，记述了克莱稍团体这个抵抗组织中各成员的思想、会议记录，直到战争结束之前该组织的抵抗行动和刺杀希特勒的计划。

在维基百科中还可以查到一些关于女共产党员或是女社会民主党员的抵抗事例，如女共产党员夏洛蒂·毕朔夫（Charlotte Bischoff），她曾代表流亡的共产党在柏林指导抵抗运动的工作，与多个抵抗组织特别是"红色乐队"（Rote Kapelle）有着密切的联系，并且在各抵抗组织之间传递情报。

2006年，尤德·纽堡（Jud Newborn）与安妮·特杜巴赫（Annette

---

① Theodore N. Thomas, *Women Against Hitler, Christian Resisance in the Third Reich*, London: Praeger, 1995.

② Dorothee von Meding, *Courageous Hearts: Women and the Anti-Hitler Plot of 1944*, Oxford: Berghahn Books, 1997.

③ L. Leigh Westerfield, *This Anguish, Like a Kind of Intimate Song-Resistance in Women's Literature of World War II*, New York: Rodopi, 2004.

④ Freya von Moltke, *Memories of Kreisau and the German Resistance*, London: University of Nebraska Press, 2005.

Dumbach)合作编写了一部关于索菲·朔尔的传记①,将"白玫瑰小组"(Weiße Rose)的抵抗运动放到一个更宽泛的文化背景中加以讨论。

克劳斯·施罗德(Klaus Scholder)著《安魂曲——追忆抵抗希特勒的宗教斗争》②一书,以很多具体的图片和翔实的数据记录了纳粹德国时期德国的教会处于怎样的境况,天主教会和福音派教会都有哪些抵抗运动。这些抵抗运动既有个别行动,也存在有组织的抵抗。该书特别提出了在西班牙战争时期,希特勒就曾寻求教会的帮助,希望教会与纳粹党的立场一致。

迈克·凯特(Michael H. Kater)著《纳粹运动中的女性》,讲述了在纳粹运动中,德国女性担任了哪些角色。有的支持纳粹政权,她们为什么会支持希特勒;有的反对纳粹政权,这部分女性除了共产党人和社会民主党人,还有教会女性及其他社会阶层。③ 该作者的《希特勒时代的青年人》④一书,讲述了在纳粹时期,纳粹党对年轻人的期望,以及青年人的实际生活状况。女孩子被培养成生育机器,男孩子被培养成战争狂人。这里面也有不满纳粹政策的年轻人。

理查德·格伦贝格(Richard Grunberger)著《帝国12年——纳粹德国的社会史,1933—1945》⑤,主要从社会生活方面记录了纳粹时期德国的真实状况,例如民众能看怎样的电影?他们平时的聊天内容是什么,可以开政治玩笑吗?纳粹时期的德国女性是不化妆、不吸烟的生育机器吗?纳粹党的家庭政策对德国民众的生活造成了多大的影响?

沃尔夫冈·格拉赫(Wolfgang Gerlach)著《目击者的沉默——认信教会与迫害犹太人》⑥,论述了面对纳粹政权专制严酷的统治,及其屠杀犹太人的暴政,认信教会的成员们对此的看法。他们当中有的人对此保持沉

---

① Jud Newborn and Annette Dumbach, *Sophie Scholl and the White Rose: The Story of the Remarkable German Students Who Defied Hitler*, London: ONE World Publications, 2006.

② Klaus Scholder, *A Requiem for Hitler and Other New Perspectives on the German Church Struggle*, SCM Press and Trinity Press International, 1989.

③ Michael H. Kater, "Frauen in der NS-Bewegung", *Vierteljahrshefte für Zeitgeschichte*, 2-1983, pp. 202-241.

④ Michael H. Kater, *Hitler Youth*, London: Harvard University Press, 2004.

⑤ Richard Grunberger, *The 12-Year Reich: A Social History of Nazi Germany 1933-1945*, Virginia: Rinehart and Winston.

⑥ Wolfgang Gerlach, *And the Witnesses Were Silent: The Confessing Church and the Persecution of the Jews*, Lincoln: University of Nebraska Press, 2000.

默,有的人虽然对纳粹党的做法不满,但慑于纳粹的淫威,不敢做出反抗的举动。但也有一部分的认信教会成员敢于公开批判纳粹党的暴政,并以自己的微薄之力来帮助那些受迫害的人。

丹尼尔·帕特里克·布朗(Daniel Patrick Brown)著《美丽的野兽——党卫军女看守伊尔玛·格雷泽的生活与罪行》①,主要讲述了拉文斯布吕克集中营中的女看守伊尔玛·格雷泽的暴行。她是如何利用权势来丰富自己的生活,又是如何虐待囚犯的,她的行为暴露了其内心的变态,也从侧面印证了纳粹主义对人性的扭曲。该作者的另一本相关专题的书《集中营的女人——那些协助党卫军的女助手》②,论述了一部分在男性党卫军指挥之下的女看守,她们的工作内容、她们在集中营的地位、她们对自己工作的看法及其所作所为。

麦斯纳著,齐乃政、张丽华翻译的《第三帝国的第一夫人》③,讲述的是玛格达·戈培尔是如何一步步地进入纳粹党的阵营中的,是她主动选择了纳粹党,主动接受了纳粹思想。她是如何从一名离异女性变成第三帝国的第一夫人的,为何她要在第三帝国灭亡之时杀害了自己的孩子?

克里斯塔·施罗德(Christa Schroeder)著《在希特勒身边十二年——希特勒贴身女秘书回忆录》④,作者在1930年沦为德国700万失业大军中的一员,1933年却一跃成为希特勒的私人秘书,追随希特勒12年,日夜听命于他。在总理府,在伯格霍夫,直至柏林地堡中,她一直跟在他身边,仅在他死前最后几天才离开他。本书是她对这12年秘书生涯的回忆录,将一个不简单的希特勒呈现在我们面前,使我们得以更深入地了解希特勒最内在的人格,以及希特勒是如何看待女性的,在实际行动中又是如何对待女性的。

---

① Daniel Patrick Brown, The Beautiful Beast: The Life and Crimes of SS-Aufseherin Irma Grese, Ventura, CA: Golden West Historical Publications, 1996.
② Daniel Patrick Brown, The Camp Women: The Female Auxiliaries Who Assisted in the SS in Running the Nazi Concentration Camp System, Atglen, PA: Schiffer Military History, 2002.
③ [联邦德国]麦斯纳:《第三帝国的第一夫人》,齐乃政、张丽华译,百花文艺出版社1990年版。
④ [德]克里斯塔·施罗德:《在希特勒身边十二年——希特勒贴身女秘书回忆录》,王南颖、金龙格译,作家出版社2006年版。

海克·格特马克尔著《爱娃·布劳恩：与希特勒相伴的人生》[1]，从爱娃的儿时生活背景讲起，描述了她是如何一步步地接触到希特勒，怎样在纳粹党"夫人"的圈子里混迹，以及她有哪些朋友和亲信。在战争时期爱娃的境况如何，她的最终结局是如何酿成的。

玛尔塔·莎德著《希特勒的女密使》[2]，讲述的是斯蒂芬妮·冯·霍恩洛亚的事迹。希特勒称她为"我亲爱的公主"，美国联邦调查局第二次世界大战时的秘密备忘录描述她"比一万个男人更可怕"。然而，由于她的智慧和左右逢源的交际才能，第二次世界大战结束后，她不仅逃过了审判，而且还成为德国一家媒体的高级顾问。她曾经在国际社会煊赫一时；她曾经是希特勒的座上宾，与希特勒打了六年交道；她的情人在1941—1945年任德国驻天津总领事；她曾经是周旋于几大强国之间的外交特使；她见证并参与了第二次世界大战中的很多重要事件……该书还描述了她是如何踏上女间谍这条征程的，在这期间她做了什么对纳粹党有意义的事情，以及她会获得希特勒的格外宠爱的原因，在该书中都有论述。

特劳德尔·容格、梅丽莎·米勒著《帝国的陷落：希特勒女秘书回忆录》[3]，讲述的是少女容格在担任希特勒女秘书之后的所见所闻，希特勒是如何对待周围亲信和内部人员的，以及在第三帝国陷落之时，她对纳粹政权的记录。

（二）中国学者的研究

中国学者所写的一般性德国历史著作（包括纳粹历史在内），几乎都没有涉及女性问题，专治女性史的学者也很少关注德国女性的历史。

王肇伟是较早涉猎纳粹政权的人口政策和女性理论等问题的中国学者，他写作的《试论纳粹德国的人口政策》和《论纳粹德国的妇女理论及政策》两篇论文[4]，尽管基本是以西方学者的相关研究为参照的，但在中国史学界却是有开创性意义的。

在王肇伟之后，杨秀梅、马瑞映、徐盐城和韩昕旸等人也先后对纳粹

---

[1] [德] 海克·格特马克尔：《爱娃·布劳恩：与希特勒相伴的人生》，朱刘华译，国际文化出版公司2011年版。
[2] [德] 玛尔塔·莎德：《希特勒的女密使》，叶萌译，群众出版社2005年版。
[3] [德] 特劳德尔·容格、梅丽莎·米勒：《帝国的陷落：希特勒女秘书回忆录》，陈琬译，文汇出版社2005年版。
[4] 王肇伟：《试论纳粹德国的人口政策》，《山东师大学报》（社会科学版）1994年第4期；王肇伟：《论纳粹德国的妇女理论及政策》，《世界历史》1995年第4期。

政权的女性政策进行了探讨和论述①，但他们同王肇伟一样，是把德国女性作为一个整体来处理的，没有对其内部不同派别和态度作具体区分。有两个观点值得注意，一是说纳粹政权的女性政策是自相矛盾和失败的，从这个观点中我们可以得知德国女性对于纳粹政策并不是完全顺从的，而是有不同程度的抗争。另一个观点是，女性无论是作为整体还是个体都失去了自我，成了纳粹政权的工具与牺牲品。细究起来，这个观点与前一个观点是对立的，因为如果说德国女性都是牺牲品，那么纳粹政权的政策怎么还会失败呢？对于德国女性与纳粹运动的关系尚需作进一步的细致研究。

王琪亦对纳粹女性问题有所研究，她在搜集大量德语原始文献的基础上撰写了《纳粹主义运动下的德国妇女》②。该文阐明了纳粹主义对待女性的态度，女性在纳粹党及纳粹女性组织中所扮演的角色。战争爆发后德国女性所肩负的任务，以及女性在反纳粹主义运动中所扮演的角色。纳粹德国时期，生育及教育子女成为女性为国家民族贡献的一部分。女性的另一项任务则是为丈夫理家，使男性们能无后顾之忧地为自己的职业及政治任务奉献。纳粹政府对女性的这种角色定位也决定了她们在纳粹党中不可能拥有领导地位，女性组织也很难真正独立运作。在战时的紧要关头，女性无论是在维系家庭经济正常运转上，还是在教育、立法、医护、国防、使用武器等方面，都有相当大的贡献。但是由于纳粹高层对女性角色的保守态度，战时动员女性的政策也未收到令人满意的效果。女性在反纳粹政权的运动中，没有特别轰动的事迹，多以个别或者参与组织的形式行动。但是作者认为，这也值得引起我们的注意和重视。

陈其逊在《德国妇女运动的历史与现状》③一文中，简要介绍了德国女性运动从兴起到当前状况的全貌。

邢来顺在其著作《德国工业化经济—社会史》④和论文《德意志帝国

---

① 杨秀梅：《纳粹德国的妇女政策》，《女性研究论丛》1996年第2期；马瑞映：《德国纳粹时期的妇女政策与妇女》，《世界历史》2003年第4期；徐盐城：《试论纳粹德国的战时妇女就业动员政策》，《牡丹江教育学院学报》2005年第4期；韩昕旸：《纳粹时期德国妇女的社会角色研究》，硕士学位论文，华东师范大学，2010年。
② 王琪：《纳粹主义运动下的德国妇女》，《西洋史集刊》第三期，1991年12月，第41—90页。
③ 陈其逊：《德国妇女运动的历史与现状》，《德国研究》2000年第1期。
④ 邢来顺：《德国工业化经济—社会史》，湖北人民出版社2004年版。

时期妇女群体的崛起》①中,论述了德意志帝国建立后的德国女性运动,认为德国女性早在19世纪就已有寻求自身独立、女性解放的思想和行动了,她们在德意志帝国时期已觉醒了,开始寻求与男性平等的社会地位。作者还根据社会阶层、宗教信仰和利益的差异,把这一时期的女性运动划分为资产阶级女性运动、天主教女性运动和社会主义女性运动三大类型,并且指出:资产阶级女性运动集中于促进女性社会权力的平等,保障女性在节育、堕胎方面的自由,也要求与男性平等的基本权利,如进入教育机构和获得稳定职业、获得投票权和自主权;福音派和天主教女性运动主张反对女性卖淫和酗酒等;社会主义女性运动的领袖倍倍尔和蔡特金通过出版物揭示了经济地位的提高是女性争取平等权利的主要保障。

卢卉在其硕士学位论文《魏玛共和国时期的德国妇女》②中分析了纳粹上台之前,德国女性的政治、经济、社会生活,并分析了她们各方面的行为活动对德国的影响,其结论是魏玛时期的德国女性寻求解放的独立意识有所增强,开始脱离传统的家庭生活。

邓雪莉的硕士学位论文《论德国妇女对纳粹政权的支持》③探讨了德国女性与纳粹政权的关系问题,重点论述了德国女性对纳粹政权的支持。该文对于纳粹运动兴起阶段德国女性的认识和态度着墨很少,对于德国女性的抵抗运动则完全没有涉及。仅仅论述德国女性对纳粹政权的支持,似乎并不能全面揭示德国女性与纳粹政权的关系。

总的来看,迄今为止,国内外史学界关于德国女性史、魏玛和纳粹时期德国女性生活史的研究成果颇为丰富,但是专门论述德国女性与纳粹运动关系的著作尚付之阙如。大多数学者是从纳粹女性政策对德国女性的影响和德国女性对纳粹女性政策的反应这种一一对应关系来展开论述的,对于德国女性是怎样看待领袖与纳粹政权的,又是如何支持或反对纳粹统治的,尚没有一个清晰的概念。

三 研究方法

同男性一样,在女性当中也有个体行为和组织行为的不同,而在组织

---

① 邢来顺:《德意志帝国时期妇女群体的崛起》,《世界历史》2004年第2期。
② 卢卉:《魏玛共和国时期的德国妇女》,硕士学位论文,华中师范大学,2008年。
③ 邓雪莉:《论德国妇女对纳粹政权的支持》,硕士学位论文,华中师范大学,2011年。

行为中更有党派和教派归属的不同。这就需要进行比较严谨的分类和界定,一方面要搞清楚作为个体的德国女性的政治立场和行为模式,另一方面又要搞清楚处于不同党派和教派之中的德国女性的政治立场和行为模式,以及同一党派和教派内部的德国女性的政治立场和行为模式。大致说来,无论是作为个体的德国女性,还是处于某个党派或教派之中的德国女性,其对纳粹运动的认识和态度都有支持、顺从和抵抗之分,只是在各种态度之间存在着拥护比例和程度的差别,并且各自内部也有一个发展变化的过程,不能笼统地一概而论。

在具体的研究过程中,本书较多地采用了总体论述和个案剖析相结合的方法,先是对某个历史事件或某一女性群体的整体态势作总括性的论述,然后再选择一些典型人物进行深度描写,以便突出主题,加深人们的认识。

本书也尽可能地借鉴女性史研究的理论方法,除了影响历史进程的一般因素外,还较多地考虑到诸如性别、年龄、身体状况等对女性有特别重要性的特殊因素。

本书还采用了社会史研究的某些方法,对女性的阶级属性和社会地位做出比较具体的分类,对不同阶层和团体的思想和行为加以对比,以便更清楚地说明女性内部的种种相同和不同现象。还要对一些组织活动、结构和进程加以特别关注,以便能够总结出某些带有普遍意义的结论和规律性的认识。

囿于社会地位所限,女性在历史中往往处于整体失语状态。除了个别女知识分子和政治精英外,大多数女性如家庭主妇、女工、农村女性等并没有给后世留下文字资料,因此,单纯依靠文本解读,是不能完全说明她们的思想观念的,必须另辟蹊径。我们试图将文本解读与行为分析的方法结合起来,在缺乏文献资料的情况下,主要通过行为考察来分析女性的立场态度。我们也试图将总体考察与个案研究结合起来,通过对个别突出女性的研究来把握女性的整体心理和思想脉络。

四 主题和观点

本书正文共分六章:

第一章主要考察了德国女性在希特勒和纳粹党"竞选成功"中起到的作用。

第二章从追溯近代以来的德国女性运动和女性组织发展历程开始，考察了若干亲纳粹的德国女性的政治活动，论述了纳粹女性组织的建立与发展情况，以及纳粹女性组织（民族社会主义女性联盟、德意志女性工作社和德意志少女同盟等）的特点和工作效果。

第三章重点论述了德国女性在德国对外扩张中的活动和作用，特别是德国女性对于纳粹东部计划和纳粹战时动员的支持、顺从抑或抵抗等诸多表现。本章第四节以"希特勒的志愿女凶手"为标题，重点考察了部分担任纳粹集中营女看守的德国女性的思想和行为，揭露了"女魔头"虐待囚徒、滥杀犹太人和其他"劣等民族"成员的犯罪行为，并且比较深入地分析了她们的犯罪原因和动机。

第四章着重考察了基督教女教徒与纳粹运动的关系，论述了她们或支持，或顺应，或抵抗的种种态度和行为。其中，这种抵抗属于宗教抵抗而非政治抵抗。

第五章论述了德国女性对纳粹运动的政治抵抗，重点考察了德国共产党、德国社会民主党、舒尔策—鲍伊森和阿维德·哈纳克团体、索尔夫团体和"白玫瑰小组"等政党和群众反纳粹抵抗团体中的女性成员的思想和行动，也简要论述了德国女性在日常生活中的抵抗行为。

最后一章，即第六章对全文的主要内容和作者的观点进行了概括总结。

本书的核心观点有以下四方面：

第一，以希特勒为首的纳粹党是通过自由、公开的竞选进入魏玛共和国国会并夺取国家政权的。对于希特勒和纳粹党在魏玛共和国时期参与国会竞选的活动，德国女性选民的支持率高于男性选民，并且集中在经济危机爆发后，具有突发性特征，对于纳粹党的"竞选成功"和纳粹政权的建立发挥了重大作用。

第二，在篡夺了国家政权后，希特勒和纳粹党实现全面统制，取缔了所有非纳粹主义政党和团体，确立了纳粹党的唯一合法地位，组建了一些由纳粹党政机关管辖的社会团体，其中包括民族社会主义女性联盟、德意志女性工作社和德意志少女同盟等女性团体。这些组织的许多领导人和积极分子大肆宣传纳粹主义，致力于贯彻纳粹党和国家的各项政策方针，组织德国女性为建设"民族共同体"（或译作"民族共同体"）和"大德意志国家"服务，为纳粹政权的巩固和纳粹德国的对外扩张做出了重要贡献。

第三，希特勒和纳粹党其他领导人坚持女性的"民族母亲"身份地位，并在上台后不久就实施了"迫使女性回家"的政策，但在面临"夺取生存空间"这一更为迫切的现实需求时，又不得不对现行政策加以调整，并实施了招聘女性参加"新家园"建设和到工厂做工的政策。对于这些政策，有不少德国女性是积极响应和支持的，她们主动放弃工作，回家料理家务，侍奉丈夫，为国家生育和养育接班人，或者是满怀激情地参与殖民地的"日耳曼化"工程，或者是到军事工业部门工作。有些人甚至成为集中营看守，疯狂地虐待囚徒，积极参与纳粹政权的"种族灭绝"计划，犯下了触目惊心的累累罪行。

第四，绝大部分德国女性是为了保护自身的利益而顺应纳粹运动的，对于纳粹主义，她们并不完全认同。在大选期间，并非所有德国女性都投票支持纳粹党，投票支持中央党、巴伐利亚人民党、德国社会民主党和共产党的女性选民仍不在少数。在纳粹统治时期，绝大多数德国女性是被迫顺从纳粹党和国家的各项政策的，也有相当多的人采取了各种各样的抵抗行动，例如拒绝加入纳粹党和纳粹女性组织，拒绝参加纳粹女性举办的政治教育、母亲培训和晚间聚会，利用种种借口逃避纳粹当局的战时动员和招聘等。还有一些德国女性是态度鲜明的反对派。早在20世纪30年代的竞选中，不少德国共产党的女党员就是希特勒和纳粹党的死对头，坚决与之进行斗争。纳粹政权建立后，许多女共产党员、女社会民主党员以及各种政治抵抗组织的女性成员依然坚持进行反纳粹活动，许多人甚至为此付出了宝贵的生命。

五 创新点

本书力主转换视角，从以纳粹政党为主体的研究转变为以德国女性为主体的研究，从以纳粹女性理论和女性政策为主要内容的研究转变为以德国女性对纳粹运动和纳粹政权的认识和态度为主要内容的研究，从以论述女性社会地位和日常生活为重点的一般女性史研究转变为以论述女性政治倾向和政治活动为重点的女性政治史研究。

本书还特别强调"纳粹运动"这一概念，力图打破一般历史著作把魏玛共和国和纳粹德国视为两个截然不同的独立部分的观念，把纳粹运动视为由阿道夫·希特勒和德意志民族社会主义工人党组织发动的一场旨在颠覆魏玛共和国、建立"大德意志帝国"的政治运动，认为它起始于1920年，终结于1945年，也就是说横跨魏玛共和国和纳粹德国两个时期。与之相应，本书也力图梳理德国女性政治对整个纳粹运动的认识和态度，而不仅仅是魏玛共和国或纳粹德国时期德国女性的政治参与。因此，本书的学术意义在于，对二战时期德国女性的角色有一个比较全面的了解，也能让给读者以一个新的视角去看待二战时期德国女性的地位以及思想状况，深化对德国纳粹统治时期希特勒反动统治的认识。

第 一 章

从国会选举看德国女性对纳粹运动的支持

以希特勒为首的纳粹党是通过自由、公开的竞选进入魏玛共和国国会并夺取国家政权的。纳粹党的"竞选成功"和纳粹政权的建立与德国选民的支持有着密切关系,而在投票支持希特勒和纳粹党的选民中,既有大量男性选民,也有大量女性选民。但是长期以来,在研究纳粹党的支持者时,中外学者们多侧重于阶级或阶层分析,相继提出了"中下阶层支持说""新旧中层支持说""社会各阶层支持说"和"清教徒中产阶级支持说"等观点。① 对于德国女性在纳粹党"竞选获胜"中的作用问题,学者们的研究较少,且看法多有分歧,至今仍无定论。

分析德国女性的参选行为,不仅有助于分析纳粹党"竞选获胜"的原因,也有助于考察魏玛共和国后期德国女性的社会地位和政治倾向,从一个侧面揭示德国女性与纳粹运动的关系。因此,本书首先选择这一主题,

---

① 参见 Heinrich A. Winkler, Mittelstand, *Demokratie und Nationalsozialismus*: *Die Politische Entwicklung von Handwerk und Kleinhandel in der Weimarer Republik*, Cologne: Kiepenheuer & Witsch, 1971; Thomas Childers, "The Social Bases of the National Socialist Vote", *Journal of Contemporary History*, Vol. 11, No. 4, October 1976, pp. 17 – 42; Peter D. Stachura, "Who Were the Nazis? A Socio – Political Analysis of the National Socialist Machtübernahme", *European History Quarterly*, No. 11, July 1981, pp. 293 – 324; Richard F. Hamilton, *Who Voted for Hitler*? Princeton: Princeton University Press, 1982; Thomas Childers, *The Nazi Voter*: *the Social Foundations of Fascism in Germany*, 1919 – 1933, Chapel Hill: The University of North Carolina Press, 1983; Dirk Hänisch, *Sozialstrukturelle Bestimmungsgründe des Wahlverhaltens in der Weimarer Republik*: *Eine Aggregatdatenanalse der Ergebnisse der Reichstagswahlen 1924 – 1933*, Duisburg: Verlag der Sozialwissenschaftlichen Kooperative, 1983; Peter Manstein, *Die Mitglieder und Wähler der NSDAP 1919 – 1933*: *Untersuchungen zu ihrer schichtmässigen Zusammensetzung*, Frankfurt am Main: P. Lang, 1990; Jürgen W. Falter, *Hitlers Wähler*, München: Verlag C. H. Beck, 1991; Jürgen W. Falter & M. H., Kater, "Wähler und Mitglieder der NSDAP: Neue Forschungsergebnisse zur Soziographie des Nationalsozialismus 1925 bis 1933", *Geschichte und Gesellschaft*: *Zeitschrift für historische Sozialwissenschaft*, 19 Jahrg., 1993, S. 155 – 177。

意欲进行较深入的剖析。

第一节 学术界对于女性选民倾向的不同观点

比利时社会学家亨德里克·德·曼（Hendrik de Man）把纳粹党在1930年大选中的获胜说成是"女性选民纷纷转向纳粹党"的结果，而其原因主要在于对女性颇具诱惑力的"'强人'意识形态"，以及军服、军人姿态和斩钉截铁的语言及威望等。[①] 德国政治家赫尔曼·劳施宁（Hermann Rauschning）也认为希特勒是被德国女性选上台的，他目睹了德国女性倾听希特勒演讲时的情形："你应该从希特勒的演讲台向下看看，那群欣喜若狂的女人眼里满是激动的泪水。"[②] 其他学者，如美国的塞缪尔·普拉特（Samuel Pratt）、德国的于尔根·库岑斯基（Jürgen Kuczynski）和拉尔夫·达伦道夫（Ralf Dahrendorf），也都强调女性的支持对于纳粹党竞选获胜至关重要。[③]

相反，德国学者约瑟夫·格里斯迈耶尔（Josef Griesmeier）和汉斯·拜尔（Hans Beyer）等人却认为当时的女性更倾向于宗教的和保守的政党，而不是激进派政党。哈特维希指出，纳粹党和共产党都是彻头彻尾"男人政党"，他们在1928年和1930年获得的男性选票多于女性选票；德国女性起初是排斥纳粹党和共产党的。[④] 格里斯迈耶尔也指出："女性偏爱宗教的和比较保守的政党，她们比男人更强烈地排斥所谓的激进派政党，不管出自哪个阵营。"[⑤] 拜尔更明确地说："对于民族社会主义战斗方式的恐惧

[①] Hendrik de Man, *Sozialismus und National-Fascismus*, Potsdam: Protte, 1931, S. 9.

[②] Hermann Rauschning, *Hitler Speaks: A Series of Political Conversations with Adolf Hitler on His Real Aims*, London: Thornton Butterworth, 1939, p. 259.

[③] Samuel Pratt, *The Social Basis of Nazism and Communism in Urban Germany*, *A Correlational Study of the July 31, 1932 Reichstag Election in Germany*, Magister-Arbeit, Michigan State University, East Lansing 1948, S. 244f.; Jürgen Kuczynski, *Studien zur Geschichte der Lage der Arbeiterin in Deutschland von 1700 bis zur Gegenwart*, Berlin: Akademie, 1965, p. 255; Ralf Dahrendorf, *Society and Democracy in Germany*, London: Weidenfeld and Nicolson, 1968, p. 116.

[④] Dr. Hartwig, "Das Frauenwahlrecht in der Statistik", *Allgemeines Statistisches Archiv*, 21, 1931, pp. 167–182, hier p. 181.

[⑤] Josef Griesmeier, "Statistische Regelmaessigkeiten bei den Wahlen und ihre Ursachen", *Allgemeines Statistisches Archiv*, 23, 1933/34, S. 11.

和对于其'积极基督教'的怀疑使得女性选民不愿意投票给纳粹党。"①

不少女性历史学家更是极力驳斥了所谓"女性的选票使希特勒攫取了政权"的观点，例如德国女学者安娜玛丽·特勒格尔（Annemarie Troeger）就认为，那些大肆宣扬此类观点的保守主义者和左翼分子是把女性作为自己失败的代罪羔羊。② 多萝特·克林克西克（Dorothee Klinksiek）和蕾娜特·布里登塔尔（Renate Bridenthal）则认为，投票给希特勒的女性比男人要少。③ 英国女学者吉尔·史提芬森甚至相信："如果没有女性投票，希特勒的当选概率可能会更高。"④

与上述比较笼统的支持或不支持的总体判断不同，美国政治学家 W. 菲利普斯·谢沃利（W. Phillips Shively）指出，德国女性最初较少支持纳粹党，后来却同男人们一样狂热地投票给纳粹党了。谢沃利还说，1930—1933年，纳粹党在马格德堡和莱比锡这两个福音派选区得到的女性支持要比男子更多；而在天主教的科伦和雷根斯堡地区，支持纳粹党的男人和女人的数量基本持平。⑤ 美国社会学家埃尔斯沃斯·法里斯（Ellsworth Faris）认为："在1928年之后，有这样一种普遍趋势，即女性们突然转向了纳粹党，特别是在福音派地区。"⑥ 美国女历史学家克劳迪亚·昆兹说得更明确："在1930年以后……女性对于纳粹党候选人的支持相对于男性的支持增长得更迅速"，以至于"男人和女人当中拥护纳粹党的选票"在纳粹党夺取政权前夕"几乎是一样多"。⑦ 不过，昆兹也曾指出，当男人在1932

---

① Hans Beyer, *Die Frau in der politischen Entscheidung. Eine Untersuchung über das Frauenwahlrecht in Deutschland*, Stuttgart: Enke, 1933, S. 82.

② Annemarie Troeger, "Die Dolchstosslegende der Linken: 'Frauen haben Hitler an die Macht gebracht'", *Frauen und Wissenschaft. Beitraege zur Berliner Sommeruniversitaet für Frauen*, Berlin: Courage, 1977, pp. 324–355.

③ Dorothee Klinksiek, *Die Frau im NS-Staat*, Stuttgart: DVA, 1982, pp. 114–115; "Renate Bridenthal, Class Struggle around the Hearth: Women and Domestic Service in the Weimar Republic", in: Michael Dobkowski and Isidor Wallimann, eds., *Toward the Holocaust: The Social and Economic Collapse of the Weimar Republic*, Westport: Greenwood, 1983, pp. 243–264.

④ Jill Stephenson, "National Socialism and Women before 1933", Peter D. Stachura, ed., *The Nazi Machtergreifung*, London: Allen and Unwin, 1983, pp. 33–48.

⑤ W. Phillips Shively, "Party Identification, Party Choice, and Voting Stability: The Weimar Case", *The American Political Science Review*, December 1972, pp. 1203–1225.

⑥ Ellsworth Faris, "Takeoff Point for the National Socialist Party: The Landtag Election in Baden, 1929", *Central European History*, 1975, S. 169.

⑦ Claudia Koonz, "Nazi Women before 1933: Rebels against Emancipation", *Social Science Quarterly*, Mar, 1976, pp. 553–563.

年年底背弃纳粹党的时候,女性则继续增加她们对纳粹党的支持票。① 美国历史学家托马斯·蔡尔德斯(Thomas Childers)则指出:"1932年,纳粹党在女性选民当中获得巨大支持。"在那些按照性别分别统计选票的地区,在投票给纳粹党的选民当中,女性人数第一次超过了男性人数。并且,在魏玛时代的最后一次选举中,投票给纳粹党的选民中的女性人数大大超过了男性人数"。② 加拿大历史学家迈克·凯特声称,"1932—1933年,在支持纳粹党的选民中,女性的比例相当高"。③

上述观点虽然有一定的精确性,但是因为其依据的史料比较片面(例如有的只以1930年以前的统计数据为依据,有的则主要以个别地区和个别选举的统计数据为依据),所以其结论也难免有失偏颇。鉴于此,英国学者海伦·L. 博厄克(Helen L. Boak)和德国学者于尔根·W. 法尔特(Jügen W. Falter)经过多年努力,对各种统计资料进行了比较全面的搜集和梳理,但是他们两人对德国女性选民的投票分析仍不完全一致。博厄克认为,关于希特勒及其政党对于女性选民毫无吸引力和纳粹党很少从女性选举权中获益的观点是站不住脚的:自1928年起,投票支持纳粹党的女性选民在全体女性选民中所占的比例就已高于投票支持纳粹党的男性选民在全体男性选民中的比例;女性选民在全体选民中占多数,而纳粹党在1932年之前就已在某些地区获得了比男性选民更多的女性选民的支持,所以1932年其在全德国范围内获得了比男性选民更多的女性选民的支持。④ 又因为纳粹党在1932年获得的女性选民的选票比其他政党获得的女性选民的选票的总和还多,所以不能否认德国女性在把希特勒推上权力巅峰过程中所发挥的重要作用。⑤ 在博厄克看来,女性选民之所以支持纳粹党,既不是因为纳粹党领导人的魅力,也不是纳粹党宣

---

① Claudia Koonz, *Mothers in the Fatherland: Women, the Family and Nazi Politics*, New York: St. Martin's Griffin, p. 110.

② Thomas Childers, *The Nazi Voter: The Social Foundations of Fascism in Germany*, 1919 - 1933, London: University of North Carolina Press, 1983, pp. 260, 264.

③ Michael H. Kater, "Frauen in der NS-Bewegung", *Vierteljahrshefte für Zeitgeschichte*, 2 - 1983, pp. 202 - 241.

④ Helen L. Boak, "'Our Last Hope', Women's Votes for Hitler: A Reappraisal", *German Studies Review*, Vol. 12, No. 2, May, 1989, p. 303.

⑤ Helen L. Boak, "'Our Last Hope', Women's Votes for Hitler: A Reappraisal", *German Studies Review*, Vol. 12, No. 2, May, 1989, pp. 303 - 304.

传的效果，而是因为自由主义的、地方的、保守主义的政党日趋没落，以及她们对共和国所带来的或未能带来的东西的失望和不满才投票支持纳粹党的。[①]

与之相比，法尔特的结论要谨慎得多。在他看来，1930年以前，女性对于民族社会主义有着比男人更大的抵触情绪，而在信仰天主教的女性当中，这种抵触情绪一直持续到1933年，虽然不存在绝对的抵触。阿道夫·希特勒及纳粹运动在1930—1933年的确获得了比男性更多、更热烈的女性支持，但是从得票数量来说，性别差异并不大，过分强调某一性别比另一性别对纳粹党更为支持是不恰当的。[②] 法尔特还反对非社会学的、强调男人和女人所谓本质不同的人类学论证，反对关于女性的别样性的猜测；他主张从女性的职业生涯、社会地位和政治参与等方面分析其支持纳粹党的原因，认为在魏玛时代，德国女性解放的局限性是导致女性选民支持纳粹党的主要原因。[③]

第二节 对大选中女性选票的分析

我们赞同强调德国女性选民的支持对于纳粹党竞选获胜发挥了巨大作用的观点，我们也认为德国女性并非从一开始就积极支持纳粹党，德国女性主要是在1930年大选中才大规模转向纳粹党的。但需要加以强调的是，这次支持转向是一种突发性的剧变。

希特勒和纳粹党是在1923年11月8日慕尼黑"啤酒馆暴动"失败之后才决定改变斗争策略、"捏着鼻子进国会"[④] 的，也就是说要通过竞选，以非暴力的、合法的方式夺取国家政权。然而，当时的纳粹党还只是一个建立不久、势力非常单薄的草根党，在魏玛共和国的政治谱系中仅处于边缘地位。它要与那些老牌政党进行竞争，其难度是非常大的。

在1924年5月4日的国会选举中，纳粹党以"德意志人民自由党"

---

① Helen L. Boak, "'Our Last Hope', Women's Votes for Hitler: A Reappraisal", *German Studies Review*, Vol. 12, No. 2, May, 1989, p. 303.
② Jügen W. Falter, *Hitlers Waehler*, München: Verlag C. H. Beck, 1991, S. 146－147.
③ Jügen W. Falter, *Hitlers Waehler*, München: Verlag C. H. Beck, 1991, S. 137－138.
④ [美] 威廉·夏伊勒：《第三帝国的兴亡——纳粹德国史》，董乐山等译，生活·读书·新知三联书店1974年版，第170页。

(Deutsch-Völkische Freiheitspartei)的名义首次参加竞选,得票率为6.5%。1924年12月7日,纳粹党又以"民族社会主义自由运动"(Nationalsozialistische Freiheitsbewegung)的名义参加国会选举,但得票率仅为3%。到1928年5月20日的国会选举时,纳粹党的得票率下降为2.6%[1],其前景愈显暗淡。

然而,在1930年9月14日的国会选举中,纳粹党异军突起,获得将近650万张选票、107个国会议席,成为仅次于社会民主党的第二大党。[2]在1932年的总统选举中,兴登堡连选连任。希特勒虽然未能竞争过兴登堡,但却大大提高了自己的知名度。在1932年7月31日的国会选举中,纳粹党获得选票1374万张,占全部选票的37.3%,国会议席增至230席,一跃成为国会中最大的党派。[3] 在同年11月6日举行的另一次国会选举中,纳粹党的得票数虽有所下降,但仍得到全部选票的33.1%;在国会中,纳粹党也仍为势力最强大的政党。1933年1月30日,魏玛共和国总统保罗·冯·兴登堡任命纳粹党主席希特勒为政府总理,魏玛共和国的前途命运从此便由希特勒和纳粹党掌握了。

1933年3月5日,在最后一次按照魏玛共和国法律举行的国会选举中,纳粹党得到43.9%的选票,在总数为647个的国会议席中占有了288席。由于没有在国会中获得绝对多数席位,纳粹党遂与"德意志民族人民党"(Deutschnationale Volkspartei,DNVP)结成联盟。紧接着,希特勒和纳粹党又大肆行动,采取一系列违法措施,如取缔共产党和社会民主党、废除国家和地方议会政体、禁止组织新政党和由希特勒担任党政军最高领袖等,最终在1934年8月2日使希特勒集党政军所有最高权力于一身,正式确立了其个人和纳粹党一党独裁统治体制。

通过选票统计来看,女性选民的支持对于纳粹党竞选获胜发挥了重要的作用。首先可参见表1-1[4]:

---

[1] [美]威廉·夏伊勒:《第三帝国的兴亡——纳粹德国史》,董乐山等译,生活·读书·新知三联书店1974年版,第169页。

[2] [美]威廉·夏伊勒:《第三帝国的兴亡——纳粹德国史》,董乐山等译,生活·读书·新知三联书店1974年版,第198页。

[3] [美]威廉·夏伊勒:《第三帝国的兴亡——纳粹德国史》,董乐山等译,生活·读书·新知三联书店1974年版,第238页。

[4] Helen L. Boak, "'Our Last Hope', Women's Votes for Hitler: A Reappraisal", *German Studies Review*, Vol. 12, No. 2, May, 1989, pp. 294–295.

表1-1　1928年和1930年国会选举中部分选区男女选民投票率和纳粹党支持率的增长

	总投票数（票）			支持纳粹党的票数（票）		
	1928年	1930年	1928—1930年的增长率（%）	1928年	1930年	1928—1930年的增长率（%）
柏林						
男	568529	585484	3.0	9016	77433	759.0
女	631158	659776	4.5	7448	80824	985.2
奥得河畔法兰克福						
男	4950	5262	6.3	78	1028	1217.9
女	5451	5888	8.0	44	1086	2368.2
图林根						
男	412713	419151	1.6	17429	87132	399.9
女	398024	426004	7.0	12836	78947	515.0
德累斯顿—鲍岑						
男	30122	37171	23.4	550	6685	1115.5
女	31296	40129	28.2	444	6278	1314.0
科伦—亚琛						
男	184.041	225710	22.6	3405	42.852	1158.5
女	163175	222714	36.5	1883	32756	1639.6
马格德堡						
男	87112	94054	8.0	1609	18494	1049.4
女	96253	105968	101	1305	19595	1401.5
莱比锡						
男	202593	227221	12.2	5220	32250	517.8
女	224178	259593	15.8	4458	33070	641.8
威斯特法伦—（南）						
男	25759	43391	68.2	626	10028	1501.9
女	22239	41539	86.88	355	8435	2276.1
黑森—纳绍						
男	146834	210354	43.3	7475	49856	567.0
女	143697	224139	56.0	5435	46780	760.7

续表

	总投票数（票）			支持纳粹党的票数（票）		
	1928年	1930年	1928—1930年的增长率（%）	1928年	1930年	1928—1930年的增长率（%）
下巴伐利亚						
男	23338	24398	4.5	1305	4619	254.0
女	25496	27900	9.4	899	3516	291.1
巴登						
男	8454	11892	40.7	382	3128	718.8
女	8120	11518	41.8	267	1796	572.7

从表1-1所列数据可见：1928年，支持纳粹党的男性选民为47095人，女性选民为35374人，男性选民人数明显多于女性选民，差额为1.33%；1930年，支持纳粹党的男性选民为333505人，女性选民为313083人，男性选民人数仍多于女性选民，但差额缩小为1.06%。从1928年到1930年，除了巴登，在表1-1中所有其他选区支持纳粹党的女性选民的增长率均高于男性选民，这说明女性比男性更积极地支持纳粹党，并且在柏林、奥得河畔法兰克福、马格德堡和莱比锡等选区，在1930年投票支持纳粹党的女性选民远远多于男性选民。

1930年9月14日的国会选举是纳粹党自1924年参加竞选以来取得的首次重大胜利，它一改纳粹党身世卑微的形象，从边缘大幅度地跃进中心，成为德国政坛新秀。在此次选举中，女性选民的支持至关紧要，其选票数量虽然略少于男性选民，但对于拉升纳粹党的得票率发挥了重要作用。

1930—1933年，支持纳粹党的女性选民人数进一步增加。详细情况可参见表1-2[①]：

[①] Helen L. Boak, "'Our Last Hope': Women's Votes for Hitler: A Reappraisal", *German Studies Review*, Vol. 12, No. 2, May, 1989, p. 297; Jügen W. Falter, *Hitlers Waehler*, München: Verlag C. H. Beck, 1991, S. 141.

表 1-2　　　　1930—1933 年国会选举中部分选区支持
纳粹党的男女选民比例　　　　　　（单位:%）

	1930年9月14日的国会选举		1932年7月31日的国会选举		1932年11月6日的国会选举		1933年3月5日的国会选举	
	男	女	男	女	男	女	男	女
不来梅	12.9	11.1	29.9	30.9	20.8	20.9	30.8	34.4
马格德堡	19.8	18.7	36.3	38.9	31.1	34.0	38.1	43.3
莱比锡	14.6	13.1					34.1	38.8
威士巴登	29.1	26.0	43.0	43.7	36.1	36.8	44.9	47.3
巴伐利亚	18.9	14.2	29.2	25.6	27.4	24.7	36.2	34.4
奥格斯堡	14.9	10.4	25.2	21.1	24.5	21.6	33.4	31.4
雷根斯堡	19.7	13.1	23.3	17.3	20.0	14.9	33.1	28.9
安斯巴赫	34.6	33.3			47.6	50.0	51.2	55.6
丁克尔斯比尔	33.2	31.9			54.4	56.1	58.6	61.5
路德维希港	17.4	14.0			28.6	27.7	34.5	34.9
科伦	19.8	15.5	26.4	22.8	21.8	19.2	33.9	32.9
康士坦茨			32.0	26.0	26.1	21.8	35.9	32.8

注:表中数字分别表示支持纳粹党的男性选民在各选区全部男性选民中所占的百分比和女性选民在各选区全部女性选民中所占的百分比。

从表 1-2 可见:在 1932 年 7 月 31 日的国会选举中,支持纳粹党的男性选民的比例与女性选民的比例已基本持平,在诸如不来梅、马格德堡和威士巴登等信奉基督教福音派的城市中,支持纳粹党的女性选民比例甚至超过了男性;在 1932 年 11 月 6 日和 1933 年 3 月 5 日的国会选举中,女性选民对纳粹党的支持率更明显地超过了男性选民。

在巴伐利亚、奥格斯堡、雷根斯堡和科伦等天主教地区,一方面,直至 1933 年,男性选民对纳粹党的支持率均高于女性选民;另一方面,男性选民的支持率存在波动,而女性选民的支持率则基本处于上升中。例如在科伦天主教地区,在 1930 年 9 月 14 日的国会选举中,女性选民中有 15.5% 的人投给纳粹党,男性选民中则有 19.8% 的人投给纳粹党;在 1932 年 11 月 6 日的国会选举中,女性选民中有 19.2% 的人投给纳粹党,男性选民中则有 21.8% 的人投给纳粹党;到了 1933 年 3 月 5 日的选举时,支持的纳粹党的男女选民比例则只有 1% 的差距了。

值得注意的是，在第一次世界大战期间，大约有170万德国士兵战死沙场，德国女性人口比男性人口多出200万人。在魏玛共和国时期，德国女性依然多于男性。据1925年统计，超过20岁的女性比同龄男子多250万人，25—40岁的女性比同龄男子多150万人。① 女性在德国总人口中所占比例高于男子，掌握的选票数量也多于男子。在一些选区，即使参加选举的女性比例比较低，其实际投票人数也有可能比男子多。

另外，男性公民早就获得了选举权，他们也比较关心政治，有比较固定的党派倾向，不少人还加入了自己所倾向的党派，有义务对自己所属党派保持忠诚，在投票时大都比较专一，不会轻易改变对象。与之不同，德国女性刚刚获得选举权②，尚未形成比较成熟的参选和投票模式，没有固定的支持对象，因此是一个巨大的可争取的选民源，也是潜在的支持者。一旦女性参加选举，并且集中投票给某个党派，那么该党派所获得的选票就可以陡然大增。

再者，根据1925年的统计，德国人口中有64.1%的人为福音派教徒。③ 既然在福音派教徒占优势的地区支持纳粹党的女性人数多于男性，而在天主教地区男女支持率基本持平，那么可以推测，在1932—1933年的三次国会选举中，纳粹党肯定也在全国范围内获得了数量超过男性选民的女性选民的支持。至少在1933年3月5日的国会选举中，在全国范围内投票支持纳粹党的女性选民是远远多于男性选民的。

最后，根据德国议会选举统计资料等史料，对女性选民在魏玛德国晚期四次议会大选的投票情况进行了细致梳理，明确女性选民在几次选举中的投票情况。占全体资格选民人数多数的女性在魏玛德国晚期动荡不安的政治和社会局面下虽然选择继续支持天主教中央党，但是从1930年的议会大选开始，她们已经大规模抛弃进步的社会民主党等民主政党甚至保守的中央党，转向反女性和反民主的纳粹党，最终在1932年的大选中在支持比例和数量上全面超过男性选民，构成了支持纳粹党选民的主力。鉴于

---

① Tim Mason, "Women in Germany, 1925 – 1940: Family, Welfare and Work. Part I", *History Workshop*, No. 1 Spring, 1976, pp. 77.
② 德国女性是在1918年"十一月革命"爆发后才获得选举权的。1918年11月12日，人民代表委员会发布声明，宣称年满20岁的德国女性应获得投票权。这一声明后来在有关1918年11月30日国会选举的法令中得到正式承认。
③ Helen L. Boak, "'Our Last Hope': Women's Votes for Hitler: A Reappraisal", *German Studies Review*, Vol. 12, No. 2, May, 1989, p. 297.

纳粹党在1932年获得的女性选票比所有其他政党获得的女性选票的总和还多[①]，并且纳粹党在1933年与德意志民族人民党组建的"民族阵线"也得到了大多数女性选民的支持[②]，我们不得不承认，德国女性选民在把希特勒推上权力宝座和协助纳粹政权建立方面的确发挥了重大作用。

第三节　女性选民支持纳粹党的原因

纳粹党是一个反政府、反民主的极端右翼政党，它在竞选过程中广泛散布对自由主义、马克思主义和犹太人的刻骨仇恨，竭力宣扬个人独裁论、种族优劣论、生存空间论和建立一个以日耳曼人种为基础的新帝国的主张。

纳粹党还自诩为"男人党"（Männerpartei），大搞天才和英雄崇拜，疯狂宣讲日耳曼男子开拓疆土、保家卫国的神圣使命。对于女性，特别是女权主义者，纳粹党原本是十分轻视和鄙视的，根本没有注意到女性选民对于竞选的重要性。在魏玛共和国各政党中，只有纳粹党没有选派女性代表进驻国会。相反，纳粹党领导人还在1921年明令禁止女性党员担任党的领导。纳粹党只是在1920年2月24日讨论提升民族健康水平的时候，才在党纲中提到了女性。[③] 希特勒也只在《我的奋斗》中论述道：女性的典范不是"品行规正的老处女"，而是"能不断造育男人的女人"，女性教育的目的是使她们坚定不移地成为母亲。[④] 在希特勒看来，女性作为母亲的本能是可以用来爱国的。如果男性的职责是卫国上战场，那么女性的职责就是繁衍雅利安种族，为德国生育更多的战士和母亲。

对于女权主义和新女性，希特勒和纳粹党其他领导人经常不加掩饰地予以攻击和否定。他们声称"解放"（Emanzipation）概念是由犹太人发明的，其目的就是破坏上帝预定的性别关系，无子女的、受过教育的、喜欢社交、外出工作、热衷于梳妆打扮的都市女性，造成了大量家庭和社会危

[①] Helen L. Boak, "'Our Last Hope': Women's Votes for Hitler: A Reappraisal", *German Studies Review*, Vol. 12, No. 2, May, 1989, pp. 304 – 305.

[②] Herbert Tingsten, *Political Behaviour*, *Studies in Election Statistics*, New York: Arno, 1975, p. 59.

[③] Walter Hofer, *Der Nationalsozialismus. Dokumente* 1933 – 1945, Frankfurt am Main: Fischer, 1957, S. 28 – 31; Helen L. Boak, "'Our Last Hope': Women's Votes for Hitler: A Reappraisal", *German Studies Review*, Vol. 12, No. 2, May, 1989, p. 303.

[④] 王肇伟：《论纳粹德国的妇女理论及政策》，《世界历史》1995年第4期。

机,为社会留下了很多隐患。托尼·森德(Tony Sender)是一名在身为犹太人、社会民主党党员和女性三重压力下勇敢工作的国会议员,她留下了关于1932年大选期间民族主义者和纳粹党人对她进行人身攻击的令人难忘的个人记录。他们诋毁她是一个"高档妓女,只在参加工人集会时才穿上无产阶级衣服"①。这样一个反对女性解放的政党怎么会得到女性的支持呢?

实际上,德国女性并不是从一开始就积极支持希特勒和纳粹党的。女性也不像社会学家特奥多尔·盖格尔(Theodor Geiger)所说的那样,"与比较冷静的男性思考方式相比,比较强烈的重感情性格特征使得女性总是更倾向于激进主义"②。

在魏玛共和国时期,女性解放和女权主义获得了进一步发展,女性得到越来越多的机会和平等,其与劳动市场和社会经济的联系越来越紧密,就业者日益增多。特别是年轻女性尽享《魏玛宪法》提供给她们的男女平等权利,同男生一样上大学,积极参加男女青年混合的社团活动。在穿衣打扮上,她们更多以法国女性为楷模,穿丝袜和超短裙,配以短发,其前卫和时尚,与之前德国女性朴素、勤劳的形象大相径庭。未婚不再意味着独身,结婚也不再意味着生育。"性爱革命"虽然在第一次世界大战前已经兴起,但在魏玛时期才开始成为一股社会潮流。改革离婚法、摆脱无爱的婚姻、支持使用避孕工具以控制生育及家庭的规模、提高未婚母亲和非婚生子女的社会地位等要求一浪高过一浪,离婚、未婚先孕等现象大量出现。

然而,绝大多数德国女性仍然很保守,她们既没有什么职业技能,也没有工作欲望,主要以家庭和教堂为活动范围,相夫教子,祈求平安。她们看不惯爱出风头的女人,不满新潮女性的做派,唾弃有关孩童的性欲理论,坚持传统的婚姻观,重视维护家庭和一般的宗教生活。在政治上,她们难以接受"颓废的"无神论主义者、自由政治信仰者的理论纲领,对马克思主义和布尔什维克主义充满偏见,对尚武主义和军国主义也十分畏惧。她们大都趋向于以宗教、民族为导向的或者保守主义的政党,对于共

---

① Tim Mason, "Women in Germany, 1925 - 1940, Family, Welfare and Work", *History Workshop*, No. 1, Spring, 1976, p. 89.

② Theodor Geiger, Panik im Mittelstand, *Die Arbeit*, 7, 1930, S. 650; Jügen W. Falter, *Hitlers Waehler*, München: Verlag C. H. Beck, 1991, S. 136. 此处的"激进主义"意指纳粹党和共产党。

产党和纳粹党等极"左"或极右政治团体,她们原本不表支持,甚至是颇有抵触情绪的。这种情况与同时代人约瑟夫·格里斯迈耶尔(Josef Gnesmeier)和汉斯·拜尔(Hans Beyer)等人的观察[①]完全一致,也与表1-3中的选票统计十分吻合。

表1-3　　1924—1930年各党派在国会大选中所获得的汀斯登指数[②]

历届选举	共产党	社会民主党	民主党	中央党和巴伐利亚人民党	人民党	其他政党	民族人民党	纳粹党	选票统计覆盖率(%)
1924M	69	94	96	154	112	96	115	96	6.9
1924D	68	90	97	149	115	99	118	85	6.2
1928	76	96	100	154	110	94	131	71	20.6
1930	75	100	100	159	125	112	140	88	16.8

注:所谓的汀斯登指数是指政治学家赫伯特·汀斯登(Herbert Tingsten)根据选票计算的男性选民和女性选民对于某个党派的支持率比较系数。数值100表示有同样多的男性选民和女性选民支持,数值低于100表示有较多的男性选民支持,相反,数值高于100则表示有较多的女性选民支持。

从表1-3中不难看出,在20世纪20年代,女性选民比男性选民更多地支持中央党和巴伐利亚人民党、人民党以及民族人民党。支持纳粹候选人的主要是一些男性选民,女性选民极少。即使在1930年的选举中,女性选民也比男性选民更多地支持中央党和巴伐利亚人民党、人民党、民族人民党和其他政党。支持社会民主党和民主党的男女选民各占一半。支持共产党和纳粹党的女性选民少于男性选民。但是因为统计不完全,表中数据仅能反映大概情况。另外,该数据是根据男女选民分别在各自性别选民中的投票率计算的,不能完全反映女性的实际支持人数。

德国女性是在1929年世界经济大危机爆发后才大规模转向支持纳粹党的,这与由经济危机造成的生活困难和对克服危机的期望有密切联系。

---

① 约瑟夫·格里斯迈耶尔指出:"女性偏爱宗教的和比较保守的政党,她们比男人更强烈地排斥所谓的激进派政党,不管出自哪个阵营。"汉斯·拜尔同样指出:"对于民族社会主义战斗方法的害怕和对于其'积极基督教'的怀疑使得女性选民不愿意投票给纳粹党。"参见 Jügen W. Falter, Hitlers Waehler, München: Verlag C. H. Beck, 1991, S. 138。

② 参见 Jügen W. Falter, *Hitlers Waehler*, München: Verlag C. H. Beck, 1991, S. 141。

世界经济大危机爆发后,魏玛共和国顿时陷入一片混乱:工业生产直线下降,进出口商品锐减,国库黄金储备几近告罄,中小企业大量破产,失业人数直线上升,屡创新高,巅峰时多达 600 万人。广大民众生活竭蹶,申请救济者大量增加,政府财政不堪重负。以中央党议会党团领袖布吕宁(Heinrich Bruening)为首,由中央党、民主党、人民党、民族人民党等资产阶级政党成员组成的政府试图通过削减工资和薪水、减少失业救济金支出和提高税率等措施来改善财政紧张状况,受到议会反对派的猛烈攻击,不得不引咎辞职。天主教贵族兼大资本家弗兰茨·冯·巴本(Franz von Papen)遂以资本家"右翼凯恩斯主义"集团为后台,组建主要由保守的贵族分子组成"男爵内阁",依靠总统的信任及其戒严令维持统治。与此同时,在议会外,武装冲突愈演愈烈,各政党的志愿兵团〔如纳粹党的"冲锋队"(SA)、支持民族人民党的"钢盔团"(Stahlhelm)、支持共产党的"红色前线战士同盟"(Rotfrontkämpferbund)以及由社会民主党人占主导地位的"黑红金三色国旗手"(Reichsbanner Schwarz-Rot-Gold)等〕经常在大街上和集会大厅发生斗殴,内战大有一触即发之势。

在这种局势下,德国女性深感恐慌,强烈呼吁"强人"出现,要求恢复"和平和秩序",建立强有力的政府和强大的国家。德国女性选民同男性选民一样,开始听信希特勒和纳粹党的宣传和治国理念,纷纷投票支持纳粹党。她们支持纳粹党的原因也同男性选民基本一样,一方面是出于对本国政府和政府所依靠的政党和政治家的不满,另一方面是出于对希特勒和纳粹党的信任和期望,相信纳粹党是这个"绝望时代"的最后选择。正如福音派女性同盟第一主席保拉·米勒—奥特弗里德(Paula Müller-Ottfried,1900—1934 年在位)在 1932 年的新年致辞中所说的那样,"一个钢铁般心灵、强有力的领导人已经出现,他要将德国从无神论的共产主义革命中拯救出来"。①

与此同时,纳粹党也开始认识到女性选民的重要性,想方设法赢得女性的支持。纳粹党的创建者之一格雷戈尔·施特拉塞尔(Gregor Strasser)

---

① Claudia Koonz, *Mothers in the Fatherland: Women, the Family and Nazi Politics*, New York: St. Martin's Griffin, p. 232.

认为,"女性选票有可能被大量收集起来"①。希特勒也在 1932 年总统选举失利后②,向纳粹党地方干部发出指令,敦促他们特别做好针对女性选民的宣传工作。③ 鉴于有些政党想利用纳粹党领导人反对女性外出工作一事来阻止女性支持纳粹党,希特勒也表示不完全反对女性就业。纳粹时任宣传部部长约瑟夫·戈培尔(Joseph Goebbels)在其日记中写道:"领袖对于对待女性的态度产生全新的思想。这些思想对于下次大选具有重大意义,因为恰恰在这个方面,我们在上一次选举中受到了猛烈攻击。女人是男人的伙伴和工作同志。一直是这样,并且永远都是这样。而在现今的经济情况下,她也必须这样。先前是在田地里,现在则在办公室。男人是生活的组织者,女人则是他的助手和工具。"④

为了吸引更多女性的支持,纳粹党还强调自己尊重宗教、坚守基督教信仰的立场态度。正如海因里希·施特里弗勒(Heinrich Striefler)观察到的那样,纳粹党的这一做法成效十分显著,在很多福音派地区,纳粹党早就被视为一个基督教政党了。⑤ 巴登地区的纳粹党报也宣称:"没有一个德国女性会允许家中出现非基督教报纸。她们只会接受《领袖报》(*Der Führer*)。"⑥

希特勒本人也十分精于向女性施展其个人魅力。⑦ 他很懂得如何迎合

---

① Jill Stephenson, "National Socialism and Women before 1933", in: Peter D. Stachura ed., *The Nazi Machtergreifung*, London: Allen and Unwin, 1983, p. 39; Helen L. Boak, "'Our Last Hope': Women's Votes for Hitler: A Reappraisal", *German Studies Review*, Vol. 12, No. 2, May, 1989, p. 301.

② 在 1932 年 3 月的大选中,兴登堡比希特勒多获得了 20% 的选票,并且主要是赢在女性选票上。

③ Hermann Rauschning, *Hitler Speaks*, London: Thornton Butterworth, 1939, p. 259; Helen L. Boak, "'Our Last Hope': Women's Votes for Hitler: A Reappraisal", *German Studies Review*, Vol. 12, No. 2, May, 1989, p. 301.

④ Joseph Goebbels, Tagebücher, 29. März 1932. 转引自 http://de.wikipedia.org/wiki/Frauen_im_Nationalsozialismus.

⑤ Heinrich Striefler, *Deutsche Wahlen in Bildern und Zahlen*, Düsseldorf: Wende-Verlag W. Hagemann, 1947, S. 17; Helen L. Boak, "'Our Last Hope': Women's Votes for Hitler: A Reappraisal", *German Studies Review*, Vol. 12, No. 2, May 1989, p. 291.

⑥ Der Führer, No. 39, September 29, 1928. 转引自 Helen L. Boak, "'Our Last Hope': Women's Votes for Hitler: A Reappraisal", *German Studies Review*, Vol. 12, No. 2, May, 1989, p. 291。

⑦ Charu Gupta, "Politics of Gender: Women in Nazi Germany", *Economic and Political Weekly*, Vol. 26, No. 17 Apr., 1991, p. WS44.

女性们的需求，斩获她们的芳心，让她们自动拜服在自己脚下，听从他的各项吩咐和命令。① 希特勒的魅力的确征服了许多德国女性。同时代观察家赫尔曼·劳施宁（Hermann Rauschning）写道："你应该从希特勒的演讲台向下看看，那群欣喜若狂的女人眼里满是激动的泪水。"② 理查德·格伦贝格写道："希特勒苦行僧般的外在条件，赢得了大量过于兴奋女性的关注，而且不仅是未婚女性，甚至是中老年女性都将自己压抑已久的渴望，转化成热烈的崇拜。"③ 她们喜欢希特勒的恃强凌弱，喜欢听他发牢骚，喜欢他合体整洁的着装，喜欢他的妄自尊大。他是世俗宗教的大救星。很多人与希特勒见面后，记录下自己的感受。有的人说："我不知道该怎样表达，但是当你看到他的眼睛的时候，你就会狂热入迷！"④ 有的人说："他是一个简单的人，用坚定、真诚的眼神凝视着人群，我们感觉就像太阳光照到心里一样，完全不可抗拒。"⑤ 还有的人充满激情地回忆道："他脸上永远都是那么的安静和真诚。但是眼睛里燃烧着一团火！"⑥

纳粹党还进行了颇具效率的组织动员工作，力图通过党的女性团体把广大女性争取到自己这一边来。早在1928年，由埃尔斯贝特·灿德尔（Elsbeth Zander）领导的"德意志红万字女骑士团"（Deutscher Frauenorden Rotes Hakenkreuz）就成为纳粹党的一个分支机构了。以此为主体，格雷戈尔·施特拉塞尔在1931年10月1日创建了"民族社会主义女性联盟"（Nationalsozialistische Frauenschaft, NSF），作为纳粹党对女性进行领导的核心组织，该联盟的任务之一便是使纳粹党赢得更多的女性选票。其巴登分部领导（后来成为全德妇联领导）的格特鲁德·舒尔茨—克林克在1932年国会大选期间，率领自己的部下，走遍巴登各地，同一些男党员一起为纳粹党拉选票。

---

① Joachim C. Fest, *The Face of the Third Reich*, Da Capo Press, 1999, p. 402.
② Hermann Rauschning, *Hitler Speaks: A Series of Political Conversations with Adolf Hitler on His Real Aims*, London: Thornton Butterworth, 1939, p. 259.
③ Richard Grunberger, *A Social History of the Third Reich*, London: Phoenix Press, 1971, p. 117.
④ Maria Engelhardt, Number 195, Abel Collection. 转引自 Claudia Koonz, "Nazi Women before 1933: Rebels Against Emancipation", *Social Science Quarterly*, Mar. 1976, pp. 560 – 561。
⑤ Helene Radtke, Number 207, Abel Collection. 转引自 Claudia Koonz, "Nazi Women before 1933: Rebels Against Emancipation", *Social Science Quarterly*, Mar. 1976, p. 561。
⑥ Erna Stoyke, Number 363, Abel Collection. 转引自 Claudia Koonz, "Nazi Women before 1933: Rebels Against Emancipation", *Social Science Quarterly*, Mar. 1976, p. 561。

纳粹女党员虽然人数不多，能量却很大，组织、宣传活动非常活跃。她们大都成长于保守的，往往还是宗教的家庭，婚后不工作，用愤怒的心态来看待自己所处的世界，敌视自由主义魏玛宪法所承诺的女性解放。她们认为男女平等不是一种机会，而是一种威胁，"性别民主"会摧毁家庭。她们认为迫使女性进入本身并不想进入也没有准备好进入的男性世界是不公平的，理想的社会应当是崇尚女性传统的价值和角色的社会。她们深感一般经济和政治变革的威胁，厌恶知识分子所赞美的那种文化，大声疾呼进行一场革命性的反革命，彻底摧毁"色情革命"或"马克思主义—布尔什维克的性改革"。① 这种立场观点是相当契合当时大多数德国女性的诉求的，因此具有相当大的感召力。对于许多德国女性选民来说，她们对纳粹党的支持正是基于这种认同性的。

第四节 德国女性在大选中对纳粹党的抵制

女性选民的支持对于纳粹党竞选成功和纳粹政权的建立固然十分重要，但笼统地说"希特勒是由德国女性选上台的"是不恰当的②，因为投票支持纳粹党不仅有女性选民，还有很多男性选民；也并非所有女性都投票支持纳粹党，投票支持中央党、巴伐利亚人民党、德国社会民主党和共产党的女性选民仍不在少数。在整个共和国期间，中央党和巴伐利亚人民党的得票率虽然从1919年19.7%下降为1933年的14%，但自始至终都获得了较多的女性选民的支持，特别是在天主教徒占主导地位的选区。③ 社会民主党作为一个革命党和民主派政党，在魏玛共和国建立之初曾受到众多女性选民的支持，并且直到1930年均为在国会中占有议席最多的大党。

---

① Claudia Koonz, "Nazi Women before 1933: Rebels Against Emancipation", *Social Science Quarterly*, Mar. 1976, pp. 557–558.

② Helen L. Boak, "'Our Last Hope': Women's Votes for Hitler: A Reappraisal", *German Studies Review*, Vol. 12, No. 2, May, 1989, pp. 289–310.

③ Herbert Tingsten, *Political Behaviour. Studies in Election Statistics*, New York: Arno, 1975, p. 57; Gabriele Bremme, *Die politische Rolle der Frau in Deutschland*, Goettingen: Vandenhoeck and Ruprecht, 1956, S. 248–249; Helen L. Boak, "'Our Last Hope': Women's Votes for Hitler: A Reappraisal", *German Studies Review*, Vol. 12, No. 2, May 1989, p. 291; Jügen W. Falter, *Hitlers Waehler*, München: Verlag C. H. Beck, 1991, S. 145.

至1933年3月,它在大选中的得票率从1919年1月的37.9%下降为18.3%,屈居纳粹党之后,但仍有不少女性选民对它表示效忠。① 还有不少女性加入了社会民主党和共产党。1930—1933年,在社会民主党中,女性党员占20%;在共产党中,女性党员占15%—17%。② 与社会民主党和共产党相比,纳粹女党员在全体党员中所占的比例要小得多,1932—1933年,在纳粹党员中,女性只占5%—7%。③

一些自由派女性组织认识到纳粹党反女权主义的危险,警告女性不要投票支持希特勒。德国女性联合会联盟(Bundes Deutscher Frauenvereine,BDF)主席格特鲁德·褒曼(Gertrud Bäumer)就对纳粹主义提出了许多批评意见。1923年秋,拜仁省的政治气氛愈发紧张,希特勒和帝国军队操纵下的"进军柏林"谋反计划已经昭然若揭,他们这是在效仿墨索里尼进军罗马。格特鲁德·褒曼这样描述在拜仁发生的事件:"纳粹党能没有障碍地攫取了权力,正是因为民众觉得纳粹党还有价值,但当希特勒等人控制了局面,就像是世界大战的前夜一般恐怖。"而那些顺从且容易轻信的市民跟随着希特勒,带着爱的奉献、炙热的憧憬、爱国的情感,通过对"旧社会"发起人民运动实现了一场政变。对于1923年11月9日由希特勒发动的这场所谓的政变,格特鲁德·褒曼做出了这样的评论:"事实上比悲喜剧般的戏剧还要糟糕,纳粹党的这种攻击方式共和党派已经用过了,可以用于捍卫共和国的力量已经崩溃和瘫痪了。"而随着"纳粹运动"的顺利进行,她已对民众预先发出了警告,"政治的胜利的舆论浪潮……击垮了德国人。而比这种舆论更加危险的是,对于摆在眼前的事实却没能认识到危险性和严重性"。格特鲁德·褒曼认为希特勒著《我的奋斗》一书内容"惊人的杂乱无章",并且应该对该党派保持警惕。纳粹党公开向民主和议会主义宣战叫嚣:"国家社会主义,至今为止给德国带来的是更加的

---

① W. Phillips Shively, "Party Identification, Party Choice, and Voting Stability: The Weimar Case", *The American Political Science Review*, December 1972, pp. 1209 - 1214; Jill Stephenson, "National Socialism and Women before 1933", Peter D. Stachura ed., *The Nazi Machtergreifung*, London: Allen and Unwin, 1983, p. 37; Helen L. Boak, "'Our Last Hope': Women's Votes for Hitler: A Reappraisal", *German Studies Review*, Vol. 12, No. 2, May, 1989, p. 293.
② Micheal Kater, *The Nazi Party. A Social Profile of Members and Leaders*, 1919 - 1945, Cambridge: Blackwell, 1983, p. 394.
③ Micheal Kater, *The Nazi Party. A Social Profile of Members and Leaders*, 1919 - 1945, Cambridge: Blackwell, 1983, p. 254.

分裂而不是更加崛起，因为它的领袖不负责任的行为：对反对者的打压；哗众取宠和弄虚作假地描述德国的地位和各党派之间的权力关系；不负责任并肆无忌惮地召唤起人群中的卑劣分子，就像在帝国议会中说的那样，无所顾虑地剥夺人辨别是非的能力。"对于希特勒的追随者，褒曼形容他们是"歇斯底里的哗众取宠之人"，因为他们的"经济政治小市民幻象"而变得愤怒，所以认真严肃的青年在这样一个灰暗的年代应该找寻一个目标和出路，找到一个连接点："有些思想是经过变革和重新规划的，但是总的观念依然保留了下来，认识到你们的任务是创造一个国家。"在1930年10月13日帝国议会的开幕式上，褒曼看到了冲锋队队员的所谓宏大场面，对此她这样写道："强烈抗议权力意志，列队游行给人留下了自吹自擂的印象。"对于纳粹分子发来的合作的邀请，褒曼给予了回绝："我们要做得更多的是要去抗争……抵抗一股势力，要花费精力注重个人的认识，替换掉所有持国家社会主义政见的政治士兵，他们在最核心上是非德国的、非日耳曼的。只有通过德国人民的决绝的抵抗民族社会主义，国家才能从极端种族主义的扭曲中一次性地完全解放出来。""现在的希特勒，我昨天听到他的谈话，给我留下了很深的印象，他获得了富有力量和无法宽恕的支持。""因为感受到希特勒的自我感觉极度良好，我深深被震撼了。这就是他的想法和目标的内在联系——他将要用实际行动统一这个世界，还要为德国创造更多高贵优秀的后代。"[①]

许多受过良好教育的社会上层女性也对纳粹党及其女性组织持冷漠态度，而工人阶级女性运动的领袖们则坚决反对纳粹党赤裸裸的男权主义思想、专制要求和战争计划。德国共产党人、国会议员克拉拉·蔡特金（Clara Zetkin）批评法西斯主义时首先强调指出："法西斯主义意味着一种把人类拖入一次新的世界大战的危险，这次战争比起我们在第一次帝国主义世界大战所经历过的一切野蛮、无耻、罪行还要广泛，还要野蛮。"[②]

1923年6月20日，蔡特金抱病在共产国际执委会第三次扩大会议上作了《反对法西斯主义的斗争》专题报告，对法西斯主义进行了详细的

[①] http：//de.wikipedia.org/wiki/Gertrud_B%C3%A4umer.
[②] ［德］威·皮克：《蔡特金传》，生活·读书·新知三联书店1960年版，第32页。转引自孙寒冰《克拉拉·蔡特金评传》，北京图书馆出版社1997年版，第227、285页。

剖析。①

首先，资本主义经济的瓦解把一部分日益贫困的社会阶层和劳动群众推上了法西斯主义道路。她指出，战前资产阶级中间就已经出现了无产阶级化的现象。第一次世界大战摧毁了许多国家的经济基础，不仅使广大工人更加贫困，而且也使中、小资产阶级知识分子陷入悲惨的境地。战争结束后，大批军官、中小官吏和雇员失业。这些人对现存制度大失所望，因而走向极端，求助于强权政治，成为法西斯主义的基础和中坚力量。

其次，劳动群众对改良主义的失望。蔡特金指出，那些随着资本主义经济崩溃而贫困化的人，曾经对社会民主党的改良主义寄予厚望，幻想能借助于"民主的社会主义制度"改变自己的地位。然而，改良主义者实行的与资产阶级妥协政策的结果，不仅使他们对社会民主党人的改良主义失去信心，而且也不再相信社会主义。这部分群众说："社会主义者答应减轻我们的负担和苦难，给我们各种吸引人的东西，按公平、民主的原则改造社会。但是，事实上，有钱的人和有势力的人还是像从前那样管理事务和统治国家。"② 结果，他们轻信了极端民族主义者的蛊惑，投入了法西斯的怀抱。

最后，共产党人犯了错误。蔡特金认为，共产党对于一部分无产阶级失望并步入法西斯阵营负有责任，因为他们在日常争取群众和掌握群众的工作方面，行动很不得力，活动范围不够广泛，宣传鼓动工作做得不好。结果，"成千上万的群众便集中到法西斯主义方面。对于一切政治上无处藏身、失去了立足点和因为看不清前途而感到沮丧的人来说，法西斯主义成了避难所"。③

根据以上三个方面，蔡特金提出，就其性质而言，"法西斯主义，正如我在开始时指出的，是饥饿者、失去土地的贫困者和失望的人的运动"。④ 在1929—1933年席卷全世界的经济危机中，德国垄断资产阶级正是利用这种法西斯运动，建立起血腥的恐怖政权，来维护自己摇摇欲坠的

---

① 《共产国际执行委员会第三次扩大全会（1923年6月12—23日）速记记录》，莫斯科红色大地出版社1923年版，第207页。

② 《共产国际执行委员会第三次扩大全会（1923年6月12—23日）速记记录》，莫斯科红色大地出版社1923年版，第211页。

③ 《共产国际执行委员会第三次扩大全会（1923年6月12—23日）速记记录》，莫斯科红色大地出版社1923年版，第211页。

④ 转引自孙寒冰《克拉拉·蔡特金评传》，北京图书馆出版社1997年版，第227页。

统治。

"看看德国吧！垂死的、感到身受威胁的资本主义在那里向法西斯主义求救。法西斯主义建立了毁灭人们肉体和灵魂的野蛮统治，恢复了远在10世纪之前的暴行。无数人被杀死，成千上万的人被关进监狱和集中营。法西斯主义分子把无数人打成残废，逐出德国，夺去了他们孩子的面包和住所。"①

她对与会者说："不要软弱，不要妥协，从最初一瞬间起就全力进行反对法西斯的斗争。这不仅仅关系着坚忍的长期斗争的有限的成果，而且也关系着你们的生命。如果你们不打击敌人，那么你们就要受到打击，而且是致命的打击。"② 蔡特金高度赞扬了德国工人阶级的英勇斗争，号召全世界无产阶级团结起来，支持德国工人的反法西斯主义的斗争。她说："不管法西斯主义如何残暴地镇压，德国工人阶级仍然斗志昂扬，勇敢地进行反法西斯主义的斗争。凡是在思想上、感情上反对法西斯主义的血腥恐怖罪行的人，当前最迫切的任务是同正在斗争的人们团结起来，给予他们实际的援助，保护受法西斯主义迫害的人们。"③ "各国反对法西斯主义的工人们，我号召你们同国际红色救援会共同担负起国际团结的全部义务。我们应当同那些给人类带来血腥镇压、恐怖、饥饿和战争的法西斯主义分子作不懈的斗争，直到把他们彻底消灭。"④

1931年，社会民主党女党员在党报上刊登警告："如果女性支持纳粹的话，那就等于是走上自绝之路。"⑤ 女共产党员也曾对纳粹女性政策做出如下评价："他们要把你们弄成生产机器，你们将成为男人的仆役及侍女。"⑥ 1932年8月，德国共产党人、国会议员克拉拉·蔡特金从莫斯科

---

① 《克拉克·蔡特金讲话和文章选集》第3卷，柏林狄茨出版社1960年版，第617页。转引自孙寒冰《克拉拉·蔡特金评传》，北京图书馆出版社1997年版，第285页。
② [德] 威·皮克：《蔡特金传》，生活·读书·新知三联书店1960年版，第32页。转引自孙寒冰《克拉拉·蔡特金评传》，北京图书馆出版社1997年版，第285页。
③ 《克拉克·蔡特金讲话和文章选集》第3卷，柏林狄茨出版社1960年版，第617页。转引自孙寒冰《克拉拉·蔡特金评传》，北京图书馆出版社1997年版，第285页。
④ 《克拉克·蔡特金讲话和文章选集》第3卷，柏林狄茨出版社1960年版，第619页。转引自孙寒冰《克拉拉·蔡特金评传》，北京图书馆出版社1997年版，第285页。
⑤ [德] U. 弗雷福德：《德国妇女运动史：走过两世纪的沧桑》，马维麟译，台北五南图书出版公司1995年版，第195页。
⑥ [德] U. 弗雷福德：《德国妇女运动史：走过两世纪的沧桑》，马维麟译，台北五南图书出版公司1995年版，第195页。

奔赴柏林，以最年长的议员身份主持新一届国会开幕式。当时，法西斯分子对蔡特金恨之入骨，扬言如果蔡特金敢来主持大会，就把她杀死。但是，蔡特金并未被吓倒，她不顾法西斯匪徒的威胁，在会上号召无产阶级和劳动人民团结起来，建立反对法西斯的统一战线。① 这些警告和抗议虽未能阻止纳粹党得势，却也在一定程度上挽救了德国女性的名誉。

---

① 孙寒冰：《克拉拉·蔡特金评传》，北京图书馆出版社1997年版，第289页。

第二章

纳粹女性组织的建立和运行

在德国历史上虽然不乏声名显赫的女君主、女大公和名门贵媛，但比较有自觉意识的女性解放运动是在19世纪初才开始的。到了19世纪60年代，全德范围内的女性组织得以建立，但也主要以改善女性在家庭中的地位、使女性获得受教育权和就业权为目标。直到19世纪末，参政议政才被列入一些女性组织的议事议程，女性解放运动和女权主义由此获得了较大规模的发展。

在魏玛共和国时期，女性解放和女权主义获得了进一步发展，女性得到越来越多的平等和机会，就业者和参与各党派政治活动者日益增多。与此同时，大大小小、各式各样具有比较明确的政治倾向的女性团体也蜂拥而至，在整个德国的社会和政治生活中发挥着越来越大的作用。但在经济危机爆发后，许多德国女性对魏玛共和国和左翼政党深感失望，纷纷转向纳粹党。诸如"新国家同盟"（Neulandbund）和"露易丝王后同盟"（Bund Königin Luise）等具有强烈民族主义倾向的女性组织就对希特勒和纳粹党表示支持，主动为其提供各种帮助。而由纳粹女党员们自发成立的一些地方性组织，如"民族女性同盟"（或译作"族民女性同盟"，Völkischer Frauenbund），以及由埃尔斯贝特·灿德尔在柏林建立的"德意志红万字女骑士团"［Deutscher Frauenorden Rotes Hakenkreuz，简称"德意志女骑士团"（Deutscher Frauenorden）］，更是发动民众，组织请愿，积极地为纳粹党拉选票。

1931年10月1日，纳粹党组织部部长格雷戈尔·施特拉塞尔将原来分散的各个纳粹女性团体组合在一起，并以埃尔斯贝特·灿德尔的"德意志女骑士团"为主体成立民族社会主义女性联盟，作为纳粹党对女性进行领导的核心组织。

在篡夺了国家政权后，希特勒和纳粹党实现全面统制，取缔了所有非纳粹主义政党和团体，确立了纳粹党的唯一合法地位，组建了一些由纳粹党政机关管辖的社会团体，其中包括"民族社会主义女性联盟"（Nationalsozialistische Frauenschaft，NSF）、"德意志女性工作社"（Das Deutsche Frauenwerk，DFW）和"德意志少女同盟"（Bund Deutscher Madel，BDM）等女性团体。这些组织的许多领导人和普通成员积极宣传纳粹主义，致力于贯彻纳粹党和国家的各项政策方针，组织德国女性为建设"民族共同体"（或译作"民族共同体"，Volksgemeinschaft）和"大德意志国家"（Großdeutschland）服务，为纳粹政权的巩固和纳粹德国的对外扩张做出了重要贡献。

但在纳粹政权的社会统治下，大批女性主要是为了保护自身的利益而被迫加入纳粹女性组织的，也是被迫参加这些组织所举办的政治教育、母亲培训和晚间聚会等活动的。纳粹女性组织致力于构建庞大的德国女性共同体，但在实际上并没有得到广大女性的普遍认同，不少德国女性依然没有加入。纳粹女性组织未能在战前吸引到足够的成员，为纳粹党做服务工作、支持战争，也没能说服多数的德国女性参与义务服务。

第一节　近代以来的德国女性运动和女性组织

同世界上大多数国家一样，在19世纪以前，德国女性除了个别女君主、女大公和名门贵媛，基本是毫无政治权利的。19世纪初，在德国文学圈内，卡萝莉内·施勒格尔—舍林（Karoline Schlegel-Schelling，1763—1809年）、拉埃尔·法恩哈根（Rahel Varnhagen，1771—1833年）和贝蒂娜·冯·阿尼姆（Bettina von Arnim，1785—1859年）等女性作家开始讨论女性解放问题。1865年10月，路易丝·奥托—彼得斯（Luise Otto-Peters，1819—1895年）在莱比锡创办了"全德女性联合会"（Allgemeinen deutschen Frauenverein），要求改善女性在家庭中的地位、使女性获得受教育和就业权，以及协助女性解决在社会生活中所面临的种种实际问题。全德女性联合会最初人数很少，在德国统一和德意志帝国建立后才有较大的发展，至1913年已有会员13000名。[①]

[①] 邢来顺：《德意志帝国时期妇女群体的崛起》，《世界历史》2004年第2期。

全德女性联合会成立后，一些专门性女性组织，如"全德女教师联盟"（Allgemeinen Deutschen Lehrerinnenverband，ADLV）等迅速出现。至19世纪90年代，这类女性组织已达30余个，其作用和规模大小不一。"提高女性就业能力联合会"成立于1866年，其主要目的是帮助女性进入职业领域；"全德女教师联盟"成立于1890年，到1900年已有成员16000人，成为当时德国最大的女性职业联合会。

1894年3月，德国34个女性联合会联合成立了"德国女性联合会联盟"，该组织致力于传播女性解放思想，并设立若干委员会，负责具体工作，内容涉及女性在家庭和社会中的地位、女性权益、女工保护、创办幼儿园、提高低级阶层女性的卫生保健意识、与卖淫和酗酒作斗争、改良服饰等日常实际问题。德国女性联合会联盟的成立进一步壮大了德国女性组织的规模和声势，也促进了新的专门团体的出现。到1913年，德国女性联合会联盟旗下的女性组织扩大到2200个，成员人数达47万人。[1]

还有一些女性组织具有明确的宗教性质，由来自同一教派的社会各阶级和阶层成员组成。例如1899年6月7日在卡塞尔成立的"德国福音派女性同盟"（Der Deutsche Evangelische Frauenbund，DEF）就是一个专门吸纳信仰福音派的德国女性的宗教组织。它并不在政治层面上处理社会问题，而是试图联合信仰福音派的德国女性从事一些实际性救济活动，为女童和妇女争取平等的受教育权和就业权。但在当时，女性教育的主要目的是为将来结婚成家和生儿育女做准备，并不是为了让女性独立自主和参与公共事业。德国福音派女性同盟尤其关注那些经常被人忽视的问题，例如未婚怀孕的青年女子和单亲家庭等，在德国许多地方设立了所谓的"拯救所"（Rettungshäuser），为这些"处于特殊情况"的女性提供帮助。1905年，德国福音派女性同盟在汉诺威创办了"基督教社会女性研讨班"（Christlich-Soziale Frauenseminar，CSF），作为德国第一所专门培训女性从事社会工作的教育机构，学成毕业者可获得国家承认以及"女福利工作者"（Wohlfahrtspflegerin）或"女社会工作者"（Sozialarbeiterin）等职称。到1913年，该组织有会员13600人左右。[2]

德国福音派女性同盟曾在1908年加入德国女性联合会联盟，但因同

---

[1] 邢来顺：《德意志帝国时期妇女群体的崛起》，《世界历史》2004年第2期。
[2] 邢来顺：《德意志帝国时期妇女群体的崛起》，《世界历史》2004年第2期。

盟中的保守派女性反对联盟争取女性选举权的努力，又在 1918 年 3 月 14 日正式宣布从该联盟中退出。① 在社会民主党数次从国会选举中胜出之后，这些人担心女性获得选举权后，左翼政党会通过女工的选票而势力大增。但在魏玛共和国引入了女性选举权之后，先前就已经开始政治生涯的德国福音派女性同盟的领导人积极参与政治活动，例如该同盟的主席保拉·米勒—奥特弗里德就曾当选为国会议员，并在国会中工作了 12 年之久。

"德国天主教女性同盟"（Katholischer Frauenbund Deutschlands, KDFB）是 1903 年 11 月 16 日在科隆成立的天主教女性组织。初名为"天主教女性同盟"（Katholischer Frauenbund, KFB），1916 年更名为"德国天主教女性同盟"（Katholischer Frauenbund Deutschlands, KDFB），1921 年再次更名为"天主教德国女性同盟"（Katholischer Deutscher Frauenbund, KDF），其第二任主席黑德维希·德隆斯菲尔德（Hedwig Dransfeld）在 1919 年当选为魏玛共和国国会议员，是最早进入议会的德国女性之一。天主教与福音派虽然在某些教义、教规、宗教仪式和政治观念等方面存在分歧，但都属于基督教，天主教女性同盟和德国福音派女性同盟也都是基督教的宗教性社会团体。与德国福音派女性同盟一样，德国天主教女性同盟也为广大女性提供受教育和培训的机会，为生活困难的女性提供实际支持和具体帮助。其社会政治教育工作的主要目标是，增强女性作为基督教女教徒的社会和政治责任感，鼓励她们积极参与社会和政治活动。但对女性解放和女权主义，德国天主教女性同盟并不完全认同，它更多地主张维持女性的特殊性和特殊地位。

在 19 世纪末、20 世纪初，"祖国母亲联合会"（Volksmutter）兴盛一时。该组织起源于 1866 年普奥战争中为伤员提供基础护理服务的组织，这一职能后来在纳粹女性组织中得到继承。1870 年对法战争结束后，该组织成员达到 3 万人，19 世纪 80 年代发展到 15 万人，1913 年更多达 50 万人。② 这一组织的活动内容主要有学习护理工作，以及为士兵做饭、缝补衣服等。许多德国女性积极参加该组织，这一方面反映了她们参与社会生活的愿望高涨，另一方面也是与当时德国国内民族主义情绪的普遍发展相

---

① 邢来顺：《德意志帝国时期妇女群体的崛起》，《世界历史》2004 年第 2 期。
② Hans-Ulrich Wehler, Deutsche Gesellschaftsgeschichte: Von der "Deutschen Doppelrevolution" bis zum Beginn des Ersten Weltkrieges 1845/49 – 1914, München: Verlag C. H. Beck, 1995, S. 1096。转引自邢来顺《德意志帝国时期妇女群体的崛起》，《世界历史》2004 年第 2 期。

一致的,可谓是一种"女性民族主义的升华"①。

女性问题也受到无产阶级革命家和无产阶级女性运动领导人的关注。1879年,奥古斯特·倍倍尔(August Bebel)出版《女性与社会主义》(*Die Frau und der Sozialismus*)一书,把女性问题的产生与经济和社会压迫联系起来,确定无产阶级女性运动的任务便是代表工人的利益,动员和组织女性劳工为社会民主而斗争,彻底贯彻女工保护和法律平等要求。1891年,德国社会民主党把赋予女性选举权写入党纲;1908年又正式接纳女性作为党员,可以担任领导职务,出席党代表大会。克拉拉·蔡特金则进一步使社会民主党内的女性运动拥有了一种独立地位。她不仅将社会民主党的女性解放理论精确化了,而且还在1890—1917年担任社会民主党女性杂志《平等》(*Die Gleichheit*)的主编,直接承担起了指导无产阶级女性解放运动的责任。

1914年,当德皇威廉二世对俄宣战时,举国上下为之沸腾,包括女性在内的绝大多数德国人深信德国是被迫对俄宣战的,是为了保卫德国文化及生存空间而不得不进行的解放战争。对于德国能够在战争中取得辉煌胜利,绝大多数德国人毫不怀疑。巴伐利亚资产阶级女性组织领导人甚至还慷慨激昂地表达了自己对皇帝和国家的忠诚,声称愿意做出无条件的牺牲。②

1914年,7月31日,德国女性联合会联盟主席格特鲁德·博伊默尔(Gertrud Baumer)与黑德维希·黑伊尔(Hedwig Heyl)一起创办了"全国女性服务"(Der Nationale Frauendienst, NFD),也称作"女性感谢"(Frauendank)组织。格特鲁德·博伊默尔视全国女性服务内的工作为家园服务(Heimatdienst),等同于女性们进行的战争。③ 在很短的时间里,全国女性服务的地方团体在德国各地纷纷成立,它们努力贯彻落实由全国女性服务制定的工作纲领,与社区官员和城市市政管理当局、红十字会和其他地方协会进行密切合作。除了照顾那些越来越多地承担起男性工作女工

---

① Hans-Ulrich Wehler, Deutsche Gesellschaftsgeschichte: Von der "Deutschen Doppelrevolution" bis zum Beginn des Ersten Weltkrieges 1845/49 – 1914, München: Verlag C. H. Beck, 1995, S. 1096。转引自邢来顺《德意志帝国时期妇女群体的崛起》,《世界历史》2004年第2期。

② Nancy R. Reagin, *A German Women's Movement: Class and Gender in Hanover*, 1890 – 1933, Chapel Hill: University of North Carolina Press, 1995, p. 49.

③ Caroline Hopf, *Frauenbewegung und Pädagogik-Gertrud Bäumer zum Beispiel*, Bad Heilbrunn 1997, S. 32.

们，全国女性服务还不失时机地向民众传达一些战时特别法规，保障生活物资供应，介绍和安排工作，抚恤阵亡战士的遗孀和其他家属。此外，全国女性服务还设立了许多问讯处，帮助女性查找她们已失去联系的亲人的下落，为前线战士寄赠包裹，募集捐款，等等。在战争后期，招募女性工人到军工厂工作一事则成为全国女性服务的工作重点。①

1916年，女教师兼"德国福音派女青年协会"（Evangelisches Verband für die weibliche Jugend Deutschlands）旅游秘书杰拉·迪尔（Guida Diehl）又联络一些女教师成立了"新国家同盟"［Neulandbund，也称作新国家运动（Neulandbewegung）］，宣扬爱国主义，无条件地支持国家的战争政策和目标，号召德国女青年为战争服务。②新国家同盟属于德国女性运动中的一个福音派保守派右翼组织，主张极端保守的"革新运动"，力图恢复宗教信仰和德意志民族传统道德观念至高无上的权威。③

战争消耗了大量资源，导致物质匮乏，生活困难，一些资产阶级女性成立了援助组织，力图使政府的救济措施能够得到更好的落实，使贫困家庭和女性得到及时的帮助。她们在中央和地方之间搭建桥梁，并与需要救助的女性进行零距离接触。1918年，有一位社会学女博士在中央担任女性工作的领导职务，1000余名女性承担协调任务，900余名女性义工深入工厂照顾女工，不仅为女工争取更好的工作条件，还十分关心她们的生活状况，必要时也帮助她们处理家庭问题。女性援助团的工作得到了国家和社会的高度肯定，也为广大女性争得了巨大荣誉。④

1918年11月3日，基尔港水兵反对同英国舰队作战，举行起义，引发全国性的革命。德皇威廉二世逃往荷兰，社会民主党和独立社会民主党联合成立了临时联合政府，积极推动政治民主化，准备建立资产阶级议会制度。11月9日，德国历史上第一个资产阶级性质的民主共和国由此诞生。在当时革命气氛的感染下，德国女性也开始出席各种各样的集会，加

---

① Gertrud Bäumer, Der Krieg und die Frau, Stuttgart/Berlin 1914, S. 23, http://de.wikipedia.org/wiki/Gertrud_B%C3%A4umer.

② Guida Diehl, "Deutsche Jugend", *Neuland*. Nr. 1, 1916, http://de.wikipedia.org/wiki/Guida_Diehl.

③ Gudia Diehl, Erlösung vom Wirrwahn, Eisenach 1931, S. 75, http://de.wikipedia.org/wiki/Guida_Diehl.

④ Cornelie Usbone, *The Politics of the Body in Weimar Germany: Women's Reproductive Right and Duties*, Basinstoke: Macmillan, 1992, p. 29.

第二章　纳粹女性组织的建立和运行

入政党、工会及职业团体，伸张自己的政治权利。为了争取广大女性的支持，完善和巩固民主制度，临时政府遂在11月30日发布公告，决定改革选举制度，实行男女公民平等以及直接的选举制和比例代表制，并将选民的年龄下限从25岁降到20岁。德国女性也由此得到选举权，正式成为享有政治和社会权利的国家公民，进入了昔日完全被男性垄断的政治领域。①

1919年1月19日，德国国民议会选举如期进行，举国上下一片欢腾，大大小小的政党激烈竞争，男女选民也踊跃投票。在所有享有选举权的公民当中，有83.0%的人行使了民主权利。② 刚刚获得选举权的德国女性更表现出了极大的热忱，参加投票的女性选民占全体女性公民的90%。③ 无论是资产阶级女性社团领导人还是社会民主党女性活动家，都对女性参选事宜进行了必要的指导，各政党也为拉选票而纷纷推举女性代表。有41位女议员进入国会，占议员总数的9.6%。其中超过一半来自社会民主党（22位），独立社会民主党3位，中央党和民主党各有6位，民族人民党有3位，人民党有1位。有14位女性在中央政府中任职，15位女性在地方政府中任职。④ 德国女性首次在国家中央和地方各级权力机构承担起参政议政任务。

1919年7月31日，国会通过宪法，8月14日公布生效。魏玛宪法废除了所有对女性公务人员的歧视性政策，明确承认男女两性平等为基本人权。⑤ 这一"男女平等"律例为德国女性追求独立自主，又增添了一个有力的砝码。许多女性争先恐后地参加左派政党。据统计，1918年，社会民主党的女性党员还只有6600人，1920年激增到207000人；独立社会民主党的女性党员也在两年内有大幅度增加，至1920年10月多达130464人。同一时间，由社会民主党所组成的女性工会成员数，更是从442957人增

---

①　[德] U. 弗雷福德：《德国妇女运动史：走过两世纪的沧桑》，马维麟译，台北五南图书出版公司1995年版，第151页。

②　Jürgen W. Falter, *Hitlers Waehler*, München: Verlag C. H. Beck, 1991, S. 25.

③　[德] U. 弗雷福德：《德国妇女运动史：走过两世纪的沧桑》，马维麟译，台北五南图书出版公司1995年版，第152页。

④　[德] U. 弗雷福德：《德国妇女运动史：走过两世纪的沧桑》，马维麟译，台北五南图书出版公司1995年版，第152页；Julia Sneeringer, Winging Women's Vote: Propaganda and Politics in Weimar Germany, Chapel Hill: University of North Carolina Press, 2002, p. 10; Cornelie Usborne, *The Politics of the body in Weimar Germany: Women's Reproductive Rights and Duties*, Basingstocke: Macmilian Press, 1992, p. 85.

⑤　张建华主编：《世界现代史资料汇编》上辑，北京师范大学出版社2009年版，第89页。

加到 1700000 人。①

但在魏玛共和国成立之初，倾向保守主义和民族主义的右翼女性组织也十分活跃。她们憎恨战争末期社会主义分子的暴动，反对十一月革命和"不平等"的《凡尔赛和约》，也不适应魏玛共和国的民主体制，谴责"颓废的"无神论者、自由政治信仰者，抨击马克思主义和布尔什维克主义。德国福音派女性同盟领导人保拉·米勒—奥特弗里德将1918—1919年视为德国的大衰之年，认为"它把原先社会上的价值观都打破了，留下的只是碎片和垃圾"。② 新国家同盟领导人杰拉·迪尔则大肆宣扬"背后捅刀子"神话，声称十一月革命对于德国战败投降负有重大责任，魏玛共和国的建立是国内外马克思主义者蓄意制造的一场阴谋。③ 此时，德国福音派女性同盟和新国家同盟都转入了资产阶级民族保守派阵营，支持右翼政党"德意志民族人民党"，杰拉·迪尔甚至在1918年加入了该党。

1920年，新国家同盟在爱森纳赫设立了号称"新国家家园"（Neulandhaus）的总部，每年举行一次"新国家大会"，极力要求修正《凡尔赛和约》，树立新的民族意识，从外交方面解决"民族问题"。④ 迪尔还指责资产阶级的和福音派的女性协会缺乏民族意识，她阐述了一些"民族福音派"思想，要求建立种族特殊的德意志基督教，使整个社会诚信基督教化。在1924年德意志民族人民党领导人表示接受"道威斯计划"（Dawes-Plan）之后，新国家同盟退出德意志民族人民党，转向带有强烈种族主义色彩的族民运动（Völkischen Bewegung），并且日益接近纳粹党。⑤

1923年，女教师兼德意志民族人民党国会议员玛丽·内茨（Marie Netz）建立了"露易丝王后同盟"［Bund Königin Luise，BKL，简称"露易丝同盟"（Luisenbund）］，这是一个崇尚君主制的"爱国组织"和"非政治团体"，其总部设在哈勒（Halle/Saale），受到霍亨索伦家族（Haus Hohenzollern）的财政支持。同德国福音派女性同盟和新国家同盟一样，露易丝王后同盟最初也支持德意志民族人民党，其目标是"恢复德国的自然边

---

① Raffael Scheck, *Mothers of the Nation: Ringht-wing Women in Weimar Germany*, New York, 2004, pp. 26 – 27.
② W. Richter, "Ins neue Jahr", *Frauenhilfe*, 1919, 19: 1 – 3. 转引自 Claudia Koonz, *Mothers in the Fatherland: Women, the Family and Nazi Politics*, St. Martin's Griffin, 1988, p. 232。
③ Jill Stephenson, *The Nazi Organization of Women*, New Jersey: Croom Helm, 1981, p. 77.
④ http://de.wikipedia.org/wiki/Neulandbund.
⑤ http://de.wikipedia.org/wiki/V%C3%B6lkische_Bewegung.

界"、"夺回德国的殖民地",卸却战争赔款的重负。[1] 它特别将普鲁士王后露易丝(Königin Luise von Preußen)树立为全德国女性学习的典范;普鲁士王后露易丝的美丽和她热爱自己的民族、将拿破仑视为全体德意志人的仇敌的行为,赢得了当时大多数德国人的崇拜。[2] 据统计,露易丝王后同盟在1933年已发展成员200000人,成为当时德国最大的女性组织之一。[3]

经济危机爆发后,德国的失业率大增,政治和社会一片混乱。在这种情况下,德国女性对魏玛共和国和左翼政党深感失望。原先曾经加入了左翼政党的人现在纷纷脱党。1920年,在德国女性联合会联盟中尚有27.7%的会员属于左派政党党员,到1931年时下降到16%;基督教的工会女性也从1922年的25.5%下降到1931年的16.3%。[4] 原先支持保守主义和民族主义政党的人,更转而支持希特勒和纳粹党。

新国家同盟领导人杰拉·迪尔把希特勒看作是上帝派遣来的(Adolf Hitler wurde von Gott gesandt),她本人则在1930年加入了纳粹党。[5] 德国福音派女性同盟领导人保拉·米勒—奥特弗里德在1932年辞去国会代表工作,开始寻找能将德国从这种厄运中拯救出来的领导人,祈求上帝让奇迹发生,拯救德国。[6] 她把希特勒看作"理想中的铁血男儿",并且在1932年发表的新年致辞中祈祷说:"一个钢铁般心灵、强有力的领导人已经出现,他要将德国从无神论的共产主义革命中拯救出来。"[7] 与此同时,德国福音派女性同盟、新国家同盟和露易丝王后同盟等女性组织都转向支持右翼极端势力和纳粹党,并为纳粹政权的建立立下了汗马功劳。

在希特勒和纳粹党篡夺了魏玛共和国国家政权之后,德国共产党、德

---

[1] Philipp Demandt, *Luisenkult. Die Unsterblichkeit der Königin von Preußen*, Böhlau Verlag, Köln 2003. S. 441.
[2] Christiane Streubel, "Frauen der politischen Rechten in Kaiserreich und Republik Ein Überblick und Forschungsbericht", (PDF; 358 kB) *Historical Social Research*, 2003 Bd. 28, Nr. 4, S. 141.
[3] Christiane Streubel, "Frauen der politischen Rechten in Kaiserreich und Republik Ein Überblick und Forschungsbericht", (PDF; 358 kB) *Historical Social Research*, 2003 Bd. 28, Nr. 4, S. 141.
[4] Raffael Scheck, *Mothers of the Nation: Ringht-wing Women in Weimar Germany*, New York, 2004, pp. 36 – 37.
[5] Jill Stephenson, *The Nazi Organization of Women*, New Jersey: Croom Helm, 1981, p. 77.
[6] Müller-Otfried, *Evangelische Frauenzeitung*, March 23, 1933, 24: 81.
[7] Claudia Koonz, *Mothers in the Fatherland: Women, the Family and Nazi Politics*, New York: St. Martin's Griffin, p. 232.

国社会民主党以及附属于它们的女性组织都被宣布为非法而加以取缔。德国女性联合会联盟不能接受纳粹主义保守的女性观念,于1933年5月自行解散。德国福音派女性同盟则被纳入纳粹女性组织之中,继续从事教会的女性工作。新国家同盟作为一个政治组织受到德国基督教大主教路德维希·米勒(Ludwig Müller)和纳粹党高层的排斥,逐渐丧失原有的政治影响力,回归到了信仰工作(Glaubensthemen)。露易丝王后同盟也没有逃脱被整合的命运,于1934年被纳粹女性组织兼并。

第二节 纳粹女性组织的建立与发展

一 亲纳粹的女性和女性组织

纳粹运动开始于20世纪20年代。1920年,慕尼黑机车厂机工安东·德莱克斯勒(Anton Drexler)等人建立"德意志工人党"(Deutschen Arbeiterpartei, DAP),提出了一系列民族主义和种族主义,特别是反犹太主义的政治主张。同年,希特勒应邀加入,并成为该党主席团的第七名委员。1920年2月24日,德意志工人党更名为"德意志民族社会主义工人党"(Nationalsozialistische Deutsche Arbeiterpartei, NSDAP),并在同一天发表《二十五点纲领》(25 - Punkte-Programm),提出废除《凡尔赛和约》,取消犹太人德国国籍和"加强民族共同体"等主张。1921年夏,希特勒成为党的主席;1923年,发动"啤酒馆暴动"。武装夺权失败后,希特勒总结教训,决定改变斗争策略,开始利用竞选合法夺取国家政权。

最初支持纳粹运动和加入纳粹党的大部分都是男性德国人,但也有纳粹党员的妻子、女儿或是其他女性亲戚朋友协助男性纳粹党员的工作,个别人不久也加入纳粹党。纳粹运动的女性支持者和纳粹党的女党员最初主要是为纳粹党提供服务,例如为那些在党派斗殴中受伤的纳粹党员(冲锋队员)包扎伤口和简单护理,以及给年轻的、未成家的男性冲锋队员缝补衣服。稍后又在各地建立了专门为冲锋队员服务的救护站、缝纫组和餐厅等机构。[①] 除此之外,这些女性也经常旁听纳粹党的集会,内部谈论纳粹主义信仰和原则,并在与其他女性交谈时进行宣传。在国会大选期间,她

[①] Geoffrey Pridham, *Hitler's Rise to Power: The Nazi Movement in Bavaria 1923 - 1933*, London: Harper & Row, 1973, p.204.

们更是走上街头，散发传单或直接登台演讲，为纳粹党拉选票。纳粹女党员还经常在其居住的社区内为需要帮助的纳粹党员家庭，特别是那些男性户主因为政治原因而丧失工作岗位、遭到迫害的家庭募集捐款和衣物等生活用品。①

在1923—1924年"啤酒馆暴动"失败，希特勒等纳粹党领导人被捕入狱，纳粹党被判定为非法组织期间，有很多亲纳粹党的德国女性对希特勒和纳粹党表现出了比一般纳粹党员更坚定的忠诚，她们自发地成立了一些地方性组织机构，发动民众，组织请愿，积极宣传纳粹主义。例如在吕贝克，1924年就成立了名为"纳粹德国女性运动"的组织。该组织在其章程中明确承认希特勒至高无上的领导权，并要求自己的成员加入纳粹党。② 在纽伦堡，"族民女性同盟"也于1924年7月成立，参加该组织的德国女性有140余人，并且多为德意志工人党党员，她们宣誓效忠于希特勒、鲁登道夫（Erich Ludendorff）和当地的反犹主义者尤里乌斯·施特莱歇尔（Julius Streicher），坚决拥护纳粹主义。1925年，该组织也派代表到班贝克建立了分支机构。③

有些支持希特勒和纳粹党的女性组织采取了领袖负责制，她们总能找到某个精力充沛、愿意领导和组织女性活动的人，例如哥廷根的帕叟（Passow）女士和哈雷—梅斯堡地区的艾格尼丝·冯·标洛（Agnes von Bülow）女士及其女儿就是这样的女性领袖。莱比锡的罗蒂·吕乐曼（Lotte Rühlemann）女士也领导了一个非常有活力的女性组织。有些地方女性组织的领导权掌握在地方长官的妻子手中，例如哈雷—梅斯堡地区地方长官的妻子辛克尔（Hinkle）女士就在当地女性组织的建设方面起了带头人的作用。在萨克森的普劳恩，地方长官马丁·穆世曼（Martin Mutschmann）的妻子则是成立于1923年1月的纳粹党女性团体（Frauengruppe der NSDAP）最早的成员之一，她是在其母亲大力支持纳粹运动的影响下参加政治活动的，印证了母亲的意志能够带动全家人的亲纳粹倾向。④

---

① Claudia Koonz, "Nazi Women before 1933: Rebels Against Emancipation", *Social Science Quarterly*, 1976, p. 557.
② Bundesarchiv, NS22/vorl. 349. 转引自 Jill Stephenson, *The Nazi Organization of Women*, New Jersey: Croom Helm, 1981, p. 27。
③ Jill Stephenson, *The Nazi Organization of Women*, New Jersey: Croom Helm, 1981, p. 27.
④ Jill Stephenson, *The Nazi Organization of Women*, New Jersey: Croom Helm, 1981, p. 27.

对纳粹党有着特殊意义的是1923年由埃尔斯贝特·灿德尔在柏林建立的"德意志红万字女骑士团"。该组织旨在吸纳亲纳粹的德国女性加盟,与共产党和"苏联式红色共和国"作直接斗争,其领导人也与纳粹党有比较亲密的关系。很快,该组织就在其他城市建立了分支机构,其中一支地方组织是1923年由埃尔斯贝特·灿德尔的好朋友汉娜·施纳贝尔(Hanna Schnabel)在萨克森的开姆尼茨建立的。1924年,德意志女骑士团也在麦克伦堡建立了一些地方组织。[①]

德意志女骑士团公开表示无条件地支持希特勒,承认希特勒是纳粹党的最高领导人。埃尔斯贝特·灿德尔指出:"德意志女骑士团和纳粹党都要服从希特勒的意志,这不仅是因为要建立新的纳粹党的需要,也是教育新民众的最好方式。"德意志女骑士团呼吁从组织上加强与纳粹党的联系,认为只有纳粹党才能将德国从噩梦中拯救出来。爱玛·维特(Emma Witte)指出:"纳粹党是唯一一个能将德国拯救于水火之中的政党,它拒绝任何形式的女性解放,主张男性和女性从属于不同领域,应有明确分工。纳粹党要建立的国家是种族性质的,也是以男性为领导核心的,这是万分正确的。如果女性掌管国家的大权,那么国家将步入万劫不复之地。只有确立男性的主导地位,由男性执掌国家大权,所有问题才能迎刃而解。只有杜绝自由主义和女权主义,德国的未来才能得到保障,德意志人民才能永享太平!"[②]德意志女骑士团还大肆宣扬反犹主义,爱国主义之心暗含着沙文主义本质。吕贝克的德意志女骑士团在1930年发表了一项声明,谴责所有的女性解放运动者都像犹太人一样,不配成为德国人,"因为犹太人和我们不一样,他们的生活更放肆、无序"[③]。

德意志女骑士团强调德国女性有很多工作要做,她们要用纳粹主义信念抚育年青一代的成长,要用杰出的艺术、文学和学术研究打败犹太人,要克服社会福利工作领域的各种困难,组织城市中相对贫困家庭的青少年到郊区去做短途旅行,为郊区的孩子提供健康护理和度假场所,还要让德国民众信服纳粹党,为纳粹党争取到更多的选票。她们认为行动比语言更有力,积极承担起护理党卫队伤病员的任务,帮助纳粹党男性党员做饭和

---

① Jill Stephenson, *The Nazi Organization of Women*, New Jersey: Croom Helm, 1981, p. 28.
② Emma Witte, "Völkische Frau und Staatsdanke", *Deutsche Zeitung*, 6 August 1924. 转引自Jill Stephenson, *The Nazi Organization of Women*, New Jersey: Croom Helm, 1981, p. 28。
③ Jill Stephenson, *The Nazi Organization of Women*, New Jersey: Croom Helm, 1981, p. 28.

缝补衣裳，为纳粹党的各种活动举行募捐①，为失业者提供热汤热饭和各种衣物②，等等。

德意志女骑士团发展非常迅速，很快就在所有的纳粹女性组织中崭露头角，成为最大的和最有影响力的纳粹女性组织。然而，当时的纳粹女性组织分散各地，互不统属，在重大决策上还要听从纳粹党男性领导的指挥。这一情况对于纳粹女性运动的发展极其不利，埃尔斯贝特·灿德尔力图改变这种局面。1925年5月，埃尔斯贝特·灿德尔写信给希特勒，一方面请求将德意志女骑士团正式纳入纳粹党的附属组织之中，并且确立其在所有纳粹女性组织中的主导地位；另一方面她也请求赋予该组织一定的自主权，由女性自己做出决策。③ 埃尔斯贝特·灿德尔的努力逐渐显露出了成效。1926年7月，纳粹党在魏玛举行党代会，德意志女骑士团被正式承认为纳粹党的辅助机构，埃尔斯贝特·灿德尔本人则被任命为纳粹女性组织的最高领导人。自1928年起，德意志女骑士团就成为纳粹党的一个分支机构了。④

根据1930年12月的一份警察报告，在该年8月，德意志女骑士团在全德国拥有160个分支机构和4000名成员，至该年年底这一数字上升到5100人。柏林的分会是规模最大的组织，拥有500名成员，其他地区为巴伐利亚、图林根、莱茵地区和西里西亚。而在汉堡，德意志女骑士团只有30名成员。⑤ 根据这一数字可以推断出，德意志女骑士团占据了纳粹党女党员的半壁江山，因为在1930年9月纳粹党女党员的总数为7625人。埃尔斯贝特·灿德尔被纳粹所认可，且受到纳粹党人的尊敬。⑥

但是，并非所有纳粹女性组织都能自发地协助当地的纳粹党，她们也不愿意放弃自治，拒绝将领导权交给埃尔斯贝特·灿德尔，臣服于她的统治之下。例如在上法兰克尼亚就有7个独立的纳粹女性组织，它们各自为政，只为各自所对应的纳粹党分支机构做辅助性工作。纽伦堡的民族主义女性协会也力图保持自身独立性和自治权。在萨克森地区，面对德意志女

---

① Dietrich Orlow, *The History of the Nazi Party* 1919 – 1933, New York: Enigma Books, 1971, pp. 46 – 47.
② E. Beckmann, *Des Lebens wie der Liebe Band*, Berlin:? 1934, S. 63 – 64.
③ Jill Stephenson, *The Nazi Organization of Women*, New Jersey: Croom Helm, 1981, p. 29.
④ Jill Stephenson, *The Nazi Organization of Women*, New Jersey: Croom Helm, 1981, p. 29.
⑤ Matthew Stibbe, *Women in the Third Reich*, London: Arnold Press, 2003, p. 18.
⑥ Jill Stephenson, *The Nazi Organization of Women*, New Jersey: Croom Helm, 1981, p. 30.

骑士团的扩张，罗蒂·吕乐曼也固执地保持莱比锡女性团体的独立地位，拒绝与德意志女骑士团有任何瓜葛，并在组织内培养对埃尔斯贝特·灿德尔的敌意。

罗蒂·吕乐曼早在1920年就在莱比锡建立了一个亲纳粹的女性组织，到1926年11月又将该组织直接置于纳粹党莱比锡支部的管理之下。其组织活动起源于为当地纳粹党员和失业工人缝补衣物的"缝纫之夜"，后来扩大到社会活动的多个领域。罗蒂·吕乐曼的成功之处在于她不仅和当地的纳粹党搞好关系，还有力地抵制了自己的组织被萨克森的德意志女骑士团所合并。1931年，罗蒂·吕乐曼被纳粹党中央任命为萨克森地区纳粹妇联主席，并担任这一职务长达10年之久。

1930年9月，纳粹党在国会选举中异军突起，成为仅次于社会民主党的第二大党[1]，而在此次选举中，女性选民的支持对于拉升纳粹党的得票率发挥了重要作用。鉴于女性选民在大选中的重要性，时任纳粹党组织部部长的格雷戈尔·施特拉塞尔将原来分散的各个纳粹女性团体组合在一起，并以埃尔斯贝特·灿德尔旗下的德意志女骑士团为主体成立了"民族社会主义女性联盟"[Nationalsozialistische Frauenschaft, NSF, 简称"纳粹妇联"（NS-Frauenschaft）]，作为纳粹党对女性进行领导的核心组织。[2] 1932年，纳粹妇联正式成为纳粹党的一个下属机构，直接归党中央第八部门领导，其主要任务之一便是帮助纳粹党赢得大选。

1933年纳粹党执政后，进一步整合女性组织，除了纳粹妇联，还成立了"德意志女性工作社"和"德意志少女同盟"等女性团体，并在1934年2月24日任命格特鲁德·舒尔茨—克林克为纳粹妇联和德意志女性工作社这两个组织的领导人，而舒尔茨—克林克则在这一职务上一直干到1945年第三帝国灭亡。[3]

二 民族社会主义女性联盟

民族社会主义女性联盟成立于1931年10月，是在整合了多个地方性民族社会主义女性团体的基础上新建的首个直接隶属于纳粹党中央的官方

---

[1] [美] 威廉·夏伊勒：《第三帝国的兴亡——纳粹德国史》，董乐山等译，生活·读书·新知三联书店1974年版，第198页。

[2] Jill Stephenson, *The Nazi Organization of Women*, New Jersey: Croom Helm, 1981, p.28.

[3] Gertrud Scholtz-Klink, *Die Frau im Dritten Reich*, Tübingen: Grabert, 1978.

女性团体。要想加入纳粹妇联，必须要满足以下几个条件：年满21岁且必须为日耳曼血统；工作积极主动、与纳粹党员关系和谐。若通过审核，成为纳粹妇联成员之前必须要进行庄严的宣誓："我忠诚地向元首宣誓，我将永远忠于和服从元首，并尊敬元首安排的每一级领导。"

作为纳粹党的一个分支，纳粹妇联的内部组织结构和各级职权划分完全仿照纳粹党，也是分为大区、专区、地方团体、基层组织和街道或者更确切地说家庭小组等层次和级别的，在各层面都设有自己的分支机构和女性领导。① 在纳粹党中央的直接领导下，纳粹妇联逐渐从一个松散的地方性组织发展成一个中央集权的全国性组织，其成员数量一度多达2218995人②。但为了确保其"高素质"，纳粹党高层领导在1936年2月1日颁布命令，限制纳新，并对现有成员进行清理整顿，以致该组织规模到1939年缩小到220万人③。此后，纳粹妇联就成为一个精英女性的俱乐部，只有纳粹党内工作积极的女党员、德意志女性工作社和德意志少女同盟以及纳粹党其他附属组织中的女干部才可以申请加入。④

作为第三帝国女性组织中的精英团体，纳粹妇联的主要任务是对包括本组织工作人员在内的全国女性进行"政治教育"，重塑她们的思想和意志：提高她们对民族社会主义的认识水平，培养她们爱党、爱国和无私奉献的责任意识，鼓励她们关心德意志民族命运，"时刻准备着提供服务"，勇于"自我牺牲"，甘做"民族共同体"的守护者。⑤

自1934年5月起，纳粹妇联先后创立了3所国家学校，从全国各地选拔优秀学员，进行集中培训和强化学习。1935年1月，在柏林创立"政治高校"，开设一年举办两期的研讨班，并邀请阿尔弗雷德·罗森贝格（Alfred Rosenberg）、瓦尔特·格罗斯（Walter Gross）、阿道夫·瓦格纳（Adolf Wagner）、黑德维希·弗尔斯特（Hedwig Förster）和埃尔泽·彼得里（Else Petri）等纳粹政要和专家到学校作报告。与此同时，纳粹妇联的各个分支机构又陆续建立了32所以短期培训为主的大区学校，并开设各种

---

① ［德］U. 弗雷福德：《德国妇女运动史：走过两世纪的沧桑》，马维麟译，台北五南图书出版公司1995年版，第230页。
② The U. S. Congress documents about Nazi Germany（July 25, 1944）.
③ The U. S. Congress documents about Nazi Germany（July 25, 1944）.
④ Jill Stephenson, The Nazi Organization of Women, New Jersey：Croom Helm, 1981, p. 126.
⑤ Jill Stephenson, The Nazi Organization of Women, New Jersey：Croom Helm, 1981, p. 156.

各样的晚间课程和临时课程。

学习的内容包括纳粹主义理论和德意志历史文化、纳粹政权的种族政策和社会政策,特别是纳粹政权的女性政策、家庭政策、人口政策和消费政策以及从事"国家女性工作"所必备的若干知识。讨论的内容更为宽泛,涉及"种族和遗传问题""犹太人问题""宗族政治问题""布尔什维克主义问题"以及女性在国家和社会中的地位问题。家庭生活、家务管理、卫生保健、儿童护理、少女教育、农村女性的处境以及德国的艺术、文学和戏剧等也是重要议题。学员们不仅要理解掌握这些议题,还要学会在公共场合演讲。

参加学习和讨论的主要是纳粹妇联成员、德意志女性工作社的各部门领导和纳粹党其他附属机构的女干部。她们必须经受高强度的政治教育,才能够"更好地"从事女性工作。到1939年年初,共有40万名女性参加了学习。[①]

纳粹妇联还在全国各地设立咨询中心,定期举办女性工作展、妇联之夜、欢迎派对和造访家庭等活动,大张旗鼓地宣传纳粹党和国家的政策,开展广泛的社会动员。母亲培训班是纳粹妇联中影响最大的一项活动,到1937年,每5名女性(20岁以上)中就有一人参加过母亲培训班。母亲培训班其实是分为三大类的:新娘学校、母亲学校、家庭女性学校。培训最主要的参考书目就是纳粹党约翰娜·哈雷尔(Johanna Haarer)所著的《德国母亲和她的第一个孩子》(*Die deutsche Mutter und ihr erstes Kind der Nationalsozialistin*)。该组织内的成员必须至少每月参加一次每周举行的女性联合会之夜,会上的任务是进行系统监督、培训和指导任务。这项教育工作的重点是让女人准备成为主妇和母亲。接下来就是家用引导和健康管理以及教育问题的课程。为了安排这些培训课程,纳粹妇联设立了阶梯性的传播信息渠道,其内部结构符合纳粹党在省、县、地方小组、基层组织、区的层层渗透。

办杂志也是纳粹妇联宣传教育工作一个重要方面。其中,《纳粹女性瞭望》(*NS-Frauenwarte*)是一份以纳粹党女性理论为基准,面向全体女性的画报,每3周出版一期,1938年发行量接近每期100万册。[②] 它是纳粹

---

① Jill Stephenson, *The Nazi Organization of Women*, New Jersey: Croom Helm, 1981, p. 155.
② http://en.wikipedia.org/wiki/NS-Frauen-Warte.

党针对女性的宣传喉舌,特别是颂扬家庭主妇和母亲在德意志民族中的伟大角色。该杂志主要是关注女性的家庭生活,例如织毛衣的花样,如何操持家庭和教育子女。除此之外,该杂志还关注德国女性在纳粹德国的地位问题、波兰地区的日耳曼化进程、如何教育下一代,并且竭力声称英国对战争的爆发负有重大的责任,为了消除布尔什维克主义对德国的威胁,必须歼灭苏联。该杂志还捍卫纳粹的"女子无才便是德"的观点,同时列举出纳粹体制内的优秀女性,以及德国女性在该体制内享受到的良好待遇。在战争期间,该杂志撰文催促德国女性积极生育,并且加入到备战中去,为国家做一些初级的准备工作。在1940年4月的杂志封面上,一个农妇在工厂前面锄地,她的头顶上方有一个模糊的士兵的影像。该杂志力图用此手法表现这位女士无论身在何处,都关心着国家和民族的命运。有的时候,杂志还鼓励女性作为战地护士为国效劳。[1]《德意志家政》(*Deutsche Hauswirtschaft*)主要向家庭主妇介绍一些"科学"管家理财和养育子女的知识,月发行量为14万份。[2]

纳粹妇联的主要工作内容包括三方面:一是精神文化层面的训练;二是在民族主义背景下的家务训练;三是开展慈善工作。以柏林地区为例,当地的纳粹妇联成员要在领导的带领之下,看望在监狱和医院的党卫队成员,积极地做慈善工作,为失业的人士建立失业厨房和缝纫室,为纳粹党的办公室做辅助工作。在纳粹妇联成立后不到一周,冯·古斯德特女士(Frau von Gustedt)为大批的失业者建立了一个救济小组,主要从事缝纫、成衣制造和衣物修补,她本人也对很多的慈善工作做出具体指示。纳粹妇联的职能还包括处理一些比较棘手的问题,其中包括说服一些家庭要在一段时间内接收被轰炸摧毁家园的母亲和孩子。纳粹妇联的任务还要从物质上和心理上让这些背井离乡的女人和孩子生活得和在家里一样舒适,这样才不会影响军民的士气。这些工作使得部分纳粹妇联的工作人员在实际的工作中将自己称为"精神导师",找到了自信和对纳粹政权的激情。女性组织要为民众提供很多关于在"拮据的当下"的生活指导。国内经济部门在全国范围内发布了一份含有大量生活信息的宣传册。里面包括食谱、洗

---

[1] Leila J. Rupp, *Mobilizing Women of War, German and American Propaganda*, 1939–1945, Princeton, N. J., Princeton University Press, 1978, p. 129.

[2] The U. S. Congress documents about Nazi Germany (July 25, 1944).

衣服的技巧、修补衣服和家具的技巧、如何储备食物、维修电力设备、消灭飞蛾和蛀虫,等等。该组织还收集破旧的衣物再回收利用。民族母亲服务部给孩子的合理饮食提供建议,并作为二手物资再利用的信息中心,为母亲提供二手的婴儿车、婴儿床、婴儿澡盆。辅助部门的工人为部队分发和修补军用制服。①

自1942年3月开始的炸弹袭击拉开了德国未来三年悲剧的序幕。纳粹党及其女性组织十分卖力地工作,来缓解由空袭造成的社会损害,力图恢复民众的日常生活。这项工作起初只是在西部地区和西北部城市展开。②

纳粹妇联主要负责"缓解痛苦"的工作,纳粹妇联的成员是组织的中坚力量。但是在战争的最后几个月,纳粹党官员叫停了这种服务,这些女性很快就自行离开了这项紧急救助工作,原先工作的热情骤降至冰点。那些已经通过空袭保护课程的女性,只有很少一部分愿意参与救助。她们把照顾无家可归的人、支持和同情受害者的艰巨任务,留给纳粹妇联里的积极分子。③ 这种情况,纳粹妇联的成员一定有似曾相识的感觉。在纳粹早期的时候,她们就要负责将城市的孩子带到农村去郊游和度假。现在,她们又要负责把被空袭摧毁的城市里的妇女和儿童带到农村避难。在科赫姆地区,当地的纳粹女性组织接到命令,要安置300名孩子远离空袭地区,地方纳粹福利组织立即调动全体人马,积极地参与安置工作。④

所有的"政治教育""精神培养"和"意识形态训练"都是为了驯化德意志女性,使之认同纳粹主义,自觉自愿地充当希特勒和纳粹党创建千年帝国的工具。纳粹妇联力图使人们相信,纳粹政权的各项政策及其对女性的要求也都是本着民族大计而提出的,其最终获益者也是德国人;女性生育更多孩子不仅事关家庭的延续,更关系到种族的繁荣和兴旺;从服务国家中获得的满足感是远远大于从追逐时尚和财富中获得的满足感的。⑤

作为纳粹党中央女性工作的主要领导人之一,舒尔茨—克林克极力呼

---

① Jill Stephenson, *The Nazi Organization of Women*, New Jersey: Croom Helm, 1981, p. 180.
② Dietrich Orlow, *The History of the Nazi Party* 1933 – 1945, Pittsburgh: University of Pittsburgh Press, 1971, pp. 478 – 480.
③ Peter Hüttenberger, *Die Gauleiter. Studie zum Wandel des Machtgefüges in der NSDAP*, Stuttgart 1969, S. 169 – 170.
④ Institut für Zeitgeschichte Archive, frame 86325. 转引自 Jill Stephenson, *The Nazi Organization of Women*, New Jersey: Croom Helm, 1981, p. 178。
⑤ Jill Stephenson, *The Nazi Organization of Women*, New Jersey: Croom Helm, 1981, p. 155.

吁纳粹党的所有女性组织和纳粹党附属机构的女性成员强化"合作"意识，接受纳粹妇联的统一领导，建立史无前例的庞大女性组织。然而这一要求并没有得到高层领导的支持，后者希望纳粹妇联能与德意志少女同盟和平共处，团结协作。但将德意志女性工作社并入纳粹妇联是符合纳粹党"一体化"政策的，因为这意味着"将来全部德国女性都将处于纳粹党的控制之下"。[①] 到1939年，加入纳粹妇联的资格审查虽然还是很严格，但在实际上两个组织已经合二为一。在各个层面上，纳粹妇联的领导直接监管着德意志女性工作社的工作。第二次世界大战期间，纳粹妇联与德意志女性工作社的联合日益密切，到1942年，这两个组织就正式合并了。[②] 随着战争规模的不断扩大，前线供给吃紧，两个组织的所有成员都在统一领导下一起工作了。

三 德意志女性工作社

德意志女性工作社创建于1933年9月，是纳粹党对已有的民族主义和保守主义性质的女性团体，如"露易丝王后同盟"、"福音派女性工作社"（Evangelisches Frauenwerk）、"德意志红十字姐妹会"（Schwesternschaft des Deutschen Roten Kreuzes）和"德意志家庭主妇国家同盟"（Reichsbund der deutschen Hausfrauen）等的收容和整合。

作为拥有独立资产的注册协会，德意志女性工作社在形式上不隶属于纳粹党，但是作为一个"可信赖的组织"，它在实际上也受到纳粹党的管辖，其领导人同样由纳粹党中央直接任命。1934年2月24日，格特鲁德·舒尔茨—克林克在被任命为纳粹妇联领导人的同时，也被委任为德意志女性工作社主席。德意志女性工作社因此成为纳粹妇联的"追随者"。

舒尔茨—克林克力图改变德意志女性工作社原来的联邦制松散体系，设立中央管理机构统筹规划，并由她所信任的官员负责。她也广泛招募德国各阶级尚未加入任何组织的女性加盟，极力扩大德意志女性工作社的规模和势力。而在1936年纳粹妇联基本不再接收新成员之后，德意志女性工作社就成为纳粹党吸纳普通女性的主要机构了。其成员数量迅速增加，

---

① Jill Stephenson, *The Nazi Organization of Women*, New Jersey: Croom Helm, 1981, p. 135.
② Dietrich Orlow, *The History of the Nazi Party* 1919-1933, New York: Enigma Books, 1971, p. 180.

1939年就已达到330万人，1942年在与纳粹妇联合并后更是扩大到620万人，囊括了德国1/5的女性。①

在舒尔茨—克林克的领导下，德意志女性工作社的所有工作基本都是跟随纳粹妇联进行的。尽管如此，其重点还是有所不同。纳粹妇联一直以"政治教育"为己任，德意志女性工作社则更加注重实践活动，其工作也被称作"国家女性工作"。

首先是在1934年5月成立"国家母亲服务部"（Reichsmütterdi-enst, RMD），举办所谓的"母亲培训"。自1935年起，国家母亲服务部在全国各地开设了279所"母亲学校"，培养青年女性成为合格的母亲和家庭主妇，引导女性维护德国的传统，保护种族和民族的纯洁性，为德国的未来养育健康孩子，并使自己的日常消费与国家的经济政策保持一致。培训的内容包括政治学习、婚育、家政和子女教育。选用的教材是纳粹女党员约翰娜·哈雷尔所著的《德国母亲和她的第一个孩子》（Die deutsche Mutter und ihr erstes Kind der Nationalsozialistin）。

德意志女性工作社的母亲培训比纳粹妇联的"政治教育"更有吸引力。尽管要缴纳少量的学费，但报名参加学习者十分踊跃。到1937年，全德国年龄在20岁以上的女性已有1/5得到了培训。截至1939年3月，共有170多万名女性参加了10万个课程的学习，仅仅1938年一年参与人数就达到50万人。②

安排这些课程的花销很大，学费仅能抵销一小部分。政府通常会提供一些支持，工商企业也会提供一些捐助，但仍需要自筹经费，如街道募捐和贩卖特制的明信片。

1934年7月成立的国外事务机构是德意志女性工作社的另一个重要部门，也是其对外宣传的主要机构之一，其目标是消除外国舆论对纳粹德国女性地位的误解，向他们展示德国女性的"真实"生活。1936年更名为"边境与国外事务部"（Grenz-und Ausland），其主要工作是宣传报道、接待外宾和陪同参观等。对德国持怀疑态度国家的记者、社会工作者、学者和政党代表受到彬彬有礼的接待；对来自同情纳粹政权国家，如意大利法西斯和西班牙弗朗哥政权的代表团更是受到热烈欢迎。边境与国外事务部

---

① Jeremy Noakes, *Nazism*, 1919 – 1945, Volume 4, Exeter University Press, 1998, p. 305.
② Jill Stephenson, *The Nazi Organization of Women*, New Jersey：Croom Helm, 1981, p. 179.

还密切关注德国境外的德意志人，极力煽动萨尔、奥地利、苏台德和波兰走廊地区那些倾向于建立大德意志帝国人的亲德热情，积极宣传建立大德意志民族共同体计划。边境与国外事务部的工作人员也很乐意向海外输送德意志文学和乐器。1938年，在民族殖民协会（Deutsche Kolonialgesellschaft，DKG）的赞助下，57名德意志女性工作社成员将专门制作的"政治教育"课程带到了非洲，以便对德意志殖民者进行"培训"。

国民和家庭经济部强调个人、家庭和国家经济利益之间的一致性，声称每个家庭主妇的日常行为都具有宏大的战略意义。该部门的主要工作之一便是向家庭主妇提供消费建议，指导其消费行为，抵制挥霍浪费的不良习惯，培养节俭持家的良好风尚，推广可避免浪费但又极具营养价值的食品，倡导"只用一个锅的周日"（即在周日只吃一道菜）。为了响应国家"减少进口，自给自足"的经济政策，国民和家庭经济部设立了各种各样的委员会和调查办公室，积极寻找进口替代，鼓励人们购买和使用国货。

在第二次世界大战期间，国民和家庭经济部开办了指导女性储备食物、修补衣服、修理家具和家电的培训班，以适应物资短缺的现状。它还组织成员收集废旧金属、旧衣物等可回收利用的物品，为母亲提供二手的婴儿车、婴儿床、婴儿澡盆等。[①]

1936年成立的"救助服务部"（Hilfsdienst）不仅协助国家福利机构帮助贫困家庭，还同红十字会一起教授女性基本的急救方法，同国家空袭保护协会一起进行防空演习。战争期间，救助服务部的志愿社会服务，特别是社区互助的"邻里互助"，也承担了必要的应对紧急情况的任务。[②]

1937年成立的"文化教育训练部"（K/E/S）主要培养德国女性对德国文学、音乐和习俗的兴趣。它组织人员研究德国"宗谱"、习俗和服装，传播德国室内装潢风格，搜集、编辑出版和演练德国的传统歌曲、舞蹈和音乐，开展体育训练和篮子编织等活动。它还通过举办"社区晚间聚会"（community evening）来推广德国传统的社会生活和休闲娱乐。

五个部门的工作不仅相互之间有很密集的交叉和重叠，也与纳粹党其他机构的工作大同小异，并且大都能够进行友好合作。例如国家母亲服务部与国民和家庭经济部致力于培养女性管家理财的技能，提供若干烹饪和

---

① Jill Stephenson, *The Nazi Organization of Women*, New Jersey: Croom Helm, 1981, p. 135.
② Jill Stephenson, The Nazi Organization of Women, New Jersey: Croom Helm, 1981, p. 180.

缝纫课程，它们也协助纳粹人民福利机构为"有价值的"母亲和孩子提供服务。边境与国外事务部与民族殖民协会（National Colonial Society）的合作、文化教育训练部与纳粹教师同盟（Nazi Teachers' League）的合作，以及救助服务部与国家空袭保护协会和红十字会的合作等。①

德意志女性工作社及其属下各部门也创办了一系列杂志，如《德国工作女性的文化》、《母亲与民族》（国家母亲服务部）、《德国家政》（国民和家庭经济部）等。

德意志女性工作社还在 1936 年 8 月创立了"青年团组"（youth groups），对挑选出来的一些 18—30 岁女性进行特殊的种族—政治教育和母亲培训，时刻提醒她们肩负德国未来母亲的重任，但也根据她们的兴趣，举行唱歌、跳舞和户外娱乐等活动。

德意志女性工作社另一个更具深远意义的活动是，让还未达到参加"希特勒青年团"年龄，但已经很容易接受教育的 6—7 岁儿童加入"儿童团组"（children's groups），目的在于使德国女性从小要接受民族社会主义的意识形态驯化，抵消教会的影响。通常每周举行一次下午聚会，讨论"十分钟当代政治事件"。1938 年 1 月，9000 多个儿童团组招收了大约 35 万名男孩女孩。1938 年年底，1.1 万个儿童团组招收了超过 40 万名男孩女孩。1940 年年底，被占领国家的"有价值的孩子"也被组织起来接受系统教化，大约有 1.9 万个儿童团组招收了将近 69 万名男孩女孩。②

战争爆发后，纳粹妇联和德意志女性工作社的工作重点也有所变化，鼓励女性支持战争、加入战争的志愿工作和东部新占领地区的"德意志化"工程成为主要任务。它们组织培训人员为部队缝制和修补军服、参观军医院并向前线战士赠送礼物；培训 30 岁以下的工作人员到边境女性组织担任领导工作；派遣青年女性到东部地区参加为期 6 周的劳动，帮助"新殖民者"安家立业，并使他们熟悉德意志文化，以便尽快成为"合格的"德国公民。③

---

① Jill Stephenson, *The Nazi Organization of Women*, New Jersey: Croom Helm, 1981, p. 185; Dietrich Orlow, *The History of the Nazi Party* 1919 – 1933, New York: Enigma Books, 1971, p. 180.

② Die Kindergruppen der NSF/DFW, Die Frau, 1941, S. 74.

③ Jill Stephenson, *The Nazi Organization of Women*, New Jersey: Croom Helm, 1981, p. 199; Joseph B. Schechtman, *European Population Transfers* 1939 – 1945, New York: Oxford Press, 1946, pp. 278 – 322.

随着战争的进行，劳动力缺乏的情形日益严重，征募女性到战争工厂工作一事遂被提上议事日程。[1] 一旦党和国家决定征用女性为战争时期的劳动力，纳粹妇联和德意志女性工作社就立即行动起来，积极敦促德国女性参加战争工作，甚至是到军工厂工作。[2] 其工作人员不仅身先士卒，还采取整体宣传和个体说服并用的策略，挨家挨户拜访家庭女性。[3]

自1942年3月起，英美等国开始对德国城市进行大规模的轰炸。纳粹妇联和德意志女性工作社的工作人员与红十字会联合开展培训，教授女性基本的急救知识；还与民族空防社团一起，组织女性进行空防演练；搭建临时住所，安置丧失家园的母亲和孩子，甚至遣送城市里的妇女和儿童到农村里避难。[4] 与此同时，她们还要平息民众的抱怨和焦虑，安抚"焦虑的母亲"，鼓舞民众的士气，避免失败主义情绪通过信件传染给前线将士们。就在纳粹德国战败前夕，还有一些女性组织领导以"精神导师"自居，徒劳地为德国女性提供心理辅导，从民众中选拔"完美的德国母亲和家庭主妇"，强打精神，"缓解痛苦"。[5]

四　德意志少女同盟

纳粹党十分重视男女青少年的组织和动员，力图使他们在热血沸腾、易受蛊惑的年纪，就接受思想和身体的训练，成为民族共同体的接班人。早在1923年，第一批"少女社"（Mädchenschaften）或"少女团"（Mädchengruppen）就在纳粹党内建立，被视为希特勒青年团的一部分，故也称作"希特勒青年团的姐妹"（Schwesternschaften der Hitler-Jugend）。1930年6月，少女组织正式从希特勒青年团中独立出来，集结为"德意志少女同盟"，但仍接受青年团领袖巴尔德尔·冯·席拉赫（Baldur von Schirach）的领导，全名为"希特勒青年团的德意志少女同盟"（Bund

---

[1] Alan S. Milward, *The Germany Economy at War*, London: Athlone Press, 1965, pp. 46–47.

[2] Ursula von Gersdorff, *Frauen im Kriegsdienst 1914–1945*, Stuttgart: Deutsche Verlags-Anstalt, 1969, S. 466.

[3] Dörte Winkler, *Frauenarbeit im Dritten Reich*, Hamburg: Hoffmann und Campe, 1977, pp. 154–163.

[4] Dietrich Orlow, *The History of the Nazi Party 1919–1933*, New York: Enigma Books, 1971, pp. 478–480.

[5] Ursula von Gersdorff, *Frauen im Kriegsdienst 1914–1945*, Stuttgart: Deutsche Verlags-Anstalt, 1969, S. 470.

Deutscher Mädel in der Hitler-Jugend），其成员也比较少。

1933年6月17日，席拉赫发布命令，解散所有非纳粹的青年组织，其成员可分别加入希特勒青年团和德意志少女同盟。天主教青年组织虽有纳粹党的庇护承诺在先，仍未逃脱被解散的厄运。德意志少女同盟因此得到扩充，其成员数量达到60万人。1936年12月1日，希特勒青年团颁布组织法，凡属德意志族民、德国公民和没有遗传病的青年人，都有义务成为希特勒青年团或德意志少女同盟的成员。德意志少女同盟又获得了很多新成员，至1939年年初已达3425990人。

一开始，这个组织分为两个系统，一是"低龄少女同盟"（Jungmädelbund，JM），招收7—14岁的女童；二是正式的德意志少女同盟，招收14—21岁的少女。1938年，又专门成立由17—21岁的志愿女性组成的"信仰和美丽社"（Glaube und Schönheit），作为一个从少女同盟到纳粹妇联或德意志女性工作社的过渡组织。

同纳粹党其他附属组织一样，在德意志少女同盟中也有层层分支和领导职位：10位少女组成一个小组，4个小组组成一个支队，4个支队组成一个团，3—4个团组成一个大队，4—6个大队合成一个次行政区，20个次行政区合成一个上行政区，35个上行政区结成一个国家青年组织。各个单位均依照"青年领导青年"的原则，委任积极分子担任领导，并接受特别的培训。

1934年，特鲁德·摩尔（Trude Mohr）被任命为德意志少女同盟的负责人，这是德意志少女同盟首位女性领导，但她在1937年结婚后便辞职他就。这一职位随即由来自杜塞尔多夫的心理学博士尤塔·胡蒂格（Dr. Jutta Rüdiger）接任，并且一直任职到1945年该组织解散。[1]

1939年，德国少女同盟的领导人尤塔·胡蒂格，将该组织的教育目标描述为："德国的男孩们要被培养成有政治信仰的士兵，而女孩们则要成为坚强勇敢的女性，并将是这些有政治信仰的士兵的伙伴——之后将在她们的家庭中作为妻子和母亲，实现和塑造我们的民族社会主义世界观——这样就会培养坚韧而自豪的下一代。因此，我们有意塑造有政治信仰的女

---

[1] Michael Kater, *Hitler Youth*, London: Harvard University Press, 2004, chapter 3; Dagmar Reese (Hrsg.), *Die BDM-Generation: Weibliche Jugendliche in Deutschland und Österreich im Nationalsozialismus*, Berlin: Verlag für Berlin-Brandenburg, 2007, S. 114 ff.

孩。这并不意味着女性以后将参与议会辩论和讨论,而是女孩和妇女都将知道德国人民的生活需要什么,并采取相应的行动。"①

德意志少女同盟的宣传口号是:"我们是德意志民族千秋万代中的承上启下之辈,我们相信纳粹党能够征服世界,我们相信阿道夫·希特勒是我们永远的领袖!"② 其任务和目标也是用纳粹意识形态塑造德国女性和青少年的世界观,使之热爱德意志民族、国家和领袖,敌视"劣等民族"和外国势力,树立自我牺牲的献身精神。除此之外,德意志少女同盟还不断向女孩们灌输"民族的种族良知",宣扬"真正的德意志女孩必须是血统和民族纯洁的保护者,也必须是从人民的儿子中培养出英雄的教育者"等观念。③

同希特勒青年团一样,德意志少女同盟也把活动的重点放在郊游、远足和野外负重行军上,经常有篝火、野餐和集体唱歌相跟随,还有旨在强健少女体魄、塑造优美形体的长跑、跳远、翻筋斗、游泳等体育锻炼和竞赛项目。④ 夏天的时候,大家集体露宿干草堆,观赏满月、讲童话故事、表演戏剧、跳民间舞、吹笛子以及自发表演各种节目或者进行团体游戏。在冬天,学做家务活儿和缝补衣衫则是德意志少女同盟晚间学习的常规课程。10—14岁的少女必须学会烹饪,为家人准备热乎乎的饭食;也必须学会打扫卫生、擦拭家具、布置房间、织袜子和打理菜园子等家务活儿,以便将来成为合格的妻子。⑤ 但少女是不允许参加希特勒青年团的摩托队、骑兵队和飞行队的,因为男孩们锻炼的是力量和坚韧,少女则要通过体操运动练就优雅的体态和平稳的情绪。青年女性还要特别学习如何避免玷污种族这一对纳粹德国至关重要的课程。德意志少女同盟还利用广播来控制少女成员的娱乐生活,这种广播的主要内容是该同盟与元首座谈、参与纳

---

① Michael Kater, *Hitler Youth*, London: Harvard University Press, 2004, chapter 3; Dagmar Reese (Hrsg.), *Die BDM-Generation: Weibliche Jugendliche in Deutschland und Österreich im Nationalsozialismus*, Berlin: Verlag für Berlin-Brandenburg, 2007, S. 114 ff.
② The U. S. Congress documents about Nazi Germany (July 25, 1944).
③ Zitiert nach Michael H. Kater, *Hitler Youth*, London: Harvard University Press, 2004, S. 91.
④ Richard Grunberger, *The 12 - Year Reich: A Social History Of Nazi Germany 1933 – 1945*, Virginia: Rinehart and Winston, p. 278.
⑤ Guy Nasuti, "The Hitler Youth: An Effective Organization for Total War", http://www.militaryhistoryonline.com/wwii/articles/effectiveorganization.aspx.

粹党代会，同时也在宣传"标准化"的少女生活。① 无论是希特勒青年团还是德意志少女同盟，他们的活动都由国家提供资助；来自贫困家庭的女孩还能获得一笔特别的补贴。②

希特勒青年团和德意志少女同盟鼓励孩子们非婚生育，这导致有的少女连孩子的父亲是谁都弄不清楚。在1936年纽伦堡纳粹党全国代表会议举行期间，有900名德意志少女同盟成员在参加完集会后怀孕了。③ 有一位少女后来做了母亲，她甚至列举了13个男人的名字，说他们有可能是孩子的父亲。④

德意志少女同盟会组织其成员参与募捐活动，或者是回收旧衣物和书籍。"协助邻居计划"后来也主要由德意志少女同盟来执行。⑤ "乡村服务"（Landdienst）是德意志少女同盟成员的一项重要义务劳动。该活动还有充当家务劳动和农业劳动帮手的服务年（Dienstjahr）的规定，最初是自愿的，自1938年起便成为一种义务。据此，少女们要到帮助对象的家中或到农舍中居住和劳动。1938年，有33%的14—21岁的青少年女性在田间和城市家庭里帮工。⑥ 1939年以后，乡村服务的重点不再是德国农村地区的内部殖民化，而是"主人民族"（Herrenvolk）按照纳粹政权的战争计划作为"生存空间"（Lebensraum）而征服的非德意志的东方地区的新殖民化。不少德意志少女同盟成员被派遣到东欧地区，参加东部地区的"德意志化"工程。⑦ 分别为男孩和女孩的农村服务建造的营房相距不远，结果男女发生性关系的情况大量出现。⑧

德意志少女同盟创办有《德意志少女同盟晚间培训报》（Blätter für Heimabendgestaltung im Bund Deutscher Mädel）和《毒蘑菇》（Der Giftpilz）等少女杂志。它还经常分发歌曲集，如《我们少女歌唱》（Wir Mädel singen）

---

① Arno Klönne, *Jugend im Dritten Reich*, Köln: Papy Rossa Verlag, 2003, p. 128.
② Arno Klönne, *Jugend im Dritten Reich*, Köln: Papy Rossa Verlag, 2003, p. 128.
③ Michael H. Kater, *Hitler Youth*, London: Harvard University Press, 2004, S. 95.
④ Michael H. Kater, *Hitler Youth*, London: Harvard University Press, 2004, S. 95.
⑤ Arvo L. Vercamer, Bund Deutscher Mädel (BDM).
⑥ The U. S. Congress documents about Nazi Germany (July 25, 1944).
⑦ Michael H. Kater, *Hitler Youth*, London: Harvard University Press, 2004, S. 75 – 76; Lynn H. Nicholas, *Cruel World: The Children of Europe in the Nazi Web*, London: Knopf Doubleday Publishing Group, 2011, p. 215.
⑧ Richard Grunberger, *The 12 - Year Reich: A Social History of Nazi Germany 1933 - 1945*, Virginia: Rinehart and Winston, pp. 248 – 249, p. 280.

等。这些杂志和歌曲集也主要是为政治教育服务的。《毒蘑菇》杂志讲述了一个女孩被其母亲勒令到一名犹太医生那里做检查,但却被这个女孩以要参加德意志少女同盟的会议而回绝。她还在开会的时候,提醒其他女孩要想办法避免那个犹太人的"骚扰"。在《我们少女歌唱》1938年的扩充版前言中,所有歌曲都应当服务于民族社会主义世界观这一点得到明确强调:"我们的歌曲宣告了我们的世界观:无论是颂扬旗帜的政治歌曲,还是在吃饭时唱的欢快歌谣或讲的谚语——它们影响着我们的日常生活,它们表达着我们的本性。"①

战争爆发后,德意志少女同盟成员也受到了动员,不少人以各种各样的方式参加了除前线作战以外的战争行动:在医院和野战医院为受伤者进行初步护理,到火车站迎接逃亡者和帮助在大轰炸当中丧失了住所的人。合唱团和其他音乐团体中的少女则负责看望受伤的士兵,为前线寄送爱心包裹。她们还募集捐款,收集旧衣物、旧报纸等各项物资,以应付物资短缺。尤其是在男性被普遍征兵、农村劳动力严重不足的情况下,大批德意志少女同盟成员被运送到田间地头,帮助农妇播种和收获。

德意志少女同盟成员同希特勒青年团成员一起帮助党卫队驱赶波兰人离开故土,抢占波兰人的财产,以便新定居者不必携带繁杂的行李以支持"德国人民的民族斗争"和在已占领的东部地区传播德国民粹的政治信仰。② 她们的工作任务也包括教育和同化境外德意志人,教那些只会讲波兰语或俄语的人讲德语。大多数时候她们的主要任务是帮忙干农活和做家务。在士气低迷的时候,还要举办民谣歌唱会等活动,帮助殖民者振作精神。有的时候,德意志少女同盟成员们要去一些如哈根瓦尔德(Hagewald)等比较遥远和危险的殖民地,她们去的时候要佩戴防毒面具,并有士兵护送。③ 1941年大约有10000名德意志少女同盟成员参与东部殖民,1942年增加到16022人。④ 还有大约3000名少女被征召到党卫队,部分被

---

① Reichsjugendführung (Hrsg.), *Wir Mädel singen-Liederbuch des Bundes Deutscher Mädel*, zweite erweiterte Ausgabe Tausend, Wolfenbüttel und Berlin: Georg Kallmeyer Verlag, 1938, S. 371. - 390.
② Walter S. Zapotoczny, "Rulers of the World: The Hitler Youth," http://www.militaryhistoryonline.com/wwii/articles/hitleryouth.aspx.
③ Lynn H. Nicholas, *Cruel World: The Children of Europe in the Nazi Web*, London: Knopf Doubleday Publishing Group, 2011, pp. 215 - 218, p. 339.
④ G. Rempel, Hitler's Children, *The Hitler Youth and the SS*, Chapel Hill: University of North Carolina Press, pp. 151 - 153.

任命为集中营的看守。①

战争后期,德意志少女同盟的许多成员自愿前往后备军事单位,成为高射炮兵的帮手、战地救护车驾驶员、信号检测员、探照灯操作员、办公室文员。当德意志少女同盟的少女们在其活动中远离家庭,与男人们——例如国防军士兵——朝夕相处,共同生活和工作,发生性关系就是在所难免的了。战争条件下的纪律松懈也使得性道德变得无足轻重,以至于德意志少女同盟声名狼藉。德意志少女同盟的德文缩写BDM,经常被说成是"德意志床垫同盟"(Bund Deutscher Matratzen),或者"宝贝挤奶"(Bubi Drück Mich)。②

战争末期德军连接失利,希特勒青年团被委派了更多攻击的任务,德意志少女同盟的部分干部(大约200人)也开始了以自卫为目的的射击训练。但在战后,尤塔·胡蒂格博士矢口否认她曾经允许德意志少女同盟成员使用武器,而在这段时间加入红十字会、国防军的成员,已不再具有德意志少女同盟成员的身份。③ 随着纳粹德国的战败,这些年轻女性最终沦为战争的炮灰,成为一群被政客利用的可怜女子。战后,德意志少女同盟被战胜国明令禁止并解散,其财产也被全部没收。

第三节 纳粹女性组织的特点和工作效果

同纳粹党的其他机构一样,纳粹女性组织的突出特点是强调意识形态、种族属性和身体素质,只有政治上可靠、血统纯正且身体健康的"雅利安"女性才有资格成为会员。但在阶级和教派属性方面并没有明确限制,政治上没有问题的各阶级和教派女性都可以申请加入。因此,在纳粹女性组织中,也有一些出身于工人阶级家庭的女性成员以及福音派和天主教的女性教徒,只是数量不多,更未占主导地位。纳粹女性组织担心工人阶级女性倾向于社会主义和共产主义,也认为她们出身低贱、受教育程度不高,故未积极招募她们加入,而是专注于吸纳中产阶级女性。出身于官员、工商业者和富裕农民家庭的女性因此便成为纳粹女性组织的主要成

---

① Michael H. Kater, *Hitler Youth*, London: Harvard University Press, 2004, S. 82.
② Michael H. Kater, *Hitler Youth*, London: Harvard University Press, 2004, S. 97.
③ "Interview with Jutta Rüdiger (in German)", http://www.jf-archiv.de/archiv00/130yy27.htm.

员,并发挥着领导作用。

纳粹女性组织完全服从纳粹党和国家领导,但实际上其政治影响力非常有限,根本无法左右大政方针的制定。纳粹党高层领导始终未给女性参政议政留有任何余地,就连舒尔茨—克林克本人也必须听从大区男性领导的指示。这就使得纳粹女性组织的职能经常受到限制和压缩,难以发挥更大、更广泛的作用。

纳粹女性组织致力于动员德国女性、传播纳粹主义、巩固纳粹体制、强化作为民族细胞的家庭、促进生育、支持战争、缓解国家经济困难和鼓舞士气。在其努力之下,确有不少德国女性顺应和参与了纳粹运动,为希特勒和纳粹党颠覆魏玛共和国、建立独裁统治、实现全面统制、发动侵略战争、迫害和屠杀"劣等民族"做出重要"贡献"。

尽管纳粹政权极力反对和限制女性外出就业,声称女性的工作岗位在家庭中,女性的职业就是生儿育女、相夫教子、料理家务,纳粹女性组织还是在家庭之外为德国女性提供了大量活动空间,也使不少女性过上了一种集体生活。"国家女性工作"因此成为女性解放运动的一个替代品,纳粹女性组织成员的工作也得到社会的承认,并且大大提高了其工作人员的地位,使之赢得了一定的社会权力。[①] 有人回忆道,"这是一种被需要的感觉,这是一种至关重要的感觉,我觉得自己不再是那个被边缘化的人物了,这种感觉对于我而言既新鲜又上瘾"。[②]

但在纳粹党的强权政治之下,大批德国女性是被迫加入纳粹女性组织的,也是被迫参加这些组织所举办的政治教育、母亲培训和晚间聚会等活动的。纳粹妇联明确规定,其成员每月必须至少参加一次母亲培训。[③] 希特勒青年团也规定所有德意志族民、德国公民和没有遗传病的青年人,都有义务成为希特勒青年团或德意志少女同盟的成员。这类规定形同强制,受到威胁者为了保护自身利益不得不屈从。

纳粹女性组织致力于构建庞大的女性共同体,但在实际上并没有得到德国广大女性的普遍认同,不少德国女性依然没有加入。1942年,纳粹妇联与

[①] [德] U. 弗雷福德:《德国妇女运动史:走过两世纪的沧桑》,马维麟译,台北五南图书出版公司1995年版,第193页。

[②] R. Wiggershaus, *Frauen unter dem Nationalsozialismus*, Wuppertal: Peter Hammer Verlag, 1984, S. 41.

[③] Jill Stephenson, *The Nazi Organization of Women*, New Jersey: Croom Helm, 1981, p. 187.

德意志女性工作社合并后也只有620万名成员,仅占德国女性总数的1/5。①

对于纳粹女性组织的宣传鼓动,普通民众,尤其是大多数女性并不感兴趣。

工人阶级是"新德国"最主要的敌人,其反政府的抵抗运动从未间断。对于纳粹女性组织的若干倡议,许多工人阶级女性也采取了蔑视和对抗态度。农村女性则主要因为农活繁重,无暇参与社会活动。不仅如此,她们的思想普遍比较保守,更容易受到教会组织的影响而不是政党或政府组织的影响。在一些天主教氛围浓厚的农村地区,女性们大都拒绝改变自己的信仰和习惯,有的女性还加入了天主教神甫组织的抵抗运动。

也有许多女孩子不愿意加入德意志少女同盟。她们对"雪绒花海盗团组织"(Edelweiss Pirate)或"摇摆青年团"(Swing Youth)的活动更感兴趣。摇摆青年团成员大都来自中产阶级,他们深受美国爵士乐的影响,不遵守希特勒青年团的那一套"着装整洁、唱赞歌"要求,喜欢唱"堕落的"英文歌,着装也十分邋遢。后来,该组织遭到纳粹政府的禁止和追捕,不少成员被关押进集中营。②

纳粹女性组织的确吸引了大量中产阶级女性加入,但这不意味着中产阶级女性对它们情有独钟。出身优越且受过较好和较高级教育的女性大都对纳粹女性组织持冷漠态度,不愿意屈就于一个由社会地位和文化水平都不如她们的人领导的组织。③而在纳粹女性组织中的积极分子,也大都想成为领导级别的人物,而不是那种甘为纳粹意识形态牺牲的普通成员。在科赫姆地区的纳粹妇女,埃文斯(Ervens)女士认为自己不能接受国内经济部门领导的管理方式,并拒绝了担任纳粹妇联地方领导的职位,她认为这一职位对她而言实在是太卑微了。最后,她受到了惩罚,在纳粹妇联内连一个办公室也没有得到,因为"她没有一个正确的工作态度"。④

在纳粹妇联和德意志女性工作社内,还有许多成员并不积极工作,她们被认为是"懒惰的"。⑤在一些地方,纳粹妇联和德意志女性工作社并没能有效组织起当地的女性参与纳粹运动,甚至加入纳粹女性组织的人都十

---

① Jeremy Noakes, *Nazism*, 1919–1945, Volume 4, Exeter University Press, 1998, p. 305.
② http://en.wikipedia.org/wiki/Swing_Kids.
③ Jill Stephenson, *The Nazi Organization of Women*, New Jersey: Croom Helm, 1981, p. 187.
④ Jill Stephenson, *The Nazi Organization of Women*, New Jersey: Croom Helm, 1981, p. 187.
⑤ Jill Stephenson, *The Nazi Organization of Women*, New Jersey: Croom Helm, 1981, p. 187.

分有限。这使得当地的一些男性纳粹官员,不得不回家动员妻子和女儿参与。这些人虽然参加了纳粹女性组织,但工作热情却不高。例如,在一个地方的组织内,有 94 位成员是纳粹官员的妻子,但实际并没有一个人真正在该组织内工作。这虽然是一个极端的案例,但在很多地方组织内,工作积极的成员只占全体成员的 1/4 到一半。还有一些男性纳粹党员也不鼓励甚至是阻止妻女加入这样的组织,这一点经常被那些身处纳粹体制之外的人当作笑话来谈。①

虽然在纳粹女性组织内有不少人加入纳粹党,但仅占全体成员当中的一部分。女性纳粹党员也并非全都是纳粹女性组织的拥护者。1935 年,在纳粹妇联的 150 万名成员当中,有一半是家庭主妇,只有 136197 人是纳粹党党员,占纳粹妇联总人数的 9%。②

即使在这些纳粹女性党员中,其思想也是十分消极的,她们不愿意缴纳党费,更不愿意承担任何义务。1935 年,73% 的女性纳粹党员被界定为"非积极分子"。③

纳粹女性组织开展了声势浩大的宣传运动,但其领导人的思想和理论水平并不高,她们的宣传运动也难以取得明显效果。1938 年,30 万名女性进修了空袭保护课程,50 万人进修了国家母亲服务部课程,只有 10 万人进修思想修养课程,另有 1.5 万人参加了所在地区举办的特殊种族政策课程。④ 在战争陷入胶着状态,经济状况日益恶化的情况下,纳粹女性组织的宣传鼓动更是越来越苍白无力了。⑤

战争后期,纳粹女性组织未能说服大多数女性参与志愿服务。1940 年,纳粹妇联和德意志女性工作社的成员加起来大概有 350 万人,但只有 120 万人在农村劳动了 5700 万个小时,另有 42 万名女性帮助农户的妻子和家庭做工 2100 万个小时,平均每人每周只工作一小时多一点,而且她们也仅仅干了一些无关紧要的活儿,如帮助大家庭的母亲缝补衣

---

① Jill Stephenson, *The Nazi Organization of Women*, New Jersey: Croom Helm, 1981, p. 187.
② *Partei-Statistik*, vol. I, pp. 31, 212; vol. II, p. 160.
③ *Partei-Statistik*, vol. I, pp. 31, 212; vol. II, p. 160.
④ Jill Stephenson, *The Nazi Organization of Women*, New Jersey: Croom Helm, 1981, p. 161.
⑤ Leila Rupp, *Mobilizing Women for War*, Princeton: Princeton University Press, 1978, pp. 105–112, pp. 127–133, 135.

衫等。①

在 1943 年 8 月,纳粹政权要求纳粹女性组织招募女工作者,来对抗盟军的空袭战。因为纳粹政府实在是不方便在全国范围内发布这样的"非女性化"工作者招募宣传,纳粹妇联只能在自己队伍的内部募集这样的志愿者。但是,在通告发出几个月之后,只有几名女性来应征,并且要求承担不危险的工种。②纳粹女性组织官方声称的本组织有 100 万名积极分子,可以满足党的任何要求,显然是自欺欺人。

1944 年 3 月,德国女性组织的成员还聆听了一次格特鲁德·舒尔茨—克林克的训话,内容是关于纳粹妇联与德意志女性工作社的成员,应该如何情绪高涨地为纳粹组织服务。她们在战争时期与国家团结一致、荣辱与共的精神,是值得全体德国女性学习的,她们以这样的方式参与国家的政治事务,是对国家有十分积极的作用的。与会的听众都知道格特鲁德·舒尔茨—克林克说的话有很大的水分,可信度不高。因为在当时,纳粹所宣传的内容大多并不符合实际。纳粹女性组织未能在战前吸引到足够的成员,为纳粹党做服务工作、支持战争,也没能说服多数的德国女性参与义务服务。③

---

① Dörte Winkler, *Frauenarbeit im Dritten Reich*, Hamburg: Hoffmann und Campe, 1977, S. 107–110.
② Ursula von Gersdorff, *Frauen im Kriegsdienst* 1914–1945, Stuttgart: Deutsche Verlags-Anstalt, 1969, pp. 417–418.
③ Ursula von Gersdorff, *Frauen im Kriegsdienst* 1914–1945, Stuttgart: Deutsche Verlags-Anstalt, 1969, S. 470.

第三章

德国女性与纳粹德国的对外扩张

自德国建国以来，德意志人就致力于扩展疆域，建立一个幅员辽阔的世界大国。然而，领土的扩张也导致了种族混杂问题。为了解决这个问题，自19世纪50年代起，普鲁士政府就频繁动用"日耳曼化"手段，强迫非德意志人接受德意志文化，抑制其经济势力和文化影响的自由发展。希特勒和纳粹党更是大肆叫嚣对外扩张，占有更大的"生存空间"来养活德国人民和迁移德国过剩的人口。自1933年篡夺了国家政权之后，希特勒和纳粹党立即建立起战备体制，重整军备，确定"总体战"战略和"闪击战"战术，在很短的时间里就征服了欧洲大片土地，并着手建立"欧洲新秩序"。

无论是在殖民扩张还是在"日耳曼化"中，德国女性都在积极地参与。特别是一些有民族意识的中产阶级女性把"民族"当成自身能参与的政治活动的集结点，致力于捍卫德意志民族传统，培养和提高身处德国"飞地"和殖民地的德国人的民族意识，在生活习惯上保持德意志人的风格，避免受到异族文化的影响，同化被殖民者。

对于纳粹政权发起的侵略政策，不少德国女性积极拥护，有的人还亲自参与殖民地经营，帮助纳粹德国扩大日耳曼民族的地域和人口，让迁移到新领土的德国人快速适应新环境。她们也大力推广德语和德意志民族的生活方式，努力同化当地居民，或者让当地原有的德意志人快速地融入德意志民族共同体。在那些占领区域，例如波兰、法国和后来的南斯拉夫、希腊以及罗马尼亚占领区的政府当中，她们也有任职，参与的基本工作是：担任电话、电报和传送操作人员，担任行政职员、打字员和信使；在防空领域，担任侦听设备的操作者，操作防空投影仪，担任气象服务员工，以及辅助性的民防人员；在军事医疗服务中，担任德国红十字会或其他志愿组织的志愿者护士。但也有许多女性对参与这样的工作不感兴趣，以种种理由，千方百计逃避应征。另一些人持实用主义态度，是在纳粹政权的高压之下不得已而为之的。还有一些人消极应付，进行无言的抵抗。

第一节　德国女性与殖民扩张

纵观德国近代的发展历程，普鲁士之所以能够跻身列强，就与其扩张领土的行为有着密切联系。然而，领土的扩张也导致了种族混杂问题。18世纪末，普鲁士吞并了原属奥地利的西里西亚中部地区和波兰的部分领土，与此同时，数百万的非德意志人滞留于当地，成为非德意志族裔的普鲁士人。大批德意志人也从德国本土或境外源源不断地迁移过来，并与当地非德意志人杂居和混居。

1871年普鲁士统一了德国，虽然将奥地利排挤出了德国，但却没有驱赶德国境内的非德意志人。很明显，普鲁士继承了很多非德意志人的财富，尤其是在普鲁士东部地区，这种情况非常突出。与此同时，德国的工业化开始加速发展，劳动力日益短缺，招募非德意志人到德国工业重镇从事生产便成为十分紧迫之事了。于是，外国劳工大量涌入，德国境内的非德意志族裔人口迅速膨胀，仅波兰人就从1871年的207000人，扩张到1910年的1259880人。德意志人和非德意志族裔居民杂居，虽然有利于当地的开发和发展，但也加剧了文化冲突，导致了不少社会问题，甚至成为某些德国政治家的心病。俾斯麦政府自1886年起便颁布法令，收购波兰人财产，安置德国农民到德国东部地区定居。普鲁士议会也在1904年发布命令，禁止波兰人在德国领土上建造新房舍。①

自19世纪80年代起，德意志帝国又开始了海外殖民扩张，在西南非、西非、东非和南太平洋地区占领了多处保护领，为德国工商业的扩张赢得新市场，为德国人的活动、文化和资本赢得新场所。1890年威廉二世亲政后，更加积极地推行殖民扩张政策，力图为德国寻找"一个美好前景"（ein Platz in der Sonne）。1897年11月，德国出兵占领中国北方的胶州湾，在东亚获得了一个海军据点，并且努力要把青岛打造成一个赶超英国占领下的香港的"模范殖民地"。

无论是在"日耳曼化"还是在殖民扩张中，德国女性都有积极的参

---

① http://en.wikipedia.org/wiki/Germanisation.

与。特别是一些有民族意识的中产阶级女性把"民族"当成自身能参与的政治活动的集结点，致力于捍卫德意志民族传统，培养和提高身处德国"飞地"和殖民地的德国人的民族觉悟，在生活习惯上保持德意志人的风格，避免异族文化的影响，同化被殖民者。自 19 世纪 80 年代起，德国就开始组建女性团体，鼓励组织内的女性成员到新占领区教授和推广德语，传播德国家庭节俭、有序、整洁的传统，并让当地人接受和实行。①

随着德意志帝国殖民扩张的大规模开展，德国女性的民族主义热情更加高涨。许多人不辞辛苦、梯山航海来到殖民地，或者做传教士，或者做护士和教师，力图"帮助"当地居民提升生活水平。她们积极宣传殖民者的核心价值观，同化被殖民者，彻底改变其"异教的"和"腐朽落后的"思想观念。② 她们也大力推广中产阶级的家庭生活模式，以便影响和改变被殖民者的习俗，使之上升到"较高级的"水准。③ 除此之外，德国女性还要在殖民地的同胞当中守护种族和民族防线，抵制异族文化的影响，避免异族通婚，制止纯德意志人与当地人发生性关系。④

1894 年，斐迪南·冯·汉泽曼—裴珀沃（Ferdinand von Hansemann-Pempowo）、海因里希·冯·狄德曼—泽海姆（Heinrich von Tiedemann-Seeheim）和赫尔曼·凯讷曼—科伦卡（Hermann Kennemann-Klenka）等普鲁士贵族地主和官员在波兹南成立"促进东部马尔克德意志文化协会"［Verein zur Förderung des Deutschtums in den Ostmarken，自 1899 年起更名为"德意志东部马尔克协会"（Deutscher Ostmarkenverein，DOV）］，致力于加强德国文化在东部地区的影响，使那些处于德国统治下的波兰人尽快日耳曼化。⑤ 自 1895 年起，该协会也成立了一个女性团体，它在 1896 年自名为"东部马尔克的德意志女性"（Deutsche Frauen für die Ostmarken），其目

---

① Eewin Barta, *Geschichte der Schutzarbeit am Deutschen Volkstum*, Berlin: Verein für das Deutschtum im Ausland, 1930, S. 275 – 284.

② Ann L. Stoler, "Making Empire Respectable: The Politics of Race and Sexual Morality in 20th-Century Colonial Cultures", *American Ethnologist*, Vol. 16, No. 4, Nov., 1989, p. 640.

③ Jean and John L. Comaroff, "Home-Made Hegemony: Modernity, Domesticity and Colonialism in south Africa", in: Karen Tranberg Hansen, ed., *African Encounters with Domesticity*, New Brunswick, N. J.: Rutgers University Press, 1992, pp. 37 – 74.

④ Nancy Reagin, "The Imagined Hausfrau: National Identity, Domesticity, and Colonialism in Imperial Germany", *The Journal of Modern History*, Vol. 73, No. 1, Mar. 2001, pp. 54 – 86.

⑤ Roger Chickering, "'Casting Their Gaze More Broadly': Women's Patriotic Activism in Imperial Germany", *Past and Present*, No. 118, Feb., 1988, p. 167.

标是在医疗卫生、儿童教育和家政诸方面为德意志民众提供帮助。至1914年，该女性组织建立了30多个分支机构，大约有3415名成员。①

作为"全国妇女服务"创建者之一的黑德维希·黑伊尔，于1910—1920年担任德意志殖民协会分支机构"德意志殖民协会女性同盟"（Frauenbund der Deutschen Kolonialgesellschaft）主席。她坚决反对德国殖民者与土著居民通婚，力图阻止德国殖民精英"卡菲尔化"（Verkafferung）。她还将"挑选佳偶，通过婚姻巩固殖民地，并供给合适的女性用品"视为自己的主要任务。②

当然也有不少德国女性是反对侵略扩张和殖民主义的，例如德国无产阶级革命家罗莎·卢森堡（Rosa Luxemburg）就坚决反对帝国主义军备竞赛和帝国主义战争，支持殖民地人民的民族解放事业。

第一次世界大战结束后，因为战败，德国所有海外殖民地均被战胜国以"委任统治"的形式予以瓜分：太平洋的德属新几内亚和赤道以南除德属萨摩亚和那卢岛以外的群岛归属澳大利亚；赤道以北原德属马绍尔群岛、加罗林群岛和马里亚纳群岛为日本所得；那卢岛名义上委托于英国，实则由澳大利亚统治；萨摩亚分给新西兰。德属西南非洲交给南非联邦；多哥和喀麦隆由英、法共同瓜分；德属东非（坦噶尼喀）归属英国；乌干达—布隆迪地区划归比利时。③ 德国也不得不承认波兰独立，归还原属波兰的领土，其中包括西普鲁士、波森省、部分东普鲁士及部分上西里西亚（即西上西里西亚），德国东北部的海岸线和但泽市也划归波兰，当地的德意志人处于波兰人的统治下。④ 总的说来，德国损失了大约10%的领土，12.5%的人口，16%的煤产地及半数的钢铁工业。德国的殖民扩张暂告终结，然而德意志人的民族情绪依然十分高涨，要求撕毁《凡尔赛和约》，夺回海外殖民地，恢复东部边界的复仇主张一浪高过一浪。一部分具有强烈民族主义思想的德国女性也积极开展反对《凡尔赛和约》运动，要求收

---

① Roger Chickering, " 'Casting Their Gaze More Broadly': Women's Patriotic Activism in Imperial Germany", *Past & Present*, No. 118, Feb., 1988, p. 169.
② Katharina Walgenbach, *Die weiße Frau als Trägerin deutscher Kultur*, Campus Verlag, 2006, S. 87 ff.
③ 齐世荣主编：《世界史·现代卷》，高等教育出版社2006年版，第98页。
④ 齐世荣主编：《世界史·现代卷》，高等教育出版社2006年版，第98页。

复失地，消除德意志民族的奇耻大辱。①

希特勒和纳粹党更是大肆叫嚣德意志民族复仇主义，鼓吹对外扩张，占有更大的"生存空间"来养活德国人民和迁移德国过剩的人口，使"一切德意志人在民族自决权的基础上联合成为一个大德意志国"（参见《二十五点纲领》）。不仅如此，希特勒和纳粹党还极力宣扬反动种族论，声称德意志民族是"主人民族"，应用武力去夺取"生存空间"（参见《我的奋斗》）。

纳粹党执政后，立即对德国国民经济进行控制和改组，建立起战争经济体制；重整德国的军备，确定"总体战"战略和"闪击战"战术；进军莱茵非军事区，收回德国对萨尔区和莱茵非军事区的主权；吞并奥地利，将奥地利并入德国，成为德国的一个省；占领捷克苏台德区以及捷克国家的残余部分和默默尔，在捷克的残存部分建立"波希米亚—摩拉维亚保护国"；鼓动斯洛伐克独立，并派兵"保护"；占领波兰、丹麦、挪威、荷兰、比利时、法国、匈牙利、罗马尼亚、南斯拉夫、芬兰和希腊，着手建立"欧洲新秩序"。

第二节　德国女性与纳粹东部计划

在德国殖民主义者的心目当中，中东欧地区是最适合充当德意志民族的生存空间的。在纳粹德国的西部战役成功结束后，对大量额外的女性战争辅助人员的需要开始全面显现出来。对军队来说，对占领地区的管理是占主导地位的，因此产生了填充大量文书和行政职位的需要——这些岗位被认为是最适合女性的。这些岗位对女性辅助人员的使用也释放了大量人力前往战斗单位。自1939年起，纳粹德国发动侵略战争，吞并了东欧大片领土。随后又开始实施"东部计划"（Generalplan Ost，GPO），一方面将当地的斯拉夫种族居民、犹太人和其他非德意志族裔居民驱逐出境或者关押到集中营；另一方面从德国本土或境外迁移大批德意志人到新占领地区安家落户，发展生产。还派遣了大批志愿者前往东部地区，一方面帮助安置德意志移民；另一方面也帮助当地那些旧德意志人重新回归德意志大

---

① Raffael Scheck, "German Conservatism and Female Political Activism in the Early Weimar Republic", *German History*, Vol. 15 No. 1, 1997, pp. 34–55.

家庭。

东部日耳曼化运动是一场总体战,不仅需要男性也需要女性,既涉及公共领域又涉及民众的私生活。在东部边境,尤其是日耳曼种族的边境,所有德国事物(德国的厨房、衣物、菜园果圃、德国人的孩子)都具有政治意义,它们构成东部日耳曼化的一砖一瓦,也是德国女性的工作重点。这种工作看似琐细,但却是极为重要的,它可以延伸到家庭之外的政治领域,是为"德意志民族共同体"和"大德意志国家"建设所迫切需要的。

纳粹党和政府鼓励各党政机关和群众组织发动民众穿越边境,到新占领地区开展建设工作,呼吁德国女性和男性并肩作战,为东部"日耳曼化"提供服务,例如帮助农妇干农活和家务活,建设和管理幼儿园,向境外德意志人传授家政和教育孩子的新方式,培养优秀的家庭主妇等。①

有许多机构参与了组织动员工作。1933 年 5 月 27 日成立的"德意志东部同盟"(Bund Deutscher Osten, BDO)把德意志东部马尔克协会等组织与"东普鲁士家园同盟"(Heimatbund Ostpreußen)、"青年普鲁士运动"(Jungpreußischen Bewegung)和"西里西亚人国家同盟"(Reichsbund der Schlesier)结合在一起,一方面致力于清除东普鲁士的波兰—马祖里语言,禁止在宗教仪式中使用这种语言;另一方面委任路德温妮·冯·布洛克(Ludwine von Broecker)担任该组织的女领导,发动德国女性参与同盟事务。②"境外德意志文化协会"(Verein für das Deutschtum im Ausland, VDA)主动承担了通过学校、幼儿园、传媒和出版物向殖民地传播德语和德国文化的任务。③ 纳粹福利组织(Nationalsozialistische Volkswohlfahrt, NS-Volkswohlfahrt, NSV)则积极招募志愿者到东部地区担任幼儿园教师,并向新定居者发放生活用品。④ 它还招募了 500 多名女性,派遣她们到东部地区帮助新定居者收割庄稼。⑤ 1934 年成立的"大学生农村服务组织"

---

① Albert Speer, *Inside The Third Reich*, Phoenix, New Ed edition, p. 294.
② Elizabeth Harvey, *Women and the Nazi East: Agents and Witnesses of Germanization*, London: Yale University Press, 2003, p. 44.
③ Hans-Adolf Jacobsen, *Nationalsozialistische Aussenpolitik*, Frankfurt am Main: Alfred Metzner, 1968, pp. 167 – 169.
④ BA Berlin, NS37, 1069. 转引自 Elizabeth Harvey, *Women and the Nazi East: Agents and Witnesses of Germanization*, London: Yale University Press, 2003, p. 87。
⑤ BA Koblenz, Zsg 145, 49. 转引自 Elizabeth Harvey, *Women and the Nazi East: Agents and Witnesses of Germanization*, London: Yale University Press, 2003, p. 88。

大规模招募青年男女到边境地区，帮助农户干活，宣传种族思想和民族主义意识，强化当地居民的德意志民族性，按照德意志民族的传统习俗，指导当地居民的工作和生活，使之尽快成为"真正的"德意志人。[1] 这支精英队伍很快就发展壮大起来，1934年时只有400多人，到1938—1939年已发展到3000多人[2]，其中包括一部分女学生。在1937年的夏天，有852名女生参加了大学生农村服务组织，占3263名全部参加者的26%。[3]

纳粹妇联和德意志女性工作社更是鼓励女性参与东部新占领地区的"日耳曼化"工程，并招募了大批"政治可靠"、精力充沛的女性志愿者做行政管理或教育工作（培训30岁以下的工作人员到边境女性组织担任领导工作；派遣青年女性到东部地区参加为期6周的劳动，帮助"新殖民者"安家立业，并使他们熟悉德意志文化，以便尽快成为"合格的"德国公民）。[4] 纳粹妇联的分支机构"边境与国外事务部"负责人卡琳·冯·舒尔曼（Karin von Schulmann）指出，在东部殖民建设的过程中，只有女性和男性相互配合，共同努力才能把殖民地变成"家园"。[5] 纳粹妇联还与纳粹福利组织（NS-Volkswohlfahrt，NSV）合作经营食堂，提供福利，向德国东部未来的"主人"发放生活必需品和药品。[6]

德意志少女同盟也把乡村服务的重点从德国农村地区的内部殖民化，转移到"主人民族"（Herrenvolk）按照纳粹政权的战争计划作为"生存空间"（Lebensraum）而征服的非德意志的东部地区的新殖民化，派遣成员

---

[1] Einsatzreferent Kurmark an die Reichsstudentenführung, Amt für Politischw Erziehung, Hauptstelle Studentischer Einsatz, 29 Jan. 1938. StA Würzburg, RSF II, 347. 转引自 Elizabeth Harvey, *Women and the Nazi East: Agents and Witnesses of Germanization*, London: Yale University Press, 2003, p. 88。

[2] BA Berlin, 36.01, 1708. 转引自 Elizabeth Harvey, *Women and the Nazi East: Agents and Witnesses of Germanization*, London: Yale University Press, 2003, p. 48。

[3] StA Würzburg, RSF II, 324. 转引自 Elizabeth Harvey, *Women and the Nazi East: Agents and Witnesses of Germanization*, London: Yale University Press, 2003, p. 48。

[4] Jill Stephenson, *The Nazi Organization of Women*, New Jersey: Croom Helm, 1981, p. 199; Joseph B. Schechtman, *European Population Transfers* 1939 – 1945, New York: Oxford Press, 1946, pp. 278 – 322.

[5] NWStA Detmold, M15/52. 转引自 Elizabeth Harvey, *Women and the Nazi East: Agents and Witnesses of Germanization*, London: Yale University Press, 2003, p. 119。

[6] Jill Stephenson, *The Nazi Organization of Women*, New Jersey: Croom Helm, 1981, p. 199; Joseph B. Schechtman, *European Population Transfers* 1939 – 1945, New York: Oxford University Press, 1946, pp. 278 – 322.

到东欧地区，参与日耳曼工程。①

至少有 50 万名德国女性参与了东部日耳曼化运动。她们大都是年轻且普遍受过中等教育的单身女性，也有不少女学生，还有部分中产阶级女性、"边境老帮手"、日耳曼历史文化研究者。有的是纳粹党女党员、纳粹女性组织的女干部和积极分子，但也有纳粹女性组织的一般成员。她们有的成为"安置顾问"、青年工作者、学校和幼儿园教师，有的因为具备专业的知识和技能，成为"种族学专家"，在"研究所"工作，其工作站主要集中在波美拉尼亚地区、西里西亚、东普鲁士。②

这些志愿者们都承担着帮助纳粹政权实施泛日耳曼主义的扩张和统治的使命。她们要了解德意志民族文化传统，学习现代的卫生学和营养学，以便向东部地区的德意志族裔主妇传授这方面的知识。女学生们还要在农户家里生活和工作一段时间，为去东部赚取路费和各种最初的费用。志愿者到东部边境寄居是带着使命的，她们要与当地德意志人建立相互尊敬和相互信任的情感纽带，要劝服那些民族上和种族上"不可靠"的人皈依纳粹的统治。

安置新移民，改善他们的居住环境，使之生活得更舒适一些，是志愿者们的首要任务。帮助当地原有的德意志人消除非德意志文化的影响、学习德语、了解德国文化、熟悉"标准德国人"的生活模式，也是志愿者们的重要工作。有的时候，她们还要承担母亲的角色，对新来的德国人进行情感上的抚慰。③

很多到边境做志愿者的女性被农村家庭的脏乱所震惊，对农妇操持家务的方式十分的不满，特别是涉及餐具卫生和食品安全方面。她们大都来自中产阶级家庭，对此感到发自肺腑的恶心。她们感到要立即着手改善周围的环境。有一位来自柏林的女学生回忆道："我们有的时候很惊讶，她们怎么能把家里弄得那么乱，教养孩子的方式也不对，我们要教她们怎样收拾厨房。还要教她们的丈夫科学合理地种植农作物。二者结合在一起，

---

① Michael H. Kater, *Hitler Youth*, London: Harvard University Press, 2004, S. 75 – 76; Lynn H. Nicholas, *Cruel World: The Children of Europe in the Nazi Web*, Knopf Doubleday Publishing Group, 2009, p. 215.

② StA Würzburg, RSF II, 313. 转引自 Elizabeth Harvey, *Women and the Nazi East: Agents and Witnesses of Germanization*, London: Yale University Press, 2003, p. 16。

③ StA Würzburg, RSF II, 360. 转引自 Elizabeth Harvey, *Women and the Nazi East: Agents and Witnesses of Germanization*, London: Yale University Press, 2003, p. 151。

才是民族共同体。我们要打造一种文化氛围,将德国人和波兰人区分开。这种文化包括家庭布景、富有德意志民族性的着装、改善家庭成员之间的关系。"①

因为有的德国人在和波兰人通婚之后,生活习惯、语言上都发生了一些改变,她们开始以讲波兰语为主了。一位女志愿者观察到,由于农妇多是以讲波兰语为主,所以她们多把孩子送到波兰的幼儿园、阅读波兰的报纸杂志、支持波兰同盟。所以,她努力劝说这些农妇把孩子送到德语学校和幼儿园。②"我们要确保,那些以前和俄国人和波兰人生活在一起的德国人,今后的饮食起居都要适应德国人的习俗,母亲要让孩子多呼吸新鲜空气和晒太阳。我们会给每个新生的婴儿一个特别的命名仪式,而不是基督教的洗礼仪式。要教会他们用德国人的清洁方式并且遵守德国的秩序和纪律。简言之,我们的主要工作就是'启蒙教育'。"③

为此,这些志愿者们为当地女性开设了若干家庭主妇和母亲课程,教导当地德意志女性说德语,用德国的方式料理家务、养育孩子,培养她们养成讲卫生等习惯,帮助她们树立新的、"德意志的"生活方式,使之尽快成为真正的德国人,融入德意志民族共同体。

志愿者们还积极宣传纳粹的种族和民族政策,鼓励当地原有的德意志人阅读纳粹出版物,帮助他们提高日耳曼种族意识,认识到自己与德意志民族和国家命运之间的关系;劝说德意志族裔的女性加入纳粹女性组织,把孩子送到纳粹的青少年组织和幼儿园中,去除德意志族裔儿童的波兰痕迹,强迫使其日耳曼化,并帮助一些孤儿找到领养家庭。

为了灌输纳粹思想,激励当地德意志人对纳粹的效忠,培养他们的爱国情结,志愿者们还每周组织升旗仪式,经常举办各种庆祝仪式和晚会,给他们过带有纳粹气氛的生日。这些女性还在占领区为境外德国女性举办了一场纳粹的母亲节纪念活动,在纪念仪式里有希特勒的肖像,大家要一

---

① Elizabeth Harvey, *Women and the Nazi East: Agents and Witnesses of Germanization*, London: Yale University Press, 2003, p. 68.
② StA Würzburg, RSF II, 360. 转引自 Elizabeth Harvey, *Women and the Nazi East: Agents and Witnesses of Germanization*, London: Yale University Press, 2003, p. 70。
③ Elizabeth Harvey, *Women and the Nazi East: Agents and Witnesses of Germanization*, London: Yale University Press, 2003, p. 160.

起欣赏和颂唱纳粹歌曲。①

纳粹殖民当局关闭了波兰人的学校，建立了德国化学校，这些学校的建立也主要是为了巩固"德国化和德意志精神"，并尽力摒除非德意志文化和生活方式的影响。每个教室的前面都有一幅希特勒的肖像，提醒学生们对元首忠诚。② 学校里的老师大都是从德国本土挑选的，其政治背景和业务能力都是符合纳粹标准的，他们的教学方式也是纳粹化的，其主要的任务就是教育孩子们要热爱德国，忠诚于纳粹政府和希特勒。

很多女教师身兼多重职能，既要在政治方面训示那些殖民者，又要在卫生保健方面为他们提供建议和实际的帮助。既要安排当地事务，负责当地政治和社会生活的运转，也要通过女性的视角洞察当地居民的需求，并在文化生活、健康和福利方面担任特殊的职位。既要指导当地德意志族裔民众学会如何在德意志民族共同体中生活，也要训练孩子们遵守纪律、服从命令，以及强身健体。这些老师也在教学的过程中，逐步地消除非德意志语言文化因素，营造一种"干净、整洁、有序的"德国文化氛围。

为了提醒占领区民众波兰的"实际版图"，一个老师在自己的衬衫背面印上了"德国版的波兰地图"。在讲从中古直至兴登堡时期的历史的时候，她们会大讲特讲俄国人和波兰人对德国的危害。有的时候，她们还会夸大德国的作用，说德国军队抵御了俄国和波兰的入侵，拯救了整个欧洲。在给5—8年级的学生上课时，老师们要讲"世界大战：1914年的东部边境战争"，目的是让学生们认识到东部边境对德国本土的威胁，德国军队的著名将领及其在东部的战绩，德国人在东部遭受波兰人和俄国人的欺辱，等等。她们还在上课的时候让孩子们唱颂《神圣的祖国》，培养他们的爱国精神。③

在纳粹夺权十周年纪念日时，担任幼儿园教师的女学生们和小朋友们一起举办庆典，不仅讲解纪念日的重要性，还一起唱纳粹的国歌，唱《德

---

① BA Berlin, Zsg 145, 59. 转引自 Elizabeth Harvey, *Women and the Nazi East: Agents and Witnesses of Germanization*, London: Yale University Press, 2003, p. 164。

② BA Berlin, R49, 3052. 转引自 Elizabeth Harvey, *Women and the Nazi East: Agents and Witnesses of Germanization*, London: Yale University Press, 2003, p. 200。

③ Elizabeth Harvey, *Women and the Nazi East: Agents and Witnesses of Germanization*, London: Yale University Press, 2003, p. 200.

意志高于一切》，一起阅读《家乡的元首》，并发给每人一面国旗带回家。① 这种庆典还要请孩子们的父母参加，培养他们的民族认同感。在圣诞节，老师会和学生们一起唱圣歌，并带领学生和家长们一起向在前线"浴血奋战"的战士们表示敬意和节日问候。②

女学生们则在农忙的时候，帮助农妇干农活、料理家务，担任幼儿园教师，帮助看管小孩。若是当地有新生儿降生，德意志少女同盟的女帮手们就会组织一些骨干分子去探望新生儿和其母亲，向她们传达纳粹政府的关心，并在临别时为新晋母亲唱小夜曲和赠送鲜花。③

纳粹当局指示，占领波兰人的房屋和农田、财产等，并将波兰人驱除出境，以便境外德国人能更好地生活。在德国人到来之前，党卫队的相关工作人员就将"农田最肥沃，家里比较富有"的那些波兰人驱逐了，而且这种驱逐通常都是在晚上进行。④ 当党卫队忙着杀害和囚禁波兰的精英分子的时候，"女帮手"们也在不同的渠道从事着日耳曼化的行动。她们负责接收波兰人的财物，打扫被驱逐的波兰人的房子，为新入住的德国人提供服务和帮助。她们还警告那些波兰人，不要到处散播"即将被驱逐出境"的流言，这样波兰人会藏匿值钱的东西，造成德国人的损失。

1942年8月，一位安置顾问记载："我们的工作内容主要是协助党卫队，驱逐波兰人，然后就是彻底地打扫房间，消毒并且更换必要的生活用品，并把家布置得十分温馨，新来的殖民者会感到赏心悦目。"⑤ 一位女性说："这些波兰人很不情愿离开，有时候我们要实施一些干预和强制措施。所以，我们要尽量保护这些前波兰人的房子的安全，也要在德国人入住之

---

① Gerda Hoseur, Monatsbericht Kindergarten Stanislau, Januar 1943. GKW, 116, 38. 转引自 Elizabeth Harvey, *Women and the Nazi East: Agents and Witnesses of Germanization*, London: Yale University Press, 2003, p. 250。

② Elizabeth Harvey, *Women and the Nazi East: Agents and Witnesses of Germanization*, London: Yale University Press, 2003, p. 251.

③ Annelise Schober, *Krummbach, in Aus den Zuschrifen von Schulhelferinnen*, Der Ruf 1 Mar. 1943, pp. 3–4.

④ BA Berlin, Bestand PL90, Flim 72410. 转引自 Elizabeth Harvey, *Women and the Nazi East: Agents and Witnesses of Germanization*, London: Yale University Press, 2003, p. 152。

⑤ BA Berlin, R49. 3062. 转引自 Elizabeth Harvey, *Women and the Nazi East: Agents and Witnesses of Germanization*, London: Yale University Press, 2003, p. 157。

前打扫干净,除此之外还要打理农田。"①

在波兰帮助境外德国人定居的"帝国女帮手",很清楚在这片土地上发生了什么,她们有时还要参与决定哪些波兰人应被驱除出去。她们对波兰人怀着鄙视的心态,觉得他们是"类人猿",对其所作所为感到十分不可理解。对于清除波兰人和缴获波兰人的财产,她们感到十分光荣。有一个女学生就参与了该项工作,她在东部地区所承担的任务是建立一所幼儿园。她拒绝将一些将来可能派上用场的房子还给波兰人,她说,那些波兰人看她的眼神充满了恐惧,这令她十分的厌烦,而且那些房子里充满了各种细菌和害虫,根本无法居住。② 还有人说:"你问我同情波兰人吗?完全不会,相反我震惊于世界上竟然还存在着这种人,我们和波兰人是不同的人种。在驱逐波兰人的时候,这也是我生平第一次觉得,他们的生命与我无关。这是一个属于统治者的世界。"③ 面对波兰人和其他非德意志人,这些女性表现得像个"主子",冷酷无情,毫无同情心,她们还制止其他人同情波兰人的行为。她们力图占领波兰人的土地,并使其换上一张德国的面孔。她们不想使波兰人"德意志化",而是要将他们消灭,彻底清除"落后的"波兰文化。一位德国女性曾扬言:"有一天,波兰的语言和人种会消失,我们德国女性要促成这天的尽快到来。"④

1942年德军在斯大林格勒战役惨败,并失去了北非战场之后,东部殖民者的心态也受到了严重的影响。殖民安置顾问此时就要做好善后工作,安抚殖民者的情绪,让他们不要听信谣言,不要悲观和焦虑,要对德国保持信心,不要私下传播影响士气的消息。⑤

有的女性对纳粹政权的东方计划感到兴奋不已,她们具有比较强烈的"爱国主义"、民族沙文主义和殖民主义思想,乐于参与殖民地经营,自告

---

① BA Berlin, R49, 3050. 转引自 Elizabeth Harvey, *Women and the Nazi East: Agents and Witnesses of Germanization*, London: Yale University Press, 2003, p. 152。

② BA Berlin, R49, 3051. 转引自 Elizabeth Harvey, *Women and the Nazi East: Agents and Witnesses of Germanization*, London: Yale University Press, 2003, p. 153。

③ BA Berlin, R49, 3052. 转引自 Elizabeth Harvey, *Women and the Nazi East: Agents and Witnesses of Germanization*, London: Yale University Press, 2003, p. 156。

④ Elizabeth Harvey, *Women and the Nazi East: Agents and Witnesses of Germanization*, London: Yale University Press, 2003, p. 71。

⑤ BA Berlin, R49. 122. 转引自 Elizabeth Harvey, *Women and the Nazi East: Agents and Witnesses of Germanization*, London: Yale University Press, 2003, p. 170。

奋勇地与男性同事一起共同担当起建设"新农村""新东部"和"强制日耳曼化"的任务。她们在纳粹党和国家的指挥之下,将"边境计划"视为自己要服务的终极目标。特别是那些老的"边境帮手"很早就对波兰人怀有极端仇恨的情绪,纳粹当政以后,更主动要求去东部殖民。波美拉尼亚地区的一位女性组织者在1940年2月说:"我的战友们,数年以来一直致力于东部斗争,理所当然地想要在新的帝国地盘上得到一个职位。"[1]

这些德国女性经历了第一次世界大战和魏玛共和国,受到了战败和《凡尔赛和约》的巨大刺激,具有强烈的民族主义思想。尼曼女士(Frau Niemann)是东普鲁士地区日耳曼化的先锋。她生于1906年,曾经做过聋哑学校的老师,同时也兼职德意志少女同盟的领导人,后来在1935—1938年,成为东普鲁士某一地区的青年长官。在接受任命的时候,她被要求加入纳粹党。作为一名边境居民,她一贯有着政治敏感。在青少年的时候,她亲历了1923年立陶宛吞并默默尔地区。在被问及为何对民族和种族问题这么感兴趣的时候,她回答道:"没有办法,我们在边境地区生活,处于德国本土和波兰的共同影响之下,我们势必变得对政治敏感和感兴趣。我们要随时关注即将发生的事情。"[2]

纳粹女学生工作组织科伦大学分部的领导也在1940年夏天记录道:"占领区当局收到了很多女性主动请缨到东部工作的要求。一位从事德国古代文化研究的女性主动给组织写信,要求在东部得到更有活力的工作。"[3] 她之所以希望能参与东部建设,部分原因是基于她的一位党卫队军官兄长牺牲于对波兰的战争中。

还有不少人是出于好奇和个人兴趣。卡琳·冯·舒尔曼(Karin von Schulmann)声称:"我们德国人喜欢限定的空间,喜欢舒适和朴素的家庭生活。要去东部就要打破这种对家庭和生活舒适的依赖,为了国家我们愿意放弃这些。对东部的想象、对这片神秘土地的向往,仍是我们殖民精神的所在。普通的德国人大多都比较恋家,喜欢和家人在一起,这是去东部

---

[1] Elizabeth Harvey, *Women and the Nazi East: Agents and Witnesses of Germanization*, London: Yale University Press, 2003, p. 99.

[2] Elizabeth Harvey, *Women and the Nazi East: Agents and Witnesses of Germanization*, London: Yale University Press, 2003, p. 63.

[3] StA Würzburg, RSF V, 7 g 619/1. 转引自 Elizabeth Harvey, *Women and the Nazi East: Agents and Witnesses of Germanization*, London: Yale University Press, 2003, p. 63。

的人必须要戒掉的和克服的。我们必须发自肺腑地接受东部地区及其民众，只有这样它才会变成我们国家的一部分。"① 一位义务支边的教师也给学校领导写信，希望能满足她再次去东部工作的愿望，希望学校能把她分配到东部的村庄小学。她说："我认为，在东部工作十分有趣，并能激起我工作的兴趣和欲望。"②

鲍尔（Bauer）女士从来没怀疑过纳粹的政策，是一名极为忠实的志愿者。她是这样被蛊惑的，在1941年纳粹妇联招募志愿者的大会上，发表了一篇名为《德国东部及其民众》的演讲，演讲的结尾号召青年女孩独立自强，帮助那些有需要的德国人。此时，鲍尔知道了自己的使命。她说，这是一种召唤，来自上苍的召唤，必须要用自己的生命来完成这样的使命，没有丝毫的犹豫。"这是一种召唤、没有回旋的余地。我是单身又有人身自由，父母不需要照顾，这种召唤来自我的内心深处。那是一片全新的领土，我们要帮助那些德国人重建家园。"③ 她相信纳粹说的每一句话，相信兰德是德国的新领土，年轻人应该去充实那个地方。1941年5月，她在兰德参加了一个短期培训，后来成为纳粹妇联的全职雇员和安置顾问。

有许多年轻的女学生自愿成为东部建设的志愿者。1940年夏天，纳粹女学生工作组织科伦大学分部的领导记录道："这里的学生对于可以支边非常高兴，并有一大批志愿者随行。"④ 也有部分尚未毕业的学生给学校写信，希望能留在东部。有的人写道："在参观了波兹南地区之后，我希望能留在兰德地区支教，接受第一次国家对我的检验。"她还在信的最后表示"感谢国家给我见识东部、接受任务的机会"。⑤ 艾米·鲍根（Emmy Poggensee）是一位刚刚迁入波兹南地区的德国人，她写了一系列有关德国

---

① NWStA Detmold, M15/52. 转引自 Elizabeth Harvey, *Women and the Nazi East: Agents and Witnesses of Germanization*, London: Yale University Press, 2003, p. 119。

② Elizabeth Harvey, *Women and the Nazi East: Agents and Witnesses of Germanization*, London: Yale University Press, 2003, p. 100。

③ Elizabeth Harvey, *Women and the Nazi East: Agents and Witnesses of Germanization*, London: Yale University Press, 2003, p. 105。

④ StA Würzburg, RSF V, 7 g 619/1. 转引自 Elizabeth Harvey, *Women and the Nazi East: Agents and Witnesses of Germanization*, London: Yale University Press, 2003, p. 100。

⑤ StA Würzburg, RSF V, 7 g 619/2. 转引自 Elizabeth Harvey, *Women and the Nazi East: Agents and Witnesses of Germanization*, London: Yale University Press, 2003, p. 100。

女性志愿者在兰德地区工作情况的纪实报道，发表在纳粹的女性杂志上。其中写道："向东行进、随着日耳曼骑士的征服，在东部斗争。""我们内心都被点燃了一种欲望——向东行军，年轻力壮的人要时刻为德国的扩张做准备，这是找到德国故乡的关键。"①

德意志少女同盟等女性组织里的年轻女孩和女学生自视为精英分子和先锋战士，要让自己的民族主义政治任务有积极的影响，对那些固执的波兰人造成某种程度上的"文化策反"。② 她们觉得自己就是日耳曼民族的模范，所以要把自己展示给东部地区的"原住民"，让"那些野蛮人"知道自己的缺陷。③ 她们信奉纳粹的种族主义观念，相信日耳曼种族的力量。④ 德意志少女同盟里的积极分子梅丽塔·马诗曼（Melita Maschmann）认为，被分配到波兰殖民地工作，是对自身民族主义情绪的宣泄，也是重建民族集体荣誉感的关键，这种民族荣誉感在年少的时候被深深地伤害过。⑤ 这些女学生大都听信了纳粹宣传，感觉到自身对国家负有义务，希望为新领土的"日耳曼化"贡献自己的力量。

还有一些女学生将"东部建设"看作是对自己的挑战，在远离家乡的地方锻炼自己的适应能力，并能获得有趣的经历。⑥ 年轻的女孩虽然缺少经验，但有工作的热情，把去东部当作证明自身能力、展示自己的才华和为自己赢得更多机会的途径。对于这些狂热的纳粹女学生而言，边境的活动有很大的吸引力，因为这种边境经历对她们未来的发展大有帮助。"日耳曼传教士"的角色的确吸引了一群真正的信仰者。参与者高亢激昂的精神反映了自身的野心，她们想要负责更为重要的工作，认为通过参加东部

---

① Emmy Poggensee, *Jung Führerinnen beim Osteinsatz im Gau Wartheland*, NS-Frauenwarte 10, No. 8, 1941 – 2, p. 115.

② Elizabeth Harvey, *Women and the Nazi East: Agents and Witnesses of Germanization*, London: Yale University Press, 2003, p. 48.

③ Einsatzreferent Kurmark an die Reichsstudentenführung, Amt für Politischw Erziehung, Hauptstelle Studentischer Einsatz, 29 Jan. 1938. StA Würzburg, RSF II, 347. 转引自 Elizabeth Harvey, *Women and the Nazi East: Agents and Witnesses of Germanization*, London: Yale University Press, 2003, p. 48。

④ StA Würzburg, RSF II, 296. 转引自 Elizabeth Harvey, *Women and the Nazi East: Agents and Witnesses of Germanization*, London: Yale University Press, 2003, p. 48。

⑤ Elizabeth Harvey, *Women and the Nazi East: Agents and Witnesses of Germanization*, London: Yale University Press, 2003, p. 15.

⑥ Dagmar Reese, "The BDM Generation: A Female Generation in Transition from Dictatorship to Democracy", in: Mark Roseman (ed.), *Generations in Conflict: Youth Revolt and Generation Formation in Germany* 1770 – 1968, London: Cambridge University Press, 1995, p. 239.

建设，自身会获得丰厚的收获。她们认为接受东部边境的工作职责为个人和职业发展提供了一个机遇，是纳粹政权所鼓励的一种"女性解放"。纳粹政权为许多女性开辟新的活动空间，满足了她们在国家公共空间占有一席之地的要求。

志愿者们希望能用年轻人的组织，来改善境外德国人的适应能力。在和自己的同事交流的时候，她们会总结这样的经验分享给大家："在和村里的成年人交流的时候，我们要注意说话的态度，虽然有的时候很难和他们沟通，但是我们要时刻铭记自己所肩负的责任。做家访的时候，要和境外德国人家庭多聊一些关于本土的情况和元首的事迹。最好随身携带本土的报纸和元首的著作，因为很可能会用上，他们也会感兴趣的。要把他们身上潜伏着的德国本性激发出来，不管他们怎样嘲笑我们所讲的故事和教授给他们的歌曲，我们都应该保持耐心，循循善诱，用即将到来的德国繁荣前景来化解他们心中的疑惑。"[1]

参加"支边"的女性，对自身在边境的信念、使命、地位等，都有了更深的理解，反而更加倾向于纳粹所宣传的那样——女性在民族共同体的建设中，有自己的作用。有的女志愿者对自己的能力信心十足："带领境外德国人实施德国化进程是十分困难的，但是一想到几年之后，我不是这里唯一的德国人，我便感到十分的欣慰，成千上万的德国人都是由我培养出来的。这是何等光荣的任务。"[2]

不少志愿者也很有成就感。英伯格·布里顿（Ingeborg Britten）给她的父母写信，描述自己和一个卡舒比（卡舒比人是西斯拉夫民族的一支，主要分布于今波兰北部地区）家庭共同生活的情况："这是鲁伊兹（Luiz）最穷、最脏的家庭，我给他们洗脏衣服、擦地板、擦玻璃并把孩子们整得干净体面。干完之后，我感到很有成就感，和前所未有的喜悦，同时我觉得自己能独立地工作了。"[3] 还有一位女学生声称：她已将一群平时沉默寡言的女孩子训练成一群穿着制服、守纪律、会做各种运动、合唱纳粹歌曲

---

[1] Elizabeth Harvey, *Women and the Nazi East: Agents and Witnesses of Germanization*, London: Yale University Press, 2003, p. 208.

[2] Elizabeth Harvey, *Women and the Nazi East: Agents and Witnesses of Germanization*, London: Yale University Press, 2003, p. 208.

[3] Elizabeth Harvey, *Women and the Nazi East: Agents and Witnesses of Germanization*, London: Yale University Press, 2003, p. 68.

的"女兵"。①

有些青年女性能把建设幼儿园这一工作干得风生水起。1941年9月，赫莎（Z. Hertha）负责管理一家幼儿园，她表示："我对目前的工作十分满意，当这份工作带来越来越多的希望的时候，我就会感到工作的动力十足。"② 她对工作的激情还表现在装饰幼儿园上面，"我为幼儿园添加了一幅元首的肖像，虽然不大，但是总比没有好，在我找到一幅更新、更好的肖像之前，这是目前最好的选择"。③ 27岁的纳粹女党员赫尔塔·爵史乃（Herta Jeschonneck）于1942年5月到达东部之后，招募境外德国人作为帮手，很快就建起了第一所幼儿园，可以容纳400名学生。后来，在越来越多的境外德国人不断涌入的情况下，她又组建了29所幼儿园。她本人也成为一名赫赫有名的幼儿园教师。④

据一位德意志少女同盟的女老师记载，1944年她在当地举办了一场下午茶的活动，参加活动的农户和农妇们都十分兴奋，很乐意参与这种集体活动。⑤ "一位农民询问我关于农耕方面的事情，我很轻松地应对了。他很惊奇我这样一个来自科伦还上过大学的女孩会知道这样的事情。这多亏我曾经在劳动服务部门工作了一年。我感到自己在这里是有用之人，并且生活得越来越自信了。"⑥

根据1941党卫队对其"女帮手"工作的记载报告，也可以看出德国女性对东部殖民的作用：兰德地区的德国女性在驱逐波兰人和安置德国人方面发挥着十分重要的作用，她们是全职的合作者，在男性缺席的情况下，这些党卫队女帮手就显得格外的重要。她们工作得十分有激情，积极性也非常高涨，而且在她们工作的时候自己也保持高度的紧张感，并遵守

---

① BA Berlin, R49. 3062. 转引自 Elizabeth Harvey, *Women and the Nazi East: Agents and Witnesses of Germanization*, London: Yale University Press, 2003, p. 209.

② Elizabeth Harvey, *Women and the Nazi East: Agents and Witnesses of Germanization*, London: Yale University Press, 2003, p. 243.

③ Elizabeth Harvey, *Women and the Nazi East: Agents and Witnesses of Germanization*, London: Yale University Press, 2003, p. 243.

④ Elizabeth Harvey, *Women and the Nazi East: Agents and Witnesses of Germanization*, London: Yale University Press, pp. 243 – 258.

⑤ Annelise Schober, "Krummbach", *Aus den Zuschrifen von Schulhelferinnen*, Der Ruf 1 Mar. 1943, pp. 3 – 4.

⑥ Elizabeth Harvey, *Women and the Nazi East: Agents and Witnesses of Germanization*, London: Yale University Press, 2003, p. 209.

纪律。在驱逐波兰人的时候,她们搜查了每个波兰人,确保把有用的和值钱的东西留给德国人。她们能把"极其肮脏"的波兰人房间打扫得一尘不染,还在桌子上装饰着鲜花,迎接新来的德国人,并为新来的德国人准备可口的饭菜,这样他们就能很快融入新的环境。有了这些德国女性的关心和照顾,才使这些背井离乡、开发新殖民地的德国人,没有感到思乡之苦。①

在她们的"帮助"和大量的前期准备工作之下,大部分被驱逐的波兰人都"平静"地接受了自己的命运。1942年秋天,一位安置顾问记载:在多布罗加有35户波兰人,在她的努力之下,一共驱逐了14户。②所有的安置顾问,都把扣留波兰人的财产视为工作中十分重要的一部分,她们努力攫取更多的财产为德国人所用。她总能从波兰人身上挖出更多的东西,给殖民者攫取了不少的财富。她们雁过拔毛的能力十分出众。③

一开始,那些男性党卫队队员不愿意和女性合作,他们觉得那些女性根本听不懂也弄不清楚到底在做什么。但令他们惊讶的是,经过讲解,这些德国女性竟然能比较成功地完成任务。在这种合作中,党卫队男性成员越来越感觉到与女性工作者合作的重要性。其实,很多德意志少女同盟的女教师都十分精明能干,当男性不在的时候,她们完全有能力代替男性的工作;当男性领导者不在的时候,她们也完全有能力承担男性的工作。1940年,安吉拉(Angela)作为一名见习女生在男性领导人不在的情况下,组织和主持了一场会议,并且发表演讲,要求当地德意志族民在家里只用德语交流,还教大家唱一些德语"励志"歌曲,她充满激情地憧憬着"德国的伟大复兴之路",令参与会议的村民热血沸腾。④

在她们看来,女性的参与非常重要,有助于改变东部地区德意志裔居民"落后的"思想意识和行为方式,使之较快地融入纳粹党领导下的德意志民族(族民)共同体:一个农妇受到德意志文化(日耳曼文化)的洗

---

① IfZ Archiv, Fb 115. 转引自 Elizabeth Harvey, *Women and the Nazi East: Agents and Witnesses of Germanization*, London: Yale University Press, 2003, p. 108。

② BA Berlin, R49. 121. 转引自 Elizabeth Harvey, *Women and the Nazi East: Agents and Witnesses of Germanization*, London: Yale University Press, 2003, p. 157。

③ Elizabeth Harvey, *Women and the Nazi East: Agents and Witnesses of Germanization*, London: Yale University Press, 2003, p. 157.

④ Angela G., "Ich bin froh, wenn ich allen helfen kann: Aus Tagebüchern beim Lehrereinsatz", *Der Bewegung 8*, No. 35, 1940, p. 4.

礼，按照标准的德意志品位料理家务，打理花园，穿衣打扮，养育和教育子女，排斥波兰的语言和文化，就会成为真正的德意志人。一位女性组织的领袖厄苏拉·布特妮（Ursula Buettner）声称，德国女性在种族战争中做出了特殊的贡献，她们为新占领区德意志族裔居民本人（女性）及其家庭提供的服务具有重要的政治意义。①

然而，真正的积极分子毕竟是少数的，多数去东部支援建设的女性完全是为自己打算。温特（Winter）女士参加东部建设，积极申请去东普鲁士地区的女性组织。因为，她家里和波兹南地区有往来，还有一个朋友在波兹南有庄园。②沃格（Vogel）女士对于去波兰支边十分感兴趣，因为纳粹统治德国之后，几乎剥夺了民众出国旅行的机会，而沃格家曾经常常出国旅行。"以前，我们经常出去旅行，现在连美国也去不了了。旅行是我生命的一部分，现在我们可以去波兰见识新的领土了，一个全新的地方。"③

很多人想要去东部边境探险或是领略一下边境风光。一个女孩在1937年加入了劳动服务组织，到了东普鲁士地区的一个渔村，"这里的景色，就像在格林童话中的仙境生活一样，我们感到十分走运，能在这样美丽的地方工作和生活，这种乡村生活是我在学校时期的梦想"。④

还有一些人是出于对农村生活的浪漫幻想才去的，她们厌恶工业文明和城市生活，期望到农村里享受阳光、风和草地等田园风光。玛利亚·克莱恩（Maria Klein）回忆道，自己刚去东普鲁士的时候，没有一点政治观念，也没有这方面的兴趣。但在听了一位颇具魅力的教师讲的关于《凡尔赛和约》的课之后，她受到了巨大的政治启蒙。"她让我们感受到，德国正处于枷锁和羞辱之中，我们要挣脱这种枷锁、这种耻辱，建立一个受人尊敬的新德国。"⑤

---

① Elizabeth Harvey, *Women and the Nazi East: Agents and Witnesses of Germanization*, London: Yale University Press, 2003, p. 49.

② Elizabeth Harvey, *Women and the Nazi East: Agents and Witnesses of Germanization*, London: Yale University Press, 2003, p. 114.

③ Elizabeth Harvey, *Women and the Nazi East: Agents and Witnesses of Germanization*, London: Yale University Press, 2003, p. 114.

④ Elizabeth Harvey, *Women and the Nazi East: Agents and Witnesses of Germanization*, London: Yale University Press, 2003, p. 60.

⑤ Maria Klein, *Führerinnenschulung in Penken-Seeben* 1934, BA Berlin, Zsg 145, 25. 转引自 Elizabeth Harvey, *Women and the Nazi East: Agents and Witnesses of Germanization*, London: Yale University Press, 2003, p. 61。

女孩高中毕业之后，想要继续进大学深造，必须要参加女性劳动服务组织里18个月的义务劳动。在签署了同意书之后，不管初衷愿意与否，都要选一个自己感兴趣、能吸引自己的地方。一个萨尔布吕肯的女学生就伙同部分同学一起签署协议，进入劳动服务组织工作，而她们之所以选择波美拉尼亚地区是因为"那里的服务组织的声誉比较好，而我们也想见识一下之前没见过的新世界"。[①] 东普鲁士地区也引发了大家的好奇心。一个在魏玛时期就高中毕业的女生回忆，她们班里有9个女孩加入了劳动服务组织，其中6个人将东普鲁士作为自己的首选。还有个女生于1938年高中毕业时参加了劳动服务组织，班里8个同学都想去东普鲁士地区做义务劳动，但是只有她一人如愿以偿。[②] 在这里，我们很难看出她们是出于关心边境、建设边境的政治意识而参与的。一个在波美拉尼亚地区的服务组织工作的女性后来回忆道，18个女孩当中，只有一个是出于理想和信念，才要求去东部边境帮忙的。[③]

一位自1934年以来就担任女性服务组织中的体育老师的女性，十分怀疑女性们到东部边境的初衷，她回忆道："那些加入东普鲁士劳动服务组织的女志愿者，要么想要分配的时候邻近大海或是湖泊，只有极少数的人想要真正地去边境。"[④]

即使是意识形态上的激情也可能受到个人利益的驱动。积极分子们强烈要求去东部工作，是想要选择自己的职位，而且在工作的时候得到的阿谀奉承，令她们感到十分受用。在选择去哪个岗位工作的时候，她们会选择有升值潜力的岗位。教师们则更愿意选择那些能表现自身实力的区域。例如有一位女教师选择了去兰德的远东地区工作，因为这里可以给那些非德语区的居民教授德语，而她很擅长这一工作。学生们把去东部重新安置德国民众的任务和旅行度假结合在一起。1943年，几位学生接到指示，要到波兰的卢布林地区研究所做协助工作，这是她们非常向往的工作。一位女生写道："我十分盼望去卢布林工作，我们当然是去做重新安置的工作，

---

① Elizabeth Harvey, *Women and the Nazi East: Agents and Witnesses of Germanization*, London: Yale University Press, 2003, p. 60.

② Elizabeth Harvey, *Women and the Nazi East: Agents and Witnesses of Germanization*, London: Yale University Press, 2003, p. 60.

③ Elizabeth Harvey, *Women and the Nazi East: Agents and Witnesses of Germanization*, London: Yale University Press, 2003, p. 60.

④ Lotte Hartmann-Vennewitz, Vor 40 Jahren (May 1974), BA Berlin, Zsg 145, 16.

但是下一个地方会是哪里呢？会是风景秀丽的地方吗？"① 这种"不纯粹"的、目的不单纯的积极分子大有人在。

沃格女士记得自己在东部期间有一种"特别的优越感"，这种优越感来源于她的阶级背景——德国本土人士以及自身所受到的教育。"在这里的工作很有挑战性，但是当一个个的问题都解决的时候，就会觉得心情很舒畅，很有成就感。但是，我不愿意过多地融入村子里，我不愿意和这些人过于亲近。"② 她还描述了自己的教育成就："你根本想不到会这样有效果。我有两个学生的能力已经完全达到了德国本土考高中的水平了。我工作起来十分严格认真，所以从这个意义上说，我嫁给了工作。这种成就感完全不是由于政治任务或是来自政治的压力，只是单纯的作为老师的成就。况且，我在这里并没有体会到严重的政治压力。"③

乌尔曼（Ullmann）是一个对地理感兴趣的孩子，她非常希望可以像男孩子那样当兵，四处去看看。但是在德国，女孩子不能当兵，所以当被分配到东部的时候，她是很愿意见识新领土的。但是，在个人层面上，由于她的父亲曾于 1935 年被盖世太保拘留，所以，她的边疆行动还有替父"赎罪"的意味。当执行各种要求的时候，她认为，每人都要做到最好，要刻苦努力地工作，要服从命令。

费舍尔（Fischer）女士是家里的独生子女，对于去东部没有什么激情，甚至是有点排斥。她从小没有远离过家庭，去过最远的地方是柏林，在东部占领区没有一个亲戚朋友，她觉得自己会想家。在去兰德之前，她对那里没有一点了解。她并没有表现出一点爱国主义之情，甚至庆幸自己只在那里待了短暂的一段时间。④

阿德利亚斯（Andreas）女士是一名幼儿园老师，1944 年时她收到一张表格，调查她最想去德国的哪里工作，她写了德国南部。领导告诉她不能这样写，她抗议道："我们对纳粹党和其他一切团体没有必须履行的义

---

① StA Würzburg, RSFII, 327. 转引自 Elizabeth Harvey, *Women and the Nazi East: Agents and Witnesses of Germanization*, Yale University Press, 2003, p. 101。

② Elizabeth Harvey, *Women and the Nazi East: Agents and Witnesses of Germanization*, London: Yale University Press, 2003, p. 114.

③ Elizabeth Harvey, *Women and the Nazi East: Agents and Witnesses of Germanization*, London: Yale University Press, 2003, p. 220.

④ StA Würzburg, RSFII, 327. 转引自 Elizabeth Harvey, *Women and the Nazi East: Agents and Witnesses of Germanization*, London: Yale University Press, 2003, p. 108。

务，所以当我们不愿意去东部边境的时候，不应该派我们去。更何况，家里给我们付学费是要我们学习的，不是要去做志愿者。"①

凯勒（Keller）女士对于被分配到波兰工作十分震惊。她从未参加过任何的党派组织，年少的时候也没参加过德意志少女同盟，她对纳粹女性组织和义务劳动抱有一种厌恶的心理。同时，她是一个十分恋家的人，离家去远方使她十分不舒服。为了不去波兰，她申请去国外的学校教学，因为那里不受纳粹的管束。②

也有很多女性对于长期生活在东部地区是十分不满的。她们抱怨连连：结婚不能离职，没有婚假，生完孩子之后要继续工作，没有产假，怀孕期间也要一直工作，直至临盆。有的人觉得自己始终不能适应这种农村生活；有的人则申请调回德国本土，想要继续深造。据悉，"最近，帝国教育部收到了大量边境来信，都是一些年轻女教师想要从东部调回本土，到大学继续念书的申请信，但是帝国教育部都以战争为由，拒绝了所有的申请"。还有的人抱怨自己长期在边境，已经被国家和家人所遗忘。③

1941年8月，玛蒂尔德（Mathilde S.）给总部写信抱怨，当地总是下雨，令她没有合适的鞋出行，而且当地的学生总是生病。她致信给总部的原因主要是申请一双雨靴并询问何时发工资。④ 1941年9月，她又给总部写信申请休假，"我要求从12月20日以后放假，因为我从5月1号工作以来一直就没有休息过。我不是在做幼儿园教师，就是在帮助组织建立幼儿园"。⑤

对于工作的成效，有些德国女性也十分悲观，认为她们尽管工作十分卖力，但还是难以一下子改变这些人原来的生活习性，"那些孩子浑身都是波兰气质，他们的脑子似乎学不进去德语。他们的思想理论根本没有秩

---

① Elizabeth Harvey, *Women and the Nazi East: Agents and Witnesses of Germanization*, London: Yale University Press, 2003, p. 112.
② Elizabeth Harvey, *Women and the Nazi East: Agents and Witnesses of Germanization*, London: Yale University Press, 2003, p. 113.
③ Elizabeth Harvey, *Women and the Nazi East: Agents and Witnesses of Germanization*, London: Yale University Press, 2003, p. 218.
④ Elizabeth Harvey, *Women and the Nazi East: Agents and Witnesses of Germanization*, London: Yale University Press, 2003, p. 218.
⑤ Elizabeth Harvey, *Women and the Nazi East: Agents and Witnesses of Germanization*, London: Yale University Press, 2003, p. 243.

序的概念,一次次地纠正,简直就是耳旁风,毫无进步"。① 与老年人相比,孩子们比较容易接受德语,他们也能够比较快地在幼儿园和学校学会德语。因此,有些志愿者(女学生)在分享经验的时候谈道:"要让大人们对政治感兴趣并规范他们的礼仪道德实在是太难了。唯有从年青一代入手,才有希望。"②

在1942年11月,沃利尼亚地区的女性声称:"我要待在沃利尼亚,这样就算是死了,我也会和我丈夫在一起。"③ 有的女性故意怀孕,希望能令丈夫避开征兵。还有的女性对自己儿子战死沙场的消息伤心欲绝,她们写信给殖民部门,希望不要再征兵。④

当男性被征入军队,只剩下女性在东部实施殖民开发的时候,她们对待波兰劳动力的态度发生了大逆转。尽管每天还要接受安置顾问那套"不论德国男女,都是波兰人的主子"的理论教育,但是有的德国女性在独自经营波兰牧场的时候,并没有对波兰劳工摆出"奴隶主"的姿态。有的人还让波兰劳工住在自己的寓所,和自己的孩子共同住在一起。还有的德国女性开始用波兰语和劳工交流,她们开始怀疑是否应该殖民波兰,甚至怀疑自己最初的动机和对纳粹殖民政策的信任。还有的德国女性认为,和波兰人分开吃饭是一种罪过,波兰人也是人,是白天一起工作的伙伴,在吃饭的时候就不应该有所区别,而且波兰人是十分友善的。⑤

第三节 德国女性与纳粹战时动员

纳粹党自诩为"男人党"(Männerpartei),对于女性特别是女权主义者和新女性一向是持否定和蔑视态度的。他们也不加掩饰地攻击无子女

---

① BA Berlin, R49.122. 转引自 Elizabeth Harvey, *Women and the Nazi East: Agents and Witnesses of Germanization*, London: Yale University Press, 2003, p.243。

② Elizabeth Harvey, *Women and the Nazi East: Agents and Witnesses of Germanization*, London: Yale University Press, 2003, p.71.

③ Elizabeth Harvey, *Women and the Nazi East: Agents and Witnesses of Germanization*, London: Yale University Press, 2003, p.170.

④ BA Berlin, R49.122. 转引自 Elizabeth Harvey, *Women and the Nazi East: Agents and Witnesses of Germanization*, London: Yale University Press, 2003, p.170。

⑤ BA Berlin, R49.122. 转引自 Elizabeth Harvey, *Women and the Nazi East: Agents and Witnesses of Germanization*, London: Yale University Press, 2003, p.174。

的、受过教育的、喜欢社交、外出工作、热衷于梳妆打扮的都市女性的"退化",认为女性外出工作是"不正常现象",为社会留下了很多隐患,造成了大量家庭和社会危机。

在希特勒和纳粹党其他领导人看来,男人和女人的才能是不同的,其任务和职责也迥然不同。男人的任务和职责是做工、打仗、保护女性和家庭;女人的任务和职责则是侍奉丈夫、繁衍后代、料理家务。女人应该充分利用自己特有的才能,不应当把这些才能浪费在抢占男人的工作岗位和赶超男性的成就上。女性"天然的"任务在于尽可能多地生育孩子,并且以此为民族共同体服务,为扩大(Ausbreitung)"雅利安种族"做出贡献。希特勒在《我的奋斗》中论述道:女性的典范不是"品行规正的老处女",而是"能不断造育男人的女人",女性教育的目的是使她们坚定不移地成为母亲。①

因此,希特勒和纳粹党在掌权后不久就开始推行一种限制已婚女性就业,鼓励女性生育,提高母亲的地位,以及为妇女和婴儿提供国家福利的政策。1933年6月1日,纳粹政府颁布《减少失业法》,决定向年轻夫妇提供婚姻贷款,声称只要新近结婚的女性放弃工作,就可以获得1000马克的贷款(相当于普通工人9个月收入的总和),每生育一个孩子就减少部分还款额度,生育4个孩子之后便无须归还贷款。同年又颁布法令,强行解雇已婚的女性医生和公务员,并且规定从1936年6月起,女性不得再担任法官和检察官。

1934年2月,纳粹政府建立了"国家母亲服务部"(Reichmütterdienst)。同年又建立了"母亲儿童救济院"(Hilfswerk Mutter und Kind),设立为母亲提供休养的福利机构、儿童福利机构、帮助和咨询中心,为新出生的孩子提供婴儿床、亚麻床单、婴儿服及各种婴儿食品券等实质上的资助。② 1935年,纳粹政府颁布《向多子女家庭提供子女补助金法令》,开始发放一次性的子女补贴。③ 1938年3月和6月,纳粹政府两次发布法令,为多子女家庭提供教育津贴及减免学费。④ 1939年,纳粹政府首次为300万名女性授予了"德国母亲"的称号,她们多是生育了四名以上子女

---

① 王肇伟:《论纳粹德国的妇女理论及政策》,《世界历史》1995年第4期。
② IfZ Db 36.20,"Hilfswerk Mutter und Kind", pp. 14 – 15.
③ 王肇伟:《论纳粹德国的妇女理论及政策》,《世界历史》1995年第4期。
④ 王肇伟:《论纳粹德国的妇女理论及政策》,《世界历史》1995年第4期。

的母亲,而且为她们颁发了"德意志母亲荣誉十字奖章"。该奖章分为三个级别:凡生育4—5名子女的母亲可以获得铜制奖章;生育6—7名子女者可以获得银质奖章;生育8人以上者则可以获得金质奖章并由希特勒本人亲自颁发。在日常生活中,这种优越性通常意味着一些"特权",比如购物时可随意插队,申请领取额外的物资配给券,等等。①

为了鼓励女性放弃工作,纳粹政权还大张旗鼓地发起宣传运动。在宣传中对女性们喊出了这样的口号:"好好练习家务活,这样就必定赢得男人的喜爱!""离开工作间和办公室,你真正的生活属于家庭!""不要参加工作,而要成为一名真正的妻子!""母亲和孩子才是德意志民族永垂不朽的保证。"②

然而,随着1936年开始实施扩充军备的"四年计划"以及大量的男子应征入伍,劳动力短缺的现象日益突出。鉴于此,纳粹政府不得不放宽或解除一系列限制女性就业的政策。鼓励女性放弃工作的婚姻贷款政策就在1937年被取消了。战争的头两年,除了帝国劳动服务团之外,纳粹政权还主要依靠动员妇女和女孩自愿参加战争的辅助性工作,其口号是"德国妇女帮助战争获胜"(German Women Help to Win!)

同样在1937年,纳粹政府颁布《关于征募年轻女性从事义务劳动的法令》,要求青年女性在工厂、农场等地方进行为期一年的"爱国主义"性质劳作。然而,这些增加的女性就业人数并不能满足德国经济扩张对劳动力的需求。在工业、农业以及家政服务业等行业中的劳动力缺口还是相当大的。到1939年2月,随着战争的临近,大批的男子应征入伍,工业劳动力的短缺状况更加严重,军备工厂已不能按时完成生产合同的要求了。于是,纳粹政府正式实施了1935年制定的《帝国防御法》,规定"在战争期间,每一个德国的男人和女人都有为祖国提供服务的义务",大张旗鼓地号召女性离开家庭和学校,重新参与工厂和农场的工作。

为了"释放身体健壮的男子以部署到前线"的目标,女性被更广泛地雇佣到经济中的所有战略领域。随着战争的进行,战时经济要求越来越多的工厂工人,因为身体健全的男性都被召集在前线进行军事服役。不久,

---

① Matthew Stibbe, *Women in the Third Reich*, London: Arnold Press, 2003, p. 42.
② Institut für Zeitgeschichte (hereafter IfZ) Db 36.20, Hilfswerk Mutter und Kind. Bericht über das Hilfswerk "Mutter und Kind" vom 1.4.134 – 31.12.1934, p. 2.

德国女性替代了传统男性职业的位置，征募女性到战争工厂工作一事遂被提上议事日程。① 最后在1943年1月7日，纳粹政府实施了"全民进入总体战的命令"，1943年3月《元首法令》的实施受到了同月颁布的"身负帝国防务职责的男女登记条例"的规范，这命令所有年龄在16—65岁之间的男性和所有17—45岁的女性到相关就业办公室进行劳动服务报到。只有待产的母亲和有在入学年龄以下的孩子或者有至少两个14岁以下孩子的女性除外。格特鲁德·舒尔茨—克林克（Gertrud Scholtz‐Klink）在1944年12月发表了一个"德国女性援助国防的呼吁"，"敌人的仇恨谋求消灭我们的德国民族……妇女和儿童被赶出她们的家园，她们中的许多人遭受了难以言喻的伤害……今天，当每个能够携带枪支的德国男性在为他们的祖国服务时，我们的妇女和女孩想要尽我们的最大努力，使我们家乡的每个士兵都能在前线战斗。"② 至此，纳粹的女性就业动员政策开始驶入战争轨道。到1945年3月第三帝国即将倾覆之际，希特勒又决定把80万主要由女性构成的劳动力大军投入军火工业甚至是军队中，并认为"现在劳动力是决定性的因素之一，无论是已婚女性还是未婚女性，必须把一切人力投入使用"。

　　对于纳粹政府的战时就业动员，德国女性们的反应不一，有的积极响应，有的消极应付，有的干脆拒绝或逃避。

　　从相关统计数字来看，在1939年，德国的女性就业率达到了36.7%；从1939年5月到1943年5月，在制造性行业中，女性就业总数由76万人增加到151.54万人；在德国女性中，只有13%的女性在工厂工作，还有550万名女性没有积极地响应号召。③ 这些统计数字一方面说明女性就业总数在增长，并且许多人是响应政府号召到化学工业、纺织工业、电子工业以及食品制造业中工作的，她们不辞辛苦地干起了通常专由男人干的活；另一方面也说明并不是所有女性都积极支持政府的政策。

　　另外一项统计表明，从1939年5月到1944年5月，除了行政部门，女性就业人数在所有行业中都呈下降趋势：在农业领域，女性就业人数减少了80万人，在工业领域减少了24.4万人，在商业领域减少了80万人，

---

① Alan S. Milward, *The Germany Economy at War*, London: Alan S. Milward, pp. 46–47.
② Albert Speer, *Inside The Third Reich*, Phoenix: New Ed edition, p. 675, footnote 10.
③ Claudia Koonz, *Mothers in the Fatherland: Women, the Family and Nazi Politics*, New York: St. Martin's Griffin, p. 399.

在家政业中减少了15.9万人。有的女性迫于压力,会参与一些办公室工作,但却不愿意到工厂从事繁重的体力劳动。

众多的德国女性利用各种各样的借口逃避征募。特别是经济条件较好的上层女性,她们在20世纪30年代拒绝加入纳粹女性组织,现在依然拒绝从事与战争相关的工作,并能用一些巧妙的方法逃避征召,要么是健康方面的理由,要么是家务方面的理由。①

至1943年6月底,大约有310万名女性参加工作,其中123.5万人声称自身的条件适合工作,但是有一半以上(67.2万人)的女性,强调自己还有家庭的义务,只能利用空闲的时间来工作。而在那些最初声称可以全日制工作的女性中,到1943年年底也有一半人以各种理由辞去了全日制工作。② 而且根据工厂主所言,那些非全职工人或是不习惯工厂环境的女性,她们带来的效益比她们惹的麻烦要少得多。这些女性在工厂里引起了不安和骚动,导致有些全职工人也要求适当的劳动保护措施、减少劳动时间、增加换班次数等。至1944年时,因为工作和生活条件不断恶化,加班时间过长,女性的不满情绪日益增加,工作效率严重降低。③

这些工人女性每天要花上一两个小时在被空袭破坏得破烂不堪的道路上上班和下班,每周要干比法律规定的56小时女性周工作时间长得多的活儿。白天被长时间的劳作累得筋疲力尽,晚上也经常因为持续的空袭警报以及随之而来的空袭睡不安稳。除了工作之外,德国女性还得承担起家务重担,做饭、照料孩子、购物、修补房屋……困难重重,苦不堪言。

因此,逃避就业者数量众多,致使纳粹政府的战时动员虽然来势汹汹,却收效甚微。④ 面对政府的征召,有的德国女性开始远离"正常的"小镇生活,在空间上和心理上都经历了极端的变化;有人好战,积极地融入侵略战争和新占领区的事业里,有人则完全陷入对纳粹党和德军的无情杀戮和东部战争的绝望中。

---

① Leila Rupp, *Mobilizing Women for War*, Princeton: Oxford Press, 1978, p.172.
② Jill Stephenson, *Women in Nazi Germany*, New York: Longman, 2001, p.56.
③ Jill Stephenson, *Women in Nazi Germany*, New York: Longman, 2001, p.60.
④ Leila Rupp, *Mobilizing Women for War*, Princeton: Oxford Press, 1978, pp.105–112, pp.127–133, p.135.

第四节 希特勒的"志愿刽子手"

在纳粹当政的 12 年里,有数千名德国女性应聘到集中营和死亡营担任狱警、看守、监工、秘书、医生和护士。部分雅利安血统的女囚也被委以"重任",担任女舍长或女囚头。还有一些女性嫁给党卫队官员,并依靠其丈夫的权威,成为集中营的实际"女主人"。这一特殊女性群体无论职务大小、身份高低,都掌握着在押人员的生杀予夺大权。尽管她们并非都是刽子手,有些人还冒着生命危险为无辜的囚徒们提供些许帮助,但还是有不少人积极参与了纳粹政权的"种族灭绝"计划,疯狂地虐待和屠杀囚徒,行径恶劣,罪恶累累,其凶残程度甚至远超男性。即使有些人原本也是阶下囚,一旦她们被任命为监督其他犯人的小头目,也会变得凶相毕露,冷酷无情。

迄今为止,有关纳粹德国女性犯罪行为的研究相当薄弱,学术性著作寥寥无几。雷娜特·维格豪斯(Renate Wiggerhaus)、古德龙·施瓦茨(Gudrun Schwarz)、伊尔姆特劳德·海克(Irmtraud Heike)、约翰娜·朗格菲尔德(Johanna Langefeld)、丹尼尔·帕特里克·布朗(Daniel Patrick Brown)和温迪·罗沃(Wendy Lower)可以算这项研究的开拓者,但其著述也多为单篇论文、个人传记和资料汇编。① 2011 年,美国伊利诺伊州德斯普兰斯市奥可通社区学院历史教授温迪·阿德勒—玛丽亚·萨蒂(Wendy Adele-Marie Sarti)发表《女性与纳粹:1933—1945 年纳粹当政时期种族灭绝和其他犯罪的执行者》一书②,填补了有关纳粹主义和大屠杀的历

---

① 参见 Renate Wiggerhaus, "Women in the Third Reich", *Connexions*, 36 (1991), pp. 10 – 11; Gudrun Schwarz, "SS Aufsehrinnen in N-S Konzentrationslagern (1933 – 1945)", *Holocaust and Genocide Sudies* 8 n. 3 (winter 1994), S. 315 – 334; Gudrun Schwarz, *Eine Frau an seiner Seite: Ehefrauen in der SS-Sippengemeinschaft*, Mittelweg: Hamburger Edition HIS verladsges, mbH, 1997; Irmtraud Heike and Johanna Langefeld, "Taeterinnen im Konzentrationslager: Die Biographie einer KZ-Oberaufseherin", *Werkstatt Geschichte* 4, No. 12 (Nov 1995); Irmtraud Heike, "Female Concentration Camp Guards as Perpetrators: Three Case Studies", Olaf Jensen and Claus-Christian W. Szejnmann (ed.), *Ordinary People as Mass Murderers: Perpetrators in Comparative Perspectives*, New York: Palgrave Macmillan, 2008; Daniel Patrick Brown, *The Beautiful Beast: The Life and Crimes of SS-Aufseherin Irma Grese*, Ventura, CA: Golden West Historical Publications, 1996; Daniel Patrick Brown, *The Camp Women: The Female Auxiliaries Who Assisted in the SS in Running the Nazi Concentration Camp System*, Atglen, PA: Schiffer Military History, 2002; Wendy Lower, "Male and Female Perpetrators and the East German Approach to Justice, 1948 – 1963", *Holocaust and Genocide Studies* 24, No. 1 (spring 2010), pp. 56 – 84。

② Wendy Adele-Marie Sarti, *Women and Nazis: Perpetrtors of Genocide and Other Crimes during Hitler's Régime*, 1933 – 1945, Bethesda-Palo Alto-Dublin: Academic Press, 2011.

史研究中的一项空白，也为本书写作提供了大量珍贵资料。本章试根据这一最新研究成果，运用总体概述和个案研究相结合的方法，对纳粹集中营的女看守——主要是那些参与迫害和屠杀被关押者的德国女性——进行一番考察，揭露其罪行，分析其犯罪动机。

一 集中营女看守概述

应聘到集中营和死亡营担任女看守的德国女性的总数至今不详。"有的人说，女看守的数量大概为3700人；有的人则说在纳粹德国时期，集中营里大约有5.5万名看守，其中女看守占全体工作人员的10%；还有的人说，6000多名德国女青年充当了集中营和灭绝营的看守，抡起皮鞭和棒，对无辜的犹太囚徒大打出手，直至把他们赶进毒气室。"[1] 按照温迪·阿德勒—玛丽亚·萨蒂的说法，在纳粹政权设立的10000多个集中营、拘留所和灭绝站中，有300多个是专门关押女性的，仅在拉文斯布吕克（Ravensbrück）集中营，就有3000多名女性被训练成为看守。这就意味着女看守的总数是很多的。

女看守是一个总体概念，其中又有不同的种类，大体说来有狱警、看守、监工、舍长等。有的女性应聘到集中营担任秘书、护士、医生等职，既为集中营工作人员服务，也承担着看管犯人的任务。还有的人嫁给了集中营纳粹官员，并跟随其丈夫居住在集中营附近，参与甚至直接干预处理犯人事务，她们也可以被看作是女看守。

女看守内部有职务高低之分。级别最低的是从被关押女犯人中选拔出来的舍长，她本人也是囚徒，但因承担监督本宿舍犯人言行和劳动的职责，所以在囚徒当中具有一种特殊地位，掌握着一定的权力。而集中营纳粹官员的妻子则狐假虎威，享有诸多特权。

虽然党卫队首领和秘密警察头子海因里希·希姆莱（Heinrich Himmler）要求党卫队男性队员把女看守看作是平等的同志，但女看守并非纳粹党卫队队员，她们仅仅是被招聘的雇员，充其量是党卫队的女帮手。在集中营等级森严的规章制度之下，她们不能与党卫队男性队员平起平坐，而是要完全服从后者的领导，但若工作成绩突出也会受到嘉奖和提

---

[1] Wendy Adele-Marie Sarti, *Women and Nazis: Perpetrtors of Genocide and Other Crimes during Hitler's Régime*, 1933 – 1945, Bethesda-Palo Alto-Dublin: Academic Press, 2011.

拔。纳粹官员的夫人,特别是管辖集中营的最高长官的夫人却属于例外,不仅能够指使"耳朵软"的丈夫,一般党卫队队员也不敢冒犯其尊严。也有一些女看守风流成性,经常与某个或者多个党卫队官员保持着暧昧关系。

对于被关押在集中营的囚徒,这些女看守却有一定的自主权,可以比较随意地处置她们。尤其是在面对"低等种族"的囚徒时,女看守们往往会产生一种强烈的优越感和专制心理,就连那些监督女囚的小头目也会自觉高人一等,胆大妄为。

在集中营里,无论是党卫队队员还是女看守,大都把暴力看作管理囚徒、维持秩序的有效途径,只是运用的程度有高低、轻重的差异。而在当时的体制下,对待囚徒的方式越野蛮,就越容易受到嘉奖和提拔。

不少女看守利用多种方式羞辱、虐待、残害囚徒。拷问、搜查、强取囚徒的贵重物品是家常便饭,暴打、枪杀囚徒也司空见惯。还有人借科学研究的名义在囚徒身上实施化学和生物实验,甚或把囚徒当作性具加以玩弄,利用囚徒为自己的性变态助兴。还有的人参与了从囚徒中挑选"适合的"人去服劳役、充当实验品或者干脆送入毒气室的公务。她们同党卫队男队员一样,是纳粹政权虐待和屠杀囚徒的机器,还有的女性表现得比男性更"胜"一筹,以致在集中营和死亡营里流传着这样一句话:"男人们还是幸运的,没有遭受女魔头的虐待。"[1]

二 典型的"女魔头"

(一) 多罗蒂·宾兹——"安乐死"计划的助手

在拉文斯布吕克集中营里所有的女看守中,多罗蒂·宾兹赫赫有名。根据该集中营里的幸存者格特鲁德·图灵顿(Gertrude Tillion)所言:"多罗蒂·宾兹所到之处,都有魔鬼呼吸过的痕迹。"[2]

1920年3月16日,多罗蒂·宾兹出生于邻近拉文斯布吕克集中营的小城。学界对她的早期生活一无所知,只是知道在她十几岁的时候曾做过管家,后来做过厨子的学徒。在1939年8月,不知道是出于什么原因,

---

[1] Ann Jones, *Women Who Kill*, New York: Holt, Rinehart and Winston, 1980, p. 129.
[2] Daniel Patrick Brown, *The Beautiful Beast: The Life and Crimes of SS-Aufseherin Irma Grese*, Ventura, CA: Golden West Historical Publications, 1996, p. 32.

她为拉文斯布吕克集中营义务帮厨。这时她和集中营里的一名女看守成为好朋友，后者在该集中营帮其找到一份看守的工作。

多罗蒂·宾兹在1939年9月1日被雇佣，至1940年的时候，她已经在好几个集中营里工作过了。1943年的时候她又被调回拉文斯布吕克集中营，因为善于管理女囚而被升职为女监长。她一直从事这个行业，直到1945年被盟军逮捕。

多罗蒂·宾兹的外表十分美艳，不像她的行为那样凶神恶煞。金色的波浪长发，碧眼，简单说就是符合纳粹理想中的雅利安人种。拉文斯布吕克集中营里的幸存者迪尼斯·杜访（Denise Dufournier）是这样描述她的："她像一个小仙女一样，长着一张娃娃脸，但是她所到之处充满了紧张和寂静，空气仿佛都凝固了，我们的心脏也几乎停止了跳动。"其他人对宾兹的描述也是天使般的面孔，魔鬼一样的内心。[①]

见证者们证实了宾兹是集中营里最令人恐惧的看守之一。还有的幸存者证实宾兹会无缘无故地暴打犯人，有时候还会强行迫使她们之间发生性行为。她有时还会在被暴打折磨的囚徒面前，与其党卫队爱人相互爱抚，耳鬓厮磨。[②]

宾兹是根据纳粹的性别特征而行动，她变成一个堕落的性生物，利用职权来满足自己的性幻想。另一位幸存者证实宾兹和其上司埃德蒙·布劳宁（Edmund Brauning）有染，他们还观看鞭刑来为自己的爱欲助兴。驻守拉文斯布吕克集中营期间，宾兹还强迫女囚做妓女。在对她的庭审中，她承认曾选送几位女囚至纳粹的妓院中。[③]

宾兹喜欢拷打、虐待和戏弄集中营里的犯人。她总是牵着一条德国牧羊犬，拿着皮鞭、扛着枪出现在集中营，她会授意军犬攻击犯人。赫伯曼回忆，她因为在炉子里点火取暖而受到宾兹的惩罚："一位女看守带我到

[①] Denise Dufournier, *The Women's Camp of Death*, London: George Allen and Unwin, Ltd., 1948, p. 18. 转引自 Wendy Adele-Marie Sarti, *Women and Nazis: Perpetrtors of Genocide and Other Crimes during Hitler's Régime*, 1933–1945, Bethesda-Palo Alto-Dublin: Academic Press, 2011, p. 71。

[②] Germaine Tillion, *Ravensbrück: An Eyewitness Account of a Women's Concentration Camp*, Garden city, NY: Anchor Books, 1975, p. 68.

[③] Jack G. Morrison, *Ravensbrück: Everyday Life in a Women's Concentration Camp*, 1939–1945, Princeton: Markus Wiener Publishers, 2000, p. 117. 转引自 Wendy Adele-Marie Sarti, *Women and Nazis. Perpetrtors of Genocide and Other Crimes during Hitler's Régime*, 1933–1945, Bethesda-Palo Alto-Dublin: Academic Press, 2011, p. 71。

一间小黑屋里——死亡之屋,在这里宾兹对我拳打脚踢,两条大型军犬对我咆哮,其中一条还攻击了我。然后我被关到一个黑暗的地窖中,这里伸手不见五指,我只能抓住一根绳索。我感觉自己的脑子都不会转动了,在这一刻,我觉得比死了还难受。"①

迪尼斯·杜访也证实了宾兹经常带着两条大狼狗在身边,时刻准备着攻击别人。她还证实了宾兹经常拿着鞭子,喜欢教训生病和虚弱的人。迪尼斯·杜访认为,宾兹的格言就是"决不让一个犯人从她手底下活着出去"。宾兹还会暴打女囚致死,她觉得具有反抗行为的人也应被折磨死。这些反抗行为包括偷土豆、偷偷与其他的犯人聊天。宾兹还会无故用鞭子抽在女犯人的脸上,只是因为她不喜欢那样的长相。②

还有其他的例子,当宾兹沉浸在纳粹的暴行中不能自拔之时,不知为何被一名犯人给惹怒了。她强迫这名犯人躺在地上,用一把小手斧将此人的头颅砍下。还有一个案例,就是宾兹因为不喜欢一个女囚对她的态度,就对其施以鞭刑,直至将其抽死。即使在这名犯人死了以后,宾兹依然在血泊中狂舞,鲜血漫过了宾兹的靴子,在完成虐杀之后,她平静地走开了,留下一串血手印。还有一例,集中营中的10名囚徒拒绝参与医学实验,宁可接受死刑。她们发起的抗议得到了500名女囚声援,宾兹十分震怒,她命令将这10人处以死刑,其余帮助那些人藏匿的500名女囚处以长期监禁。③

如果以残忍和虐待狂作为女看守的评价标准,那么宾兹就是拉文斯布吕克集中营里的"星级看守"。她还负责训练其他的女看守,由于被灌输了仇恨教育,宾兹训练下的女看守都成了无情的杀人机器。她们还享受一定程度的"自治"——可以随意地折磨杀害犯人。在庭审中,宾兹承认自己射杀了200多名波兰囚徒。她于1947年5月2日被判处绞刑。

(二)胡安娜·鲍曼——虐待狂和杀人工具

赫莲娜·库珀(Helena Kopper)在其证词中说:"胡安娜·鲍曼是集

---

① Wendy Adele-Marie Sarti, *Women and Nazis: Perpetrtors of Genocide and Other Crimes during Hitler's Régime*, 1933 – 1945, Bethesda-Palo Alto-Dublin: Academic Press, 2011, p. 74.

② Denise Dufournier, *The Women's Camp of Death*, London: George Allen and Unwin, Ltd., 1948, pp. 18 – 19. 转引自 Wendy Adele-Marie Sarti, *Women and Nazis: Perpetrtors of Genocide and Other Crimes during Hitler's Régime*, 1933 – 1945, Bethesda-Palo Alto-Dublin: Academic Press, 2011, p. 73。

③ Germaine Tillion, *Ravensbrück: An Eyewitness Account of a Women's Concentration Camp*, Garden city, NY: Anchor Books, 1975, p. 69.

中营中最可恶的人之一，她负责管理服装部门，但她总是让一条大狗跟在身边，并用狗欺吓犯人。"①

胡安娜·鲍曼生于1893年9月10日，出生于东普鲁士，她从未结婚。在审判中她说自己参加党卫队虽然是为了赚钱，但是也想摆脱孤单、困苦的生活，而党卫队的工作是可以做到的。在成为看守之前，她曾在精神病院工作。在加入纳粹的时候，她参与了T4计划。②

1938年3月，为了丰厚的报酬，胡安娜·鲍曼以一名普通雇员的身份加入了党卫队。在集中营工作之后，她每月收入增加了150马克，这比她之前的工作都要赚钱。她最初在拉文斯布吕克集中营的厨房工作，后来成为女看守，以残忍和暴力成瘾而著称，而且她经常牵着一条大狗在身边。1943年5月15日，她被指派到奥斯维辛做助手，帮助选择可以充当医学实验对象的囚徒。有的幸存者回忆，胡安娜·鲍曼经常使用她的一条狗或几条狗来共同虐待囚徒。将狗作为女看守的工具是希姆莱的主意，他认为应给女看守配备军犬而不是枪，因为女人害怕军犬，一个女看守配一条军犬的威力比两个女警卫都大。在盟军空袭期间，希姆莱害怕集中营发生暴动，便将军犬训练得像野兽一般，以镇压任何动乱。

幸存者在胡安娜·鲍曼的审判中作证，她不仅让军犬攻击囚徒，还让这些畜生们撕咬活人直至死亡。不仅如此，她还用头发缠住一名新来的女囚，将其摔倒在地，让军犬来攻击女囚，将其咬得遍体鳞伤、血肉模糊。事后医生来检查这名女囚，发现她已经死了。在她的管辖区内，出现了大量被狗咬死的受害者。还有一个事例，胡安娜·鲍曼被派去看管一个负责挖战壕的女囚小组，她不喜欢管理这么少的人，心中的不悦便通过放狗咬人来发泄。不知是什么原因，她对一个18岁的女孩看不顺眼，便唆使狼狗攻击女孩，这名女孩最终因大量出血，伤口感染而死。

还有很多幸存者证实，尽管没有亲眼所见胡安娜·鲍曼的暴行，但是

---

① Sir David Maxwell Fyfe, *War Crimes Trials: Volume II. The Belsen Trial*, London: William Hodge and Company, Ltd., 1949, p. 208. 转引自 Wendy Adele-Marie Sarti, *Women and Nazis: Perpetrtors of Genocide and Other Crimes during Hitler's Régime*, 1933–1945, Bethesda-Palo Alto-Dublin: Academic Press, 2011, p. 77。

② Sir David Maxwell Fyfe, *War Crimes Trials: Volume II. The Belsen Trial*, London: William Hodge and Company, Ltd., 1949, p. 208. 转引自 Wendy Adele-Marie Sarti, *Women and Nazis: Perpetrtors of Genocide and Other Crimes during Hitler's Régime*, 1933–1945, Bethesda-Palo Alto-Dublin: Academic Press, 2011, p. 78。

也听说了不少她的凶残事例，比如她总是放狗攻击囚徒。还有的幸存者证实，若是胡安娜·鲍曼不满意囚徒的日常做工，就会放狗惩罚囚徒。军犬成为胡安娜·鲍曼权力的象征，有很多囚徒死于狗的攻击。一位女囚生病了不能工作，胡安娜·鲍曼不仅不同意她请假，还打掉了她两颗牙齿，随后放狗咬这名囚徒，最终造成了致命的伤害。她还会因为有的囚徒偷烂土豆、蔬菜而大发雷霆，将她们的牙齿打落。

在战后对其庭审时，尽管有律师辩护，但胡安娜·鲍曼还是被判死刑，她的军犬下场不明。

（三）伊尔玛·格雷泽——死亡天使

奥斯维辛和拉文斯布吕克集中营里的幸存者是这样描述伊尔玛·格雷泽的："美女和野兽的结合体、死亡天使。"①

这位金发碧眼的美女出生于一个混乱的家庭之中，母亲早逝，父亲再娶对她的影响很大。在她9岁的时候，就对希特勒的教义十分着迷，还组织了一群女孩支持希特勒。这种观念对她日后产生了极大的影响，纳粹对青少年的吸纳和教育影响了伊尔玛·格雷泽的一生。她的父亲不想让她卷入纳粹的意识形态之中，但她在家长的极力反对之下还是加入了德意志少女同盟。

在成为女看守之前，伊尔玛·格雷泽曾经做过店员、护士，后被集中营医生推荐为女看守。在集中营，她曾作为主管管理30个女看守和3万名囚徒。在奥斯维辛，她每天的任务是至少杀害30个犯人。1945年，她被任命为报告官和女监长。②

伊尔玛·格雷泽的女看守生涯充满了堕落、恐怖、极度残忍、双性恋和各种谋杀。她总是穿着整洁、头发利落，身边总带着一根鞭子。在集中营内，很少有同事视伊尔玛·格雷泽为敌人，她利用自己的美貌和吸引力同大家搞好关系。她在集中营内有很多情人，这包括男性党卫队成员以及女看守。在奥斯维辛的死亡集中营期间，她深爱着约瑟夫·孟盖里（Josef Mengele）医生，并且和他一起挑选医疗实验人选。在实验中，若有人试图逃跑，伊尔玛·格雷泽便会毫不犹豫地射杀或者是将其暴打一顿，再拖回

---

① http://en.wikipedia.org/wiki/Irma_Grese.
② Daniel Patrick Brown, *The Beautiful Beast: The Life and Crimes of SS-Aufseherin Irma Grese*, Ventura: Golden West Historical Publication, 1996, p.56.

实验场地。有的幸存者声称,伊尔玛·格雷泽是她们所见过最残忍的看守,若她发现有人帮助犯人,也会惩罚帮助者,无情地鞭打她们,有时还对这些人拳打脚踢。[1]

她很善于用大型犬来管理犯人,还有一个称号叫作"好莱坞明星",既因为她的外貌特征完全符合希特勒的优秀雅利安人标准,也因为她会毫不犹豫地将犯人送进死亡房间。她的恶行还包括强奸女囚徒。在庭审中,一名幸存者证明,伊尔玛·格雷泽曾抽出自己的皮腰带,狠狠地抽打一名女囚,用拳头打她的脸颊,在这名女囚晕倒之后仍对她拳打脚踢。这名女囚的脸变得又青又紫,她在医院里躺了三周才醒过来。若有的囚徒犯错误,伊尔玛·格雷泽就会迫使其做一些极限运动,例如长时间跪地、长时间举重石头,或者是暴打她们,一直打到自己满意为止。[2]

在监狱中,伊尔玛·格雷泽和一名犯人玛格达(Magda)建立了深厚的友谊,在她受到强暴犯人的指控时,玛格达站出来为她顶罪。伊尔玛·格雷泽从未打过玛格达,尽管有这样的友谊,玛格达还是证实伊尔玛·格雷泽是一个邪恶的虐待狂。她随意地和囚犯发生性行为,和她有过亲密接触的犯人会得到额外的照顾,如一些食物。由于她的风流成性,终于导致怀孕。她在集中营中找到一位女医生,是个犹太人。虽然明知道纳粹的纲领里不允许使用犹太医生,她还是请其为自己检查身体并实施流产手术。该医生指出,"在伊尔玛·格雷泽观看女性被虐待的场景时,会引起她的性欲"。"她同样也有一条极具威慑力并且作恶多端的狼犬。""她的爱好就是将女囚暴打在地,毫无生气,并苦苦求饶。"[3]

在战后的审判中,因为伊尔玛·格雷泽的美貌和暴行,她再次成为媒体的焦点。以至于很多人不相信,这么美的人居然能做出这等暴行。她将

---

[1] Raymond Phillips, *The Trial of Josef Kramer and Forty-four other* (*The Belsen Trial*), London: William Hodge and Company, Ltd, 1949, pp. 257 – 259. 转引自 Wendy Adele-Marie Sarti, *Women and Nazis: Perpetrtors of Genocide and Other Crimes during Hitler's Régime*, 1933 – 1945, Bethesda-Palo Alto-Dublin: Academic Press, 2011, p. 80。

[2] Sir David Maxwell Fyfe, *War Crimes Trials: Volume II, The Belsen Trial*, London: William Hodge and Company, Ltd., 1949, p. 247. 转引自 Wendy Adele-Marie Sarti, *Women and Nazis: Perpetrtors of Genocide and Other Crimes during Hitler's Régime*, 1933 – 1945, Bethesda-Palo Alto-Dublin: Academic Press, 2011, p. 131。

[3] Joy Erlichmann Miller, *Love Carried Me Home: Women Surviving Auschwitz*, Deerfield Beach, FL: Simcha Press, 2000, p. 139.

自己的罪过都归于希姆莱,认为她的恶事都是和党卫队男性队员一起做的。

(四)玛利亚·曼德尔——死亡集中营的"王后"

玛利亚·曼德尔1912年生于奥地利,她是最臭名昭著的几名女看守之一。她在26岁的时候加入了纳粹党,同年进入集中营工作。在初级的文员工作之后,她应征入选成为纳粹的女看守、党卫队的合同工。大家对玛利亚·曼德尔的描述是身材高挑、金发碧眼、没有瑕疵,她爱美也爱音乐。她还发明了一种惩罚犯人的新招:一击可以让女囚的鼻孔鲜血直流,同时也可以让鞭子抽到下巴。①

按照纳粹的标准,玛利亚·曼德尔是级别很高的繁育后代者,但是她的一生都没有结婚生子。事实上,工作和纳粹分子是她最亲近的家人。在完成文员工作之后,她被训练成了集中营的女看守。在这里,她拥有至少两名情人,还私自驯养了一匹马供自己娱乐。很多幸存者认为她虽然是女看守,却和男性一样生猛、野蛮。

玛利亚·曼德尔在集中营内参与了很多残忍的暴行。例如,她曾令集中营的女医生检查女囚的胎儿,以判定胎儿的种族性,结果导致母子双亡的悲剧。②

集中营的幸存者法尼亚·芬乃伦(Fania Fenelon)讲述了曼德尔和一个波兰小男孩的故事。一日,一些母亲和孩子被送到集中营,他们将要被送进毒气室。其中一个刚刚蹒跚学步的小男孩爬向曼德尔,令人惊讶的是,曼德尔没有将孩子一脚踢开,而是亲切地抱起他,亲孩子的脸,还将自己的脸贴在孩子的脸上。整整一个星期,她走到哪里都把这个孩子带在身边,给他巧克力吃,还给他舒服的衣服穿。但是突然有一天,孩子不见了。曼德尔亲自将孩子送进毒气室,以证明她对纳粹的信念和忠诚高于一切。党卫队无论男女都接受过这样"纯正"的教育,鼓吹纳粹的强硬和冷酷,对待敌人毫不手软,丝毫没有人性。③

---

① Richard Newman and Karen Kirtley, *Alma Rose: Vienna to Auschwitz*, Portland: Amadeus Press, 2000, p. 326.
② Cordelia Edvardson, *Burned Child Seeks the Fire: A Memoir*, Boston: Beacon Press, 1997, pp. 72 – 73.
③ Richard Newman and Karen Kirtley, *Alma Rose: Vienna to Auschwitz*, Portland: Amadeus Press, 2000, pp. 326 – 327.

第三章 德国女性与纳粹德国的对外扩张

曼德尔喜欢养"犹太宠物",在实质上,她对待这些"宠物"犹如玩具一样,按照自己的兴致随意地处置他们。她还收养过其他的犹太小孩,但是最后全部被她送往集中营。曼德尔的性格有一点矛盾,在她虐待完一名囚徒之后,会对其他的囚徒实施某种恩惠,理性和温柔地对待她们。例如有一个幸存者科迪莉亚·爱德华森(Cordelia Edvardson)讲述了一名小女孩向曼德尔求助,这在集中营里还是史无前例的。小女孩说自己很饿,随后曼德尔将她送进食物储备室,给了她一听罐头。这在集中营里是不可思议的事情,因为每天只是因为饥饿就有无数的人死亡。[1]

除了这种偶然的大发慈悲,曼德尔极度残暴和野蛮。她喜欢用自己的狼犬来吓唬囚徒,这样囚徒们就会被吓得到处乱跑,最后撞向电网而死,曼德尔很享受观看这样的场景。如果她觉得哪个囚徒看她的眼神是仇恨或者是邪恶的,那这名囚徒很快就会人间蒸发。关于将哪些人送进毒气室,她并没有明确的标准,她是执行死刑的代言人。她和孟盖里医生合作——他们一个有选择进死亡集中营名单的权力,一个是执行死刑的最后推手,两人被称为集中营的"雌雄双煞"。

曼德尔十分喜欢古典音乐,在集中营里她还和党卫队男看守长弗兰茨·胡塞乐(Franz Hoessler)成立了一支女子管弦乐队,演奏莫扎特和舒伯特的曲目。在演奏音乐的时候,悠扬的歌声安抚了囚徒和看守的心灵,在这一刻,即使是曼德尔也会露出人性的光辉。演奏管弦乐的囚徒们就像是获得了免死金牌。凡是会演奏乐器的囚犯都极力取得曼德尔及其同事的注意,希望能通过此途径在这个虎穴中活下来。曼德尔是女子囚徒管弦乐队的主事,她总是将管弦乐队的队员打扮得和别的犯人不一样,因此这些女囚被称为曼德尔的宠物。一个幸存者回忆道:"曼德尔甚至允许我们留长发,她希望我们穿得漂漂亮亮的。深蓝色的百褶裙,白衬衫、黑丝袜配外套。"一位名叫阿尔玛·罗斯(Alma Rose)的女士于1943年8月被送往集中营,因为她是奥地利著名音乐家古斯塔夫·马勒(Gustav Mahler)的侄女,自身也有很好的音乐修养,因此获得了曼德尔和胡塞乐的器重,受到特殊对待。她利用自身的优势挽救了很多生命,但她最后还是被送往毒气室。阿尔玛·罗斯死后,曼德尔陷入了极大的悲痛之中,甚至公开地

---

[1] Cordelia Edvardson, *Burded Child Seeks the Fire: A Momoir*, Boston: Beacon Press, 1997, pp. 72 – 73.

哀悼她。她还邀请女囚管弦乐队去河边追思阿尔玛·罗斯,这种事情在集中营是史无前例的。虽然曼德尔对犹太女音乐家的处理有点出格,但她还是获得了效忠纳粹、为纳粹服务的奖励。①

1944年的春天,曼德尔因其辛勤的服务获得了军队二等十字奖章,对于女看守而言,这是极大的殊荣。后来因为能力卓著,曼德尔被派往达豪和其他的集中营。她最终于1945年被盟军逮捕。在庭审中,面对自己制造的死亡事件,曼德尔并没有任何的忏悔之意。②

(五) 赫尔塔·欧博豪斯——邪恶的女医生

赫尔塔·欧博豪斯生于1911年5月15日,家住德国的科恩,她的父母是虔诚的基督教徒,家庭生活处于中低阶级。赫尔塔·欧博豪斯后来毕业于德国波恩医学院,成为一名医生。③

在随后的时间里,赫尔塔·欧博豪斯在杜塞尔多夫的医学专科学校里专攻传染病和皮肤病。在成为党卫队的定向医生之后,她有机会在更宽广的领域展开研究和实验,比起学校,党卫队可以提供更多的机会。

在她为党卫队医疗事业工作和集中营工作的那一刻,便放弃了救死扶伤的誓言,甚至是违背伦理道德的。欧博豪斯经常利用活人来实施医疗实验。无论是成人还是儿童,一旦被选择成为研究对象往往下场极惨。比如对骨头和肌肉的实验,就是在人还活着的时候,将其骨头用斧子劈开,研究内部成分。还有将神志不清的犯人的四肢截断,并注射进一些有毒的物质。在进行燃烧实验、冷冻和再回暖实验时,不给其注射麻醉剂和抗生素。④

纳粹政府在禁止动物实验之后,便开始对活人进行实验,党卫队也为纳粹的医疗事业提供源源不断的实验品。纳粹对动物权利和人权的观点,令大多数人都瞠目结舌。但是希特勒以及很多纳粹医生(如欧博豪斯)都

---

① Richard Newman and Karen Kirtley, *Alma Rose*: *Vienna to Auschwitz*, Portland: Amadeus Press, 2000, p. 302.

② Alexander V. Prusin, "Poland's Nuremberg: The Seven Court Cases of the Supreme National Tribunal, 1946 – 1948", *Holocaust and Genocide Studies* 24 – 1, Spring 2010, pp. 1 – 25.

③ Germaine Tillion, *Ravensbrück*: *An Eyewitness Account of a Women's Concentration Camp*, Garden city, NY: Anchor Books, 1975, p. 76.

④ Trials of War Criminals before the Nuremburg Military Tribunals under Control Council Law No. 10 Nuremberg, October 1946 – April 1949, Washington, D. C. 转引自 Wendy Adele-Marie Sarti, *Women and Nazis*: *Perpetrtors of Genocide and Other Crimes during Hitler's Régime*, 1933 – 1945, Bethesda-Palo Alto-Dublin: Academic Press, 2011, p. 174。

觉得自己是卓越的、关爱生命的，只是对待纳粹政府所设定的"敌人"的时候，才会像秋风扫落叶般无情。欧博豪斯医生在对待实验者时十分冷酷，不会对他们进行任何的医疗救助、麻醉或是护理。若是这些实验者有幸能挺过实验，他们也会被欧博豪斯处死。这不仅是出于财政原因，也是要掩盖自身的罪行。像欧博豪斯这样对人体展开实验的医生大有人在，因为他们早已不把"国家的公敌"当作人类来看待，而是将其看作一群受监禁的"低等种族"。

在党卫队掌管的医院里，他们允许欧博豪斯及其他的医生对人体进行活体解剖，这种行为是史无前例的。1935年，欧博豪斯作为德意志少女同盟的女医生，关注年轻人的健康状况。1937年，她加入纳粹党。作为拉文斯布吕克集中营的志愿者，在这里她也为德国武装部队进行了几次医学实验。1943年6月，欧博豪斯来到霍亨里亨（Hohenlychen）集中营，作为另一名党卫队医生的助手。作为一名纳粹医生，欧博豪斯并不是党卫队的一员，因为她是女性，但是，她被认为是十分重要的和很有价值的党卫队雇员。事实上，她所做的工作和男性党卫队医生所做的工作是一样的，但她的性别使其工作的价值及其岗位的重要性大打折扣。

在拉文斯布吕克集中营和霍亨里亨集中营期间，欧博豪斯对犯人们进行了一些极其残忍和惊世骇俗的医学实验。她的长官命令她负责一些特殊的任务，欧博豪斯便服从指令。她的任务就是挑选一些看上去健康的年轻犯人作为医疗实验的对象，主要适用于外科手术及术后的护理实验。欧博豪斯医生在实验室十分残忍粗暴，利用犯人作为自己奇思怪想的医学实验品。

目击者证实，欧博豪斯在选择犯人的时候，将他们标注为"兔子"或是"几内亚猪"，在这种事情上，欧博豪斯和男性党卫队医生具有同等的权力。所以，在评估欧博豪斯的罪行时，也不能因性别而给予其特殊的待遇。

欧博豪斯和其他的党卫队医生在纳粹的蛊惑下，觉得任何为保护国家和日耳曼人的实验都是必要的，也是没有界限的。欧博豪斯迫使很多囚徒参加令人发指的实验，也杀害了很多的犯人，包括儿童，向其身体里注射油和化学原料。[1]

---

[1] Germaine Tillionx, *Ravensbrück: An Eyewitness Account of a Women's Concentration Camp*, Garden city, NY: Anchor Books, 1975, p. 76.

欧博豪斯在犯人身上涂抹磺胺，观察其反应。这项实验是为了在前线受伤的士兵而进行的。为了实验，欧博豪斯会故意给犯人造成不同程度的创伤。她还利用一种病菌治疗坏疽病，为此，她会故意给犯人注射这种疾病的病菌，在其身上进行实验观察。为了迅速地得出结论，她用剃头刀、碎玻璃、烂指甲等其他的肮脏、尖刻的材料污染伤口以使其加速溃烂。[1]

幸存者玛格丽特·布伯（Marguerite Buber）讲述了欧博豪斯在年轻的波兰女士身上进行实验，通过手术将骨头、肌肉和神经移除，在不同的犯人之间观察排异。她还在集中营实施一种清洗实验，力图找到一种方式可以快速并且廉价地消灭一大批人。这种实验是违背囚徒的意愿的，特别是大量地清洗了女性。这种实验包括手术、药物、放射及其他的侵入性手段，很多犯人因此而死亡或者是毁容。由于实验品源源不断地被送到集中营实验室，所以直到战争结束之前，欧博豪斯等医生都在继续其"科研工作"。[2]

三 女看守犯罪的原因和动机

很多女看守在战后受到审判，拒绝为自己在集中营和屠杀机构的所作所为负责，不承认自己有罪。她们声称自己只是奉命行事，身不由己，没有别的选择；她们必须完成上级的指示，发表不同的意见甚或违背命令是十分危险的事情，会被看成国家的敌人，招致杀身之祸，等等。然而，温迪·阿德勒—玛丽亚·萨蒂用大量事实证明，她们是完全自愿而不是被迫地虐囚、屠囚和参与大屠杀的。

大多数女性是看到纳粹党在报纸上刊登的广告或者通过别人介绍而主动应征的，她们是自愿到集中营成为女看守的，并非受到纳粹的胁迫或威胁。有一些人出身于较低的社会阶层，她们选择做看守，大概主要是出于经济考虑，把这份工作看作谋生的手段。即使原先有工作，有的人也愿意转行做看守，主要是期望获得更高的收入，过上更舒适的生活。这些人都

---

[1] Trials of War Criminals before the Nuremburg Military Tribunals under Control Council Law No. 10 Nuremberg, October 1946 – April 1949. Washington, D. C. Section E. 转引自 Wendy Adele-Marie Sarti, *Women and Nazis: Perpetrtors of Genocide and Other Crimes during Hitler's Régime*, 1933 – 1945, Bethesda-Palo Alto-Dublin: Academic Press, 2011, p. 176。

[2] David A. Hackett (ed.), *The Buchenwald Report*, Boulder: Westview Press, 1995, pp. 337 – 339.

是普通德国人，没有多少高的政治觉悟，更不曾参与过政治活动，并不特别仇恨"人民公敌"，与犹太人也没有很深的过节。只有很少一部分人早早加入了纳粹党，积极响应纳粹党和国家的号召，乐意到艰苦的地方从事比较困难的职业。然而，无论哪一种人，一旦参与集中营里的工作，就自觉不自觉地卷入了纳粹德国邪恶的政治生活，就有可能成为希特勒和纳粹党的刽子手。

那么，如何解释女看守们的犯罪原因和动机呢？是什么让这些普通德国人变成了连环杀手？

毫无疑问，希特勒和纳粹党的宣传和教育在这里发挥了重要作用，这些宣传教育毒化女看守们的心灵，扭曲了她们的世界观和价值观，使她们丧失了良心。希特勒和纳粹党动用各种各样的手段，大肆宣扬民族主义和种族主义，疯狂鼓吹反犹主义，致力于培养人们"对敌人的仇恨"，并以丰厚的回报为诱饵，鼓励人们实施暴力，这就从思想上和物质上为女凶手的犯罪行为奠定了基础。这些女凶手没有一个不是听信纳粹党的宣传的，她们完全接受了纳粹主义意识形态，无比效忠于纳粹党和国家。她们相信德意志民族是世界上最优秀的民族，纳粹主义是绝对真理，纳粹德国神圣不可侵犯，在押囚徒政治犯是"叛国贼"，犹太人和吉普赛人是"劣等民族"，刑事犯、同性恋者和残疾人是"人渣"，毫无生存价值，应该被彻底清除。

有的女看守也因为极其残暴而获得了相应的提拔，这就更加助长了她们的嚣张气焰。有的人为了得到嘉奖和提拔，不惜采用最野蛮、最奇特的方式虐待囚徒。对犯人使用暴力也意味着获得党卫队的认可和鼓励。纳粹主义煽动普通的德国女性去消灭德国的"敌人"，因为纳粹鼓励大家去侮辱、虐待、谋杀的人群是不值得生存的，这种思想在党卫队成员和女纳粹分子的心中特别强烈。

女凶手的残暴也与其在集中营和死亡营工作的特殊工作岗位和心理变态有密切关系。集中营特殊的政治、军事和社会氛围，为女刽子手的犯罪提供了"有利"条件。即使是最普通的人，只要条件允许也会变成女魔头和刽子手。即使她们原本不是这样的人，在纳粹的体制内也会变得残暴。

女看守在面对囚徒的时候，经常会产生一种对自己的认可，会产生居高临下、高人一等、妄自尊大的优越感和专制心理，也经常通过发号施令，为所欲为，来体验当主人的乐趣。她们把虐待、拷打、折磨囚徒看作维持秩序、树立自己的威望与彰显个人的权威的最好手段，不仅要使囚徒感受到身体上的痛苦，而且还要感受到精神上的痛苦，让她们感到渺小、无助和绝望，通过羞辱和贬低她们，摧毁其尊严、意志，令其顺从。

还有一些女杀手生性残忍、冷酷，有强烈的控制欲和暴力倾向。她们把观看别人的痛苦当作开心事，以射杀囚徒为娱乐运动，千方百计地从惩罚、虐待和杀害囚徒中寻求刺激和快感。还有一些女杀手具有恋童癖、裸露癖、窥淫癖等性反常倾向，利用自己所管辖的囚徒，完成自己的各种变态的性幻想。这种性幻想引发的冲动，使得这些患上性反常的人，一次又一次地想要真实再现自己的幻想。那些饱受折磨的囚徒，就要痛苦地完成变态者们的幻想情景。

这些女性也证明了只要被赋予权力和机会，任何人都可以变成残暴的杀人犯，无论多么丑陋邪恶的欲念都可以付诸实践。

第四章

基督教女教徒与纳粹运动

第二次世界大战结束之后，战胜国于1945年11月20日至1946年10月1日在德国纽伦堡举行国际战争犯罪审判，有21名"主要战犯"被推上审判台，而在这21人当中又有16人是福音派教徒，这个高比例的数字在一定程度上暗示了福音派教徒与纳粹运动的密切关系。那么，同样信奉福音派的德国女性在纳粹运动中又扮演了何种角色呢？她们的宗教信仰是否能够保证她们的人格和道德纯洁、正直、善良，抑或恰恰相反？

与福音派教会不同，天主教会对外宣称天主教徒很少加入纳粹党，更没有人成为其骨干分子。相反，若干天主教徒敢于公开站出来批判纳粹政权，以至于后者将他们视为最主要的敌人之一，疯狂逮捕、关押天主教神职人员和普通教徒。在达豪集中营，被关押的天主教人士多达411人，有8名天主教徒被判处死刑，其中3名天主教徒的死刑得以执行；还有47名天主教徒被送往其他更"高级"的集中营；99名天主教徒被判终身监禁；163名天主教徒被拘留审查。[①] 那么，天主教会是如何抵抗纳粹政权的？天主教徒真的如其所说没有与纳粹政权同流合污过吗？

还有，德国女性又是如何从其各自的宗教信仰出发看待纳粹运动的？在纳粹统治下，信奉福音派的德国女性和信奉天主教的德国女性的思想观念和行为方式是否大不相同？

第一节 基督教会官方和普通教徒的总体态度

自16世纪宗教改革以来，基督教一分为二，福音派与天主教并存，

---

① Richard Steigmann-Gall, "Religion and the churched", in: Jane Caplan (ed.), *Nazi Germany*, London: Oxford University Press, 2008, p. 159.

绝大多数德国女性也分属福音派和天主教两大阵营。

经过数百年的分裂，至1871年，德国终于在普鲁士容克贵族兼首相奥托·冯·俾斯麦（Otto von Bismarck）的带领下实现了统一，建立了德意志帝国（Deutscher Kaiserreich）。普鲁士国王威廉一世（Wilhelm Ⅰ）成为新帝国的首位皇帝，定都柏林。然而政治统一并不意味着宗教统一，德国的基督教依然分裂为福音派和天主教两大派，各自拥有众多教徒，其信奉的教义、教规以及遵循的礼仪各不相同，世界观和政治观也大相径庭。相比之下，福音派势力较为强大，不仅人数较多，而且因为国家统一是由信仰福音派的普鲁士完成的，福音派也在统一后的德国中占据着主导地位。

在德意志帝国建立之初，首相俾斯麦致力于推广福音派教义和福音派文化，把福音派精神奉为德意志民族和国家的核心价值观。而德国南部和西南部巴伐利亚、符腾堡、巴登等地的分离主义者，以及波兰和阿尔萨斯的天主教徒则聚集在天主教中央党周围，千方百计与帝国政府进行对抗，极力维护天主教教会的政治影响和天主教徒的权益。为了维护普鲁士容克贵族的统治地位和国家统一，俾斯麦发动了所谓的"文化斗争"（Kulturkampf），颁布了一系列反教权主义的法律，力图将天主教会置于国家管理之下。[①] 然而，"文化斗争"不仅没有达到预期目的，反而引起德法危机，招来英俄的强烈不满，加上国内经济衰退和社会主义运动日益强大，俾斯麦不得不"走一段去卡诺莎的路"[②]，与天主教会和解，联合一切敌视工人阶级的力量，共同抵御外国列强的威胁，反对社会主义。

在德意志帝国时期，福音派教会内部的反动—保守势力不断增强，许多福音派团体把族民的、民族主义的和种族主义的思想观念置入传统的教派化基督教之中，力图把它改造成为一种"独特的"族民宗教，消除唯物

[①] 例如1871年的《布道规章》禁止教士利用讲坛发表政治观点；1872年的《学校监督法》和《耶稣会士法》使全部教会学校接受国家监督，并将耶稣会士赶出德国；1874年的《平民结婚法》规定全国一律采用世俗结婚仪式；1875年又宣布解散所有教团。1873年普鲁士邦公布的《五月法律》规定，只有本邦的、经过德国大学学习并通过考试的人才有资格取得教职；所有教会教育机构处于国家监督之下；教会权力受王家法院的监督。

[②] 参见陈振昌、相艳《德意志帝国》，三秦出版社2001年版。

第四章 基督教女教徒与纳粹运动

主义的犹太教的过度影响,使基督教彻底日耳曼化。① 具体地说就是废除《旧约》和被犹太人污染了的基督教义,在福音派的基础上,创立"德意志基督教"。

在第一次世界大战期间,德国的福音派教会积极支持本国政府的战争政策,认为国家政策讨上帝欢心,上帝站在自己一边,对手是中了魔。但在1919年帝制结束、魏玛共和国宣告成立之后,社会民主党与德意志民主党(Deutsche Demokratische Partei,DDP)和天主教中央党(Deutsche Zentrumspartei)组建联合政府,天主教势力在德国占据了优势地位。福音派原先的那种与国家政府紧密的联系已经不复存在了,福音派教会失去了他们的最高级主教(summus episcopus, obersten Bischof)职位,教会的财政补助力度不复从前,教会学校的存在也受到威胁。许多福音派教徒极为不满,认为魏玛政府是不可以托付和信任的,并因此提出了一系列抗议。政府虽然做出了若干妥协,还是没有使福音派教徒满意。他们谴责政府左派和自由派政教分离政策,痛心于魏玛共和国时期世风日下,力图回到过去福音派政权的鼎盛时期。还有一些派别宣扬种族和族民观念,支持反犹主义,极力要求去犹太教,建立德意志基督教和没有教派分别的"族民教会"(Volkskirche)。

纳粹运动兴起后,许多福音派神职人员和普通教徒对此表现出了极大的兴趣。

纳粹党在宗教问题上的最终目标是用纳粹主义信仰取代宗教信仰,但是希特勒看到"在以往的全部历史经验中,一个纯粹政治性的党派要进行宗教改革是从来没有成功过的"(《我的奋斗》)。因此,他坚决反对自由思想和唯物主义,认为"不信教的人""怀疑论者"和"持批评态度者"不可容忍,必须加以铲除。他也极其厌恶福音派教会和天主教会两大教会相互之间和各自内部的争斗,主张取消教派区别,克服教派争斗,使"天主教徒和福音派教徒能够团结起来",建立一种"积极的基督教"(Positives Christentum),一种无须接受教会教义束缚、抛弃原罪和堕落观念、否

---

① Rainer Lächele, "Germanisierung des Christentums-Heroisierung Christi", in: Stefanie von Schnurbein, Justus H. Ulbricht (Hrsg.), *Völkische Religion und Krisen der Moderne. Entwürfe "arteigener" Glaubenssysteme seit der Jahrhundertwende*, Königshausen und Neumann GmbH, Würzburg 2001, S. 165–183.

认谦逊的美德、强调民族主义和"德国拯救者"的角色的基督教。①

希特勒自己则表现为一个充满种族主义和反犹主义思想的基督教徒,他在1922年的一次演讲中说:"我告诉你们:我的基督教感情引导我向着主和救世者,让我成为斗士,他向我表明,他就是曾经孤独地……认清了这些有犹太人并号召与他们斗争的人,真正的神不是最大的忍受者,而是最大的斗士!怀着无边的爱,我作为基督徒和人通读了《圣经》中描述主如何振奋起来拿鞭子把那些高利贷者赶出神殿的章节……两千年前,有一个人也被这同一种族出卖……他反对的是犹太人的'上帝',而这个上帝就是金钱。"②

许多主张建立德意志基督教的福音派神职人员和普通教徒都积极支持纳粹运动,不少牧师还加入纳粹党。③ 特别是在1929年经济危机爆发后,他们更是把所有的希望都寄托在希特勒身上,视他为"救世主"。希特勒则承诺,那种旧式的、保守的、基督教的、家长式的德意志帝国,会在他的带领下复兴。1932年,一群亲纳粹的福音派教徒成立了"福音派纳粹党"(Deutsche Evangelische Kirche),大肆宣扬民族主义和反犹主义,支持希特勒和纳粹党的专制独裁政纲。④

在魏玛共和国时期,德国大多数天主教徒集中在中央党和巴伐利亚人民党(Bayerische Volkspartei, BVP)周围。他们虽然接受了魏玛共和国,但依然是坚定的君主论者,反对现代化,反对自由主义、社会主义和共产主义,某些神职人员也谴责法西斯主义和纳粹运动。1917—1929年,教皇信使尤吉尼奥·帕切利[Eugeneo Pacelli,他在1939年当选为教皇,称作庇护十二世(Pius XII),1939—1958年在位]发表了44次有关德国的讲话,其中有40次是谴责纳粹主义的。他称希特勒是假先知、破坏者,自我膨胀,迷信种族血统,是个能令僵尸惊跳起的人;基督教与纳粹主义水火不相容、无法调和。德国很多地方的天主教会颁布命令,禁止天主教徒加入纳粹党,也禁止纳粹党员参加天主教会的活动。美因茨大主教甚至拒

---

① 希特勒在1928年的讲话。
② 希特勒1922年在慕尼黑演讲。
③ Douglas S. Bax, "The Barmen Theological Declaration: Its Historical Background", *Journal of Theology for Southern Africa*, June 1984, p. 13.
④ Victoria J. Barnett, *For the Soul of the People: Protestant Protest Against Hitler*, New York: Oxford Press, 1992, p. 32.

绝纳粹党员参加天主教的圣礼和圣餐仪式。① 大多数的天主教神甫和普通教徒也都不赞成纳粹党肆无忌惮的反犹主义论调，反对纳粹党动辄使用暴力威逼选民投票支持自己的做法。天主教周刊《光明大道》（Der Gerade Weg）直言不讳地指出纳粹主义的危险性，将纳粹主义看作洪水猛兽，声称：它"将憎恨我们的邻居、实施暴政、发动国内战争，甚至是世界大战。纳粹主义的本质是欺骗、憎恨、杀害兄弟、无休止的骚扰……阿道夫·希特勒已经在他的《我的奋斗》中，批准了撒谎的权力……德国人完全不知道为什么一个人跟着社会潮流就学会欺骗他人的原因……你，你就是纳粹暴政的牺牲品，警醒吧！……我们要关心德国的未来、孩子们的未来……如果兴登堡和鲁登道夫失败了，不要相信希特勒的话……这个政党太黑暗和堕落了，以至于任何一个有理性的人是不可能支持它的。我们代表着基督的自由，上帝不会赋予任何人不讲道义的权力"。②

但在经济危机爆发后，不少天主教徒改变了对纳粹党的看法，好感陡增。在1932年3月13日总统选举时，有一些天主教徒甚至散发传单，呼吁："天主教徒选天主教徒阿道夫·希特勒！"天主教政党中央党更为希特勒和纳粹党篡夺国家政权立下汗马功劳。从1919年到1932年，这个政党参加了魏玛共和国历届政府的组阁，但却越来越支持反动政策。中央党要同一切鼓吹政教分离和无神论的人作斗争，更要与社会民主党和共产党作斗争，因此其在1932年就已经与纳粹党取得了禁止自由思想运动等成果，希特勒上台也是得力于中央党的。

在1932年7月31日的国会选举中，纳粹党获37.4%的选票，一跃成为国会第一大党。希特勒要求出任总理，但被兴登堡总统拒绝。纳粹党旋即同仇视时任政府总理的弗兰茨·冯·巴本的中央党联合，8月30日，两党议员一起选举纳粹党头目之一的戈林（Hermann Wilhelm Göring）出任国会主席。天主教中央党的领袖路德维希·卡斯（Ludwig Kaas）更是积极开展了与纳粹党的谈判，企图与纳粹党合作建立工人议会。③

1933年1月30日，希特勒被兴登堡任命为国家总理，纳粹党成为执

---

① Matthew Bunsen, "Catholic Martyrs of the Holocaust", The Rock, November, 2008. http://www.catholic.com/magazine/issues/volume-19-number-9.

② James Donohoe, Hitler's Conservative Opponents in Bavaria 1930–1945: A Study of Catholic, Monarchist, and Separatist anti-Nazi Activities, Leiden: E. J. Brill, 1961, p. 36.

③ http://en.wikipedia.org/wiki/Ludwig_Kaas.

政党，德国进入纳粹极权统治的时代。

大批福音派教徒赞誉这一任命是上帝提供的一个"救赎"。许多州教会举行了庆祝和感恩活动，德意志基督徒更是在教堂上悬挂纳粹党的万字旗，并视之为"德意志希望的象征"。[①] 福音派神学家保罗·阿尔特豪斯（Paul Althaus）宣布："我们福音派热烈欢迎历史的转折点的到来，1933年是上帝赐予德国人的如同奇迹般的礼物"。[②]

还有一些福音派教徒担任了纳粹政府高级职务，例如沃尔特·布赫（Walter Buch）出任最高法院院长；汉斯·沙蒙（Hans Schemm）成为纳粹教师联盟主席；虔诚的福音派教徒马丁·鲍曼（Martin Bormann）成为纳粹党秘书长、希特勒的私人秘书，他掌握着纳粹党的钱袋子，人称"元首的影子"。在纳粹政权垂死挣扎的最后日子里，鲍曼成了仅次于希特勒的第二号重要人物——纳粹党总部主任。福音派又有机会再次参与到国家的事务中了。福音派内部普遍呈现出得意扬扬之态，奇迹似乎正在发生。"在上帝的安排之下，我们伟大的德国又将经历一次崛起，福音派将是这次崛起中的中坚力量。"[③]

希特勒则在1933年4月任命东普鲁士的福音派牧师路德维希·米勒为他的"教会问题特使"。米勒改变基督教原教义，在新德国基督教中加入反犹太人内容。一份备忘录记载了1933年4月柏林中央会议的记录，德国福音派最高委员会捍卫德国的反犹政策，并主张政府的排犹行径是可以理解的，抵制犹太人的生意也是德国教徒的应有之义。[④] 1933年7月14日，在希特勒的支持和路德维希·米勒的努力之下，德意志福音派教会同盟（Deutschen evangelischen Kirchenbundes）被"德意志福音派教会"（Die Deutsche Evangelische Kirche，DEK）所取代，后者整合了30个州教会，致力于帮助纳粹党实行国家、宗教、民众的一体化。[⑤]

同样在希特勒的推波助澜下，"福音派纳粹党"改名为"德国基督教

[①] Klaus Scholder, *Die Kirchen und das Dritte Reich*, Band I, Berlin: Propyläen, 1977, S. 278f.

[②] Paul Althaus, *Evangelium und Leben: Gesammelte Vorträge*, Gütersloh: C. Bertelsmann, 1927, S. 92. S. 186

[③] Victoria J. Barnett, *For the Soul of the People: Protestant Protest Against Hitler*, New York: Oxford Press, 1992, p. 35.

[④] Wolfgang Gerlach, *And the Witnesses Were Silent: The Confessing Church and the Persecution of the Jews*, Lincoln: University of Nebraska Press, 2000, p. 56.

[⑤] http://en.wikipedia.org/wiki/Protestant_Reich_Church.

徒党"（Deutsche Christen，DC），先是在图林根建立，后来又在德意志福音派教会内部赢得了几个州教会的领导权；在福音派教会老普鲁士联盟的长老会（Presbyterien der Evangelischen Kirche der altpreußischen Union）中获得了 1/3 的议席。① 德国基督教徒党代表了德国福音派内部的一股种族主义、反犹主义和以"元首原则"为导向的思潮，它大力鼓吹建立"雅利安基督教"，声称德意志是上帝新拣选的民族，希特勒是德国的弥赛亚，也是上帝拯救德国的启示。② 它还强烈地认同纳粹党的纯净雅利安民族的政策，拒绝与犹太人通婚。③ 它掀起了一场"德意志基督教徒教会运动"（Kirchenbewegung deutsche Christen），吸纳了 100 多万名成员，其中包括全德国 1/3 的福音派牧师。

1933 年 9 月 6 日，在德意志福音派教会的宗教会议上，希特勒提名路德维希·米勒作为国家主教的候选人，有接近 2/3 的与会代表投票支持米勒出任国家主教。④ 米勒认为自己具有神授的权力来辅佐希特勒，帮助其完成复兴德国的大业，支持纳粹党将福音派一体化的努力。1933 年 12 月 20 日，他擅自与希特勒青年组织的领导人巴尔德尔·冯·席拉赫签署协议，将原属于德国福音派青年工作社（Evangelischen Jugendwerk Deutschlands）的福音派青年组织（die evangelischen Jugendverbände）合并入希特勒青年团（Hitler-Jugend）。所有拒绝加入希特勒青年团的人都遭到了排斥。⑤

纳粹政权利用经济刺激计划使数百万失业者重新获得了工作，德国经济逐渐走出危机。它对左翼势力的打击也缓解了很多基督徒对德国有可能走上俄国式道路的恐惧。希特勒的"治国方略"吸引了接近 80% 的福音派教徒的支持。很多福音派教徒将希特勒看作是上帝在德国的化身，德国

---

① Klaus Scholder, *A Requiem for Hitler and Other New Perspectives on the German Church Struggle*, London: SCM Press/ Philadelphia: Trinity Press International, 1989, p. 98.

② Douglas S. Bax, "The Barmen Theological Declaration: Its Historical Background", *Journal of Theology for Southern Africa*, June 1984, p. 14.

③ Victoria J. Barnett, *For the Soul of the People: Protestant Protest Against Hitler*, New York: Oxford Press, 1992, p. 128f.

④ Victoria J. Barnett, *For the Soul of the People: Protestant Protest Against Hitler*, New York: Oxford Press, 1992, pp. 33 – 34.

⑤ Thomas Martin Schneider, *Reichsbischof Ludwig Müller: Eine Untersuchung zu Leben, Werk und Persönlichkeit*, Göttingen: Vandenhoeck & Ruprecht, 1993, S. 157.

未来的唯一希望。① 有一位名叫保罗·汉堡格（Paul Hamburg）的牧师为希特勒写了一首赞美诗，称他是德国的救世主，"他带领我们走出耻辱，赢得了我们的信任"。② 巴伐利亚州福音派主教汉斯·迈塞尔（Hans Meiser）在1933年4月13日发出通知，要求各教堂在16日的复活节祈祷时宣读以下声明："一个重新开始按照上帝的戒律管理的国家不仅仅应该得到教会的掌声，而且应该得到教会喜悦而实际的合作。教会满怀感激与喜悦地体会到，新的国家在抵制对上帝的亵渎，反对非道德，强力维护秩序与规矩，召唤对神的敬畏，坚持婚姻的神圣，对青年进行精神教育，重新敬仰父辈的功绩，不再侮辱对人民和祖国的爱，而是要在成千上万人的心里点燃这种爱……我们只能请求教会的成员，为使强大的建设力量……顺利取得胜利而严肃自愿地尽力。"③ 1933年9月，德国福音派执事在汉堡庆祝其组织的百年大庆。一位福音派牧师对其同事发表了题为《执事也是一种抵抗力量》的演讲，声称："在座的各位都是福音派的执事，我们有义务为国家服务和战斗。我们向你们这些在冲锋队和党卫队中担任职位的福音派成员致敬。"④

1933年11月13日，德意志基督教会在柏林体育馆举行群众集会，主持人莱茵霍尔德·克劳瑟（Reinhold Krause）建议摒弃作为"犹太畜生和乌龟之书"的《旧约》，使耶稣的教导"完全符合民族社会主义的需要"，将基督教与民族社会主义结合起来。他还主张"一个民族、一个国家、一个信仰"，要求全体牧师宣誓效忠于希特勒，并高举"雅利安条款"，将犹太人驱逐出教会。⑤ 约2万名德意志基督教徒表示支持。⑥ 1933年11月15日，超过1000名路德派修女相聚在纳粹的十字标志之下。柏林的主教演

---

① Victoria J. Barnett, *For the Soul of the People: Protestant Protest Against Hitler*, New York: Oxford Press, 1992, p. 16.

② Wolfgang Gerlach, *And the Witnesses Were Silent: The Confessing Church and the Persecution of the Jews*, Lincoln: University of Nebraska Press, 2000, p. 8.

③ http://bbs.tianya.cn/post-worldlook-246266-1.shtml.

④ Wolfgang Gerlach Victoria J. Barnett, *And the Witnesses Were Silent: The Confessing Church and the Persecution of the Jews*, Lincoln: University of Nebraska Press, 2000, p. 25.

⑤ Reinhold Krause, Vollständige Rede im Berliner Sportpalast im Wortlaut (dokumentiert vom Otto-Suhr-Institut).

⑥ Douglas S. Bax, "The Barmen Theological Declaration: Its Historical Background", *Journal of Theology for Southern Africa*, June 1984, pp. 15–16.

讲中有一句:"请允许我将修女们比作冲锋队员。"① 他这样说并不是巧合,因为修女们为了向纳粹党致敬,刻意将站队的布局排列成纳粹的十字标志的样子,可以想象,千余人组成的十字标志是多么壮观。

福音派教会其他领导人也表示效忠国家。1934 年 1 月 25 日,德国福音派教会领袖晋见希特勒,并向他表达了对国家的忠诚。1935 年,图林根的牧师为希特勒祈祷:"上帝请用您强大的臂膀保护我们的民众和国家。保护我们的元首可以顺利地实行他的计划,用您慈悲的心唤醒德国的民众,让他们对国家忠诚、团结,请允许纯洁的德国人成为德国的新生"。②

然而,并不是所有的福音派教徒都是如此狂热。"雅利安条款"正式颁布后,达勒姆的福音派牧师马丁·尼默勒(Martin Niemoller)和神学家迪特里希·邦赫费尔(Dietrich Bonhoeffer)等人立即组建"牧师应急同盟"(Pfarrernotbund),呼吁全德国的牧师进行抵抗。③ 到了 1934 年 1 月,加入"牧师应急同盟"的牧师超过 7000 名,约占全国牧师人数的 37%④。他们联合成立了只承认基督为教会最高首领、只忠于《圣经》及"宗教改革"传统的"认信教会"(Bekennende Kirche),将德意志基督教徒当作异端而排除在教会共同体以外。⑤⑥

1934 年 5 月中旬,神学家卡尔·巴特(Karl Barth)与另外两位神学家在法兰克福草拟了一份神学共同认信宣言,并提交到同月 31 日在巴门召开的福音派教会会议上,被 139 位来自 18 个认信教会的代表制成认信教会的重要神学依据,号称《巴门宣言》(Barmer Theologische Erklärung)。《巴门宣言》引用《约翰福音》第 14 章第 6 节及第 10 章第 1、9 节,表明基督教《圣经》是上帝唯一的道;基督教徒无论生死,都要听从、相信及

---

① http://www.catholicapologetics.info/apologetics/protestantism/hitler.htm.
② Susannah Heschel, *The Arayn Jesus: Christian Theologians and the Bible in Nazi Germany*, New Jersey: Princeton University Press, 2010, p. 123.
③ Klaus Scholder, *A Requiem for Hitler and Other New Perspectives on the German Church Struggle*, SCM Press and Trinity Press International, 1989, p. 101.
④ Klaus Scholder, *The Churches and the Third Reich. The Year of Disillusionment: 1934 Barmen and Rome*, Vol. 2, London: SCM Press, 2012, p. 22.
⑤ Douglas S. Bax, "The Barmen Theological Declaration: Its Historical Background", *Journal of Theology for Southern Africa*, June 1984, pp. 18 – 19; Victoria J. Barnett, *For the Soul of the People: Protestant Protest Against Hitler*, New York: Oxford Press, 1992, p. 35.
⑥ Douglas S. Bax, "The Barmen Theological Declaration: Its Historical Background", *Journal of Theology for Southern Africa*, June 1984, p. 18.

顺服它；拒绝接受"德国基督教"所传的"虚假教义"；否定在上帝的话语之上与之外，还有其他的事迹、权力、人物与道理，可以成为上帝的启示；否定基督徒的生命在有些地方是不属于基督的，而属于其他主人或范畴，不必靠基督得救和成圣；否定教会可以容许将其信息的形式与其教制，移交给任何它所愿意的对象，或是现行这世代变迁中的意识与政治主张；否定国家有权超越其特殊使命，而使自己履行教会的使命，成为人类生活的唯一及完全权威。声明德国福音派教会的永恒不变基石，是建基于耶稣基督的福音。这福音派借《圣经》在宗教改革运动中得到重新确立；而现在的国家教会已偏离这永恒不变的基石，并且违背了无数律法与宪法，不配做德国福音派教会的领导机构。①《巴门宣言》强调基督教会只能忠于基督，当中并无任何妥协余地。换言之，当认信教会向基督说"是"，便是意味着向希特勒说"不"。② 1934 年 6 月，牧师卡尔·伊莫（Karl Immer）将《巴门宣言》印制成小册子，销量达 25000 本。《巴门宣言》随即传遍整个德国，成为认信教会与"德国基督教"抗争的重要教义依据。随着《巴门宣言》的广泛传播，加入认信教会的牧师及信徒数目急剧增加。即使在一些受"德国基督教"高度管制的国家教会中，也能发现有少数的"认信基督徒"存在。1934 年 11 月，兄弟会和汉诺威、符腾堡及巴伐利亚教会主教决定，设立"德国福音派教会临时管理处"。

　　面对全国福音派教会的分裂，纳粹政府于 1935 年 7 月 16 日增设宗教部（Ministerium für kirchliche Angelegenheiten），由亲纳粹人士汉斯·克尔（Hanns Kerrl）任部长，以加强对宗教人士的控制。同时寻衅逮捕包括尼默勒在内的 1000 多名牧师，没收认信教会的经费并禁止其筹集捐款。③

　　对于天主教会，希特勒在上台后就开始采取打击政策了。1933 年 3 月 5 日，希特勒政府查封了天主教周刊《光明大道》（Der Gerade Weg）。不久又以走私外币或搞同性恋的罪名，逮捕了 92 名天主教神甫，查封了 16 家

---

① Peter Matheson, The Third Reich and the Christian Churches, Michigan: W. B. Eerdmans Pub. Co., 1981, pp. 45 - 47; Victoria J. Barnett, For the Soul of the People: Protestant Protest Against Hitler, New York: Oxford Press, 1992, p. 54; Robert M. Brown, "1984: Orwell and Barmen", Christian Century 101, August 1984, pp. 770 - 771.

② Robert McAfee Brown, 1984: Orwell and Barmen, http://www.religion-online.org/showarticle.asp? title = 1415.

③ http://de.wikipedia.org/wiki/Hanns_Kerrl.

天主教青年俱乐部，禁止数十种天主教出版物，并破坏忏悔室的神圣性。①

但在1933年3月5日的国会大选中，纳粹党只得到43.9%的选票，获总议席647席中的288席。为了获得新国会中2/3多数的支持，希特勒政府决定对中央党采取拉拢政策，承诺不改变宪法、不辞退中央党的官员、保护教会学校。②中央党听信这一许诺，对纳粹政权予以承认。1933年3月23日，希特勒在国会审批《消除人民与国家痛苦法》[又称《授权法》(Ermächtigungsgesetz)]之前发表演说，赞扬基督教信仰是"保障德国民族灵魂的要素"，宣称其政府的"志向是谋求教会和国家之间的融洽协调，改善同罗马教廷的友好关系"。③当天，天主教中央党投票支持《授权法》。该法规定：政府有权制定国家法律；政府所制定的法律如不以国会和参议院的组织本身为对象，可以同宪法相异；政府与外国订立涉及国家立法事务的条约，无须获得国会同意；国会放弃审议国家预算和监督政府信贷与公债政策的权力。实际上该法使政府获得了立法权，《魏玛宪法》被废除，国会名存实亡。1933年7月5日，中央党自行解散，该党议员被允许列席纳粹党国会党团会议。

对于纳粹政权的迫害行为，德国天主教会的高级神职人员只提出了微弱的抗议，更多的是想通过某种息事宁人的方式换取平静的生活。天主教周刊《光明大道》杂志的主编在最后一期中还希望天主教会要耐心地等待，并且在此过程中会经历痛苦的折磨，耶和华最终会降临拯救世人。④1933年3月10日，布雷斯劳地区主教、罗马天主教会红衣主教阿道夫·伯特伦（Adolf Bertram，1859—1945年）写信给兴登堡总统，要求国家保护天主教会的学校和天主信仰。⑤与此同时，他也写信给各位地方主教，表达了对与纳粹极权统治的忧虑，但也只要求保持教会的独立。⑥1933年3月25日，阿道夫·伯特伦再次写信给各位地方主教，主张天主教徒应该

---

① http://de.wikipedia.org/wiki/Der_Gerade_Weg.
② http://de.wikipedia.org/wiki/Ludwig_Kaas.
③ [美]威廉·夏伊勒：《第三帝国的兴亡》，董乐山等译，世界知识出版社2012年版，第288页。
④ James Donohoe, *Hitler's Conservative Opponents in Bavaria 1930 - 1945: A Study of Catholic, Monarchist, and Separatist anti-Nazi Activities*, Leiden: E. J. Brill, 1961, p. 36.
⑤ 阿道夫·伯特伦：布雷斯劳地区主教，罗马天主教会红衣主教。
⑥ Hans Müller, *Katholische Kirche und Nationalsozialismus*, *Dokumente* 1930 - 1935, Munich: Nymphenburger Verlagshandlung, 1963, pp. 72 - 74.

服从合法的政府,要做全心全意的有责任感的公民,避免任何非法的或是颠覆政府的行为。个别主教也发表声明,勒令天主教徒积极地与国家合作,自觉地帮助和支持合法政府。①

罗马教皇希望通过与希特勒的协约来保存天主教会。希特勒则试图通过与梵蒂冈和解换取外交承认,提高纳粹德国的国际地位。1933年7月20日,希特勒政府与梵蒂冈签署了一份协议。希特勒政府以禁止天主教神职人员进行任何政治活动为前提,同意教会有权"独立安排和管理自身的事务,并在其职权范围内向其教徒颁布具有约束力的法令和规定"。② 这一协议的签署意味着纳粹国家第一次在国际上得到承认。特别是这项协议还有一个"秘密附件",其中已经考虑到了普遍义务兵役制的问题。

在纳粹统治下,教会和国家同流合污。天主教徒兼经济专家弗兰茨·冯·巴本于1933年11月9日在科伦的"德国天主教徒工协"声明:"民族社会主义的结构因素不仅不违背天主教的生活观,而且几乎在每个方面都符合。"③ 在纳粹颁布《纽伦堡法》,将犹太人设为二等公民,剥夺他们的政治权和公民权,禁止他们与非犹太人结婚之际,福音派教会和天主教会都无动于衷。

各教会在不同的文件中为希特勒欢呼,尤其是在希特勒1939年50岁生日的时候。基督教徒在祈祷中赞美希特勒是上帝派遣的"历史性的人物"来"做命运的执行者"。他"强有力地冲出旧世界,内心怀着新世界并努力为新世界的实现而拼搏,是世界历史上为新时代所保留的有限几页纸上必提的。德国在世界民族之林中的使命现在被一只强健而稳重的手重新投入了历史的天平,永恒不变的平衡的设想在消失,教会里的人也必须重新审视自己迄今为止的思想观念 …… 领袖的形象同样为教会带来了新的义务。基督徒处于世界变革之中,会听到召唤,只有更忠诚地信仰,更深沉地爱,更强烈地希望,更坚定地忏悔,才能显示基督教信仰的真实。……我们祈求上帝为领袖祝福,愿上帝用他的灵来引导他,用他的意志的力量来充实他,为他所着手的一切带来神的成就 …… 永恒的上帝,

---

① Hans Müller, *Katholische Kirche und Nationalsozialismus*, *Dokumente* 1930 - 1935, Munich: Nymphenburger Verlagshandlung, 1963, pp. 76 - 79.

② 孙炳辉、郑寅达编著:《德国史纲》,华东师范大学出版社1995年版,第205页。

③ Bruce Walker, *The Swastika Against the Cross*: *The Nazi War on Christianity*, Coloroolo: Outskirts Press, 2008, p. 20.

万民之主，用恩惠来照看我们的民族、领袖和成员。愿你留我们在你的力量里，在你的戒律里，让你的祝福认可你也存在我们之中的永恒的秩序。凭耶稣基督的名，阿门"。

然而，正如纳粹的宣传部部长戈培尔所言，纳粹主义本身是一种宗教，长远观之，纳粹政权不可能容忍在纳粹主义之外还有其他的教会或任何机构提出另一种意识形态或是信仰。天主教和福音派这样对德国民众深具影响力的教会更是绝不会被纳粹政府所接纳的，它们也不可能在不受纳粹意识形态的主导下，独立自主地运行。因此，在以暴力排除了其他的障碍之后，纳粹政权清除"异教"分子在所难免。

掌权不到一年，希特勒就说："基督教不能团结德国人民，只有一种全新的世界观理论才堪当此任。"对他来说，一个有种族主义思想的上帝强调对德意志民族的拣选，而他自认为是上帝的工具。戈林也下令说，希特勒式敬礼是唯一被允许的宗教姿势。① 纳粹党把自己称为"真正的"基督教的保护者，其在1935年发表的一篇文章中说道："是谁使教会避免了没落？除了阿道夫·希特勒和他发起的运动，没有其他任何人！"② 纳粹党规第130款威胁惩处任何发表"反对国家利益"言论的神职人员。纳粹激进分子则完全清除《旧约》，将保罗和奥古斯丁的教义删除，因为它们为犹太人说话。1935年，基尔大学中的纳粹分子说："我们德国人不信上帝，我们德国再也不需要犹太人的宗教。我们不再信仰圣灵，我们相信圣血（Holy Blood）。"③

除了企图操纵国内的大小团体机构，使之逐一受制于纳粹政权之下外，希特勒和纳粹党还想塑造一个民族性的统一宗教。④ 纳粹德国展开信仰运动，努力将信仰与教会隔绝。婚礼、出生证皆偏离基督而全部导向希特勒。自1936年始，凡是18岁以下的未成年人强制加入希特勒青年团，其队歌为："没有恶的神甫牧师可以阻止我们感受，我们是希特勒的儿童，

---

① Bruce Walker, *The Swastika Against the Cross: The Nazi War on Christianity*, Coloroolo: Outskirts Press, 2008, p. 20.
② Bruce Walker, *The Swastika Against the Cross: The Nazi War on Christianity*, Coloroolo: Outskirts Press, 2008, p. 20.
③ Bruce Walker, *The Swastika Against the Cross: The Nazi War on Christianity*, Coloroolo: Outskirts Press, 2008, p. 20.
④ Victoria J. Barnett, *For the Soul of the People: Protestant Protest Against Hitler*, New York: Oxford University Press, 1992, p. 30.

我们不跟随基督,我们要希特勒。"希特勒青年团的一些集会有意安排在星期天教会服务日,其团员被教导要反叛父母、蔑视宗教,并使用粗鲁、无礼的语言。对纳粹党人来说,基督是个没有什么用的人物,希特勒就是他们的基督。1937年2月,第三帝国宗教部部长汉斯·克尔曾说:"耶稣基督的神性问题是荒谬的,也是无关紧要的。关于耶稣基督和基督教是什么已有了新答案,那就是:阿道夫·希特勒。"① 第二次世界大战期间,身为"纳粹党全部文化哲学教导事务领袖私人代表"的罗森贝格(Alfred Rosenberg)为"德国总教会"拟定了《三十点纲领》。该纲领规定,德国境内的全部教会是"民族性教会",必须根绝"各种异己的外来的基督教信仰",停止出版和传播《圣经》,从供坛上清除一切耶稣受难像、《圣经》和圣徒像,各教堂必须撤除基督十字架,代之以纳粹"卐"符号。该纲领还宣称《我的奋斗》一书"不仅包含了最伟大的伦理,而且体现了对德国民族目前和将来的生活最纯粹和最正确的伦理",必须和剑一起放置在教堂的供坛上。②

对希特勒来说,认信教会(特别是其激进派)就是一群反抗纳粹政权的叛徒,是阻碍极权统治扩张的绊脚石。因此,当1934年《巴门宣言》在全国地方教会广泛传播,随即引起纳粹政府的关注,秘密警察对认信教会的压迫日渐深重。③ 1934年春,秘密警察在梅克伦堡拘捕了7名认信教会牧师,并把他们收监。这是纳粹政府向认信教会发出的威逼警告,同时也揭开了政府迫害认信教会的序幕。1935年开始,许多认信教会的活动被迫转入地下进行。当时,认信教会受到纳粹政府的严密监察,教会一切聚会或活动都必须向秘密警察登记,而大部分聚会将有一位秘密警察从旁记录整个过程。即使是在一些德国基督教势力强的教区内,认信教会的牧师聚会也只能在某个信徒家中秘密进行。

此外,纳粹政府对认信教会的青少年工作尤其敏感,故其监控措施也特别严谨。认信教会举办任何青少年活动,都必须提前数月向秘密警察申请,并要详细交代参加者的资料(包括是否是希特勒青年团成员),待获

---

① Bruce Walker, *The Swastika Against the Cross: The Nazi War on Christianity*, Coloroolo: Outskirts Press, 2008, p. 20.
② 孙炳辉、郑寅达编著:《德国史纲》,华东师范大学出版社1995年版,第206页。
③ Victoria J. Barnett, *For the Soul of the People: Protestant Protest Against Hitler*, New York: Oxford University Press, 1992, pp. 56–57.

得秘密警察的批准后方可进行。一旦被秘密警察发现认信教会非法进行青少年活动，所有参加者除了要接受秘密警察的盘问外，还有可能被跟踪或入屋搜查。秘密警察的严厉监察措施，除了削弱青少年参加教会活动的意愿，同时更大大打击教会青少年工作者的信心，实在令认信教会的青少年工作举步维艰。[1] 实际上，自1933年开始，许多教会只能为青少年举办研经班，此外其他一切青少年活动被秘密警察禁止。当时，认信教会的牧师大部分在秘密警察的严密监视下生活。许多认信教会领袖的言论，亦受到秘密警察严重压制。按临时教会政府中的情报员海因里希·施密特（Heinrich Schmidt）的描述：他们不得离开自己的城市，家中的电话被安装了监听器，所有信件都被人拆开。[2] 可见，认信教会领袖的通信往来完全断绝，幸而有些热心的信徒甘愿冒险充当他们的消息传送员。

1937年，希姆莱下令取缔所有认信教会学校，禁止进行宗教教育，两年后又下令关闭了所有私立宗教学校。[3] 1936年年底，认信教会的代祷名单中，受秘密警察迫害的人除了牧师还有平信徒。据1938年官方统计，受秘密警察迫害的认信基督徒已达4000多人。最终大约有18000名牧师从属于认信教会，大约有900名牧师和相关人员因其抵抗行为受到了不同程度的打压和迫害。[4]

对于天主教会，纳粹政权同样采取了严厉迫害的政策。1934年6月30日，希特勒在清除冲锋队势力的"长刀之夜"中也将中央党和天主教会数名与弗兰茨·冯·巴本有合作关系的天主教人士当作"异己势力"一并谋杀了，其中包括埃里希·克劳森纳（Erich Klausener）和 E. 荣格（E. Jung）等人。

1936年11月4日，纳粹党下令从奥尔登堡地区的学校拆除十字架，因为它是"迷信的象征"，只是在遭到当地坚决抵抗后才收回成命。同年，纳粹当局也拆除了明斯特兰地区所有的十字架。当基督徒在一些学校又把

---

[1] Victoria J. Barnett, *For the Soul of the People*: *Protestant Protest Against Hitler*, New York: Oxford University Press, 1992, pp. 78–80.

[2] Victoria J. Barnett, *For the Soul of the People*: *Protestant Protest Against Hitler*, New York: Oxford University Press, 1992, pp. 63–64.

[3] Bruce Walker, *The Swastika Against the Cross*: *The Nazi War on Christianity*, Coloroolo: Outskirts Press, 2008, p. 20.

[4] Victoria J. Barnett, *For the Soul of the People*: *Protestant Protest Against Hitler*, New York: Oxford University Press, 1992, p. 99.

十字架放回原处后,即遭到纳粹当局的逮捕。1937年,纳粹政府颁布法令,取消所有课堂上的十字架,将圣诞节改名为"圣诞季"(Yuletide),日期则改为12月1日。耶稣还被说成是一个胆小的犹太佬,他以自我贬抑的受死方式污辱了大多数人。[1]

自1937年11月起,纳粹政府开始大规模清理天主教会的附属机构。盖世太保解散了法兰克福天主教男性同盟和天主教学生同盟,解散了柏林的18家医院、76家幼儿园和4家养老院,同时又在原址成立了纳粹党的同类机构,由纳粹党的护理人员进驻新机构。除此之外,纳粹党还没收了其他的附属机构。杜伊斯堡市市长关闭了当地最大的一家天主教会医院,遣散了在斯图加特医院工作多年的天主教护士,由纳粹的护士来代替。天主教少女组织也被解散。到1939年,纳粹政府在全德国关闭的天主教会学校多达10000余所。天主教少年少女们被送到纳粹党开办的学校接受教化。[2]

纳粹分子还在教堂的祭坛和门上涂抹大便,亵渎神殿,把圣像丢进粪堆。当犹太人会堂不便于攻击和劫掠时,教堂就成为纳粹分子发泄的对象,他们高喊:"打倒基督徒和犹太佬!"[3] 在许多地方,传统的教会节假日被取缔,甚至连悬挂宗教旗帜都成为非法行为。纳粹分子常在朝圣的地方用警戒线隔离,并在一侧举行世俗活动,为参加者免费提供啤酒和香肠,还故意把活动安排在宗教节日。纳粹党人甚至禁止父母给他们的子女取基督教名字,下令给小孩子取诸如特奥德里希、奥托、齐格弗里德一类的名字,禁止在家里对子女进行基督教教育,不允许教堂募集资金从事慈善活动。[4]

面对纳粹政权的无情迫害,福音派教会和天主教会的一些高级教士和普通教徒进行了顽强抵抗。在福音派教会方面,抵抗的主力是认信教会的牧师和教徒。1935年3月,认信教会的牧师海因里希·沃尔格(Heinrich

---

[1] Bruce Walker, *The Swastika Against the Cross: The Nazi War on Christianity*, Coloroolo: Outskirts Press, 2008, p. 20.

[2] Hernrich Fraenkel, *The German People Versus Hitler*, London: Routledge, 2010, p. 158.

[3] Bruce Walker, *The Swastika Against the Cross: The Nazi War on Christianity*, Coloroolo: Outskirts Press, 2008, p. 20.

[4] Bruce Walker, *The Swastika Against the Cross: The Nazi War on Christianity*, Coloroolo: Outskirts Press, 2008, p. 20.

Vogel)写了一篇反对极权国家的声明。① 1935年8月,德国主教们在富尔达发表了一封致信徒信,要求信徒警惕纳粹党人"灭绝基督教的运动"。一年后,博恩威瑟尔主教公开为因信仰而受到纳粹分子迫害的基督教善男信女辩护。1936年,认信教会中的激进派向纳粹政权递送了一份秘密备忘录,其中指明了反对建立集中营和盖世太保的恐怖主义政策及反犹措施。1936年5月,认信教会的10位临时教会政府成员,共同草拟了一封"给希特勒的信件",批评政府迫害犹太人的政策。发表抗议声明的沃尔格本人和700位读过这篇声明的牧师遭到秘密警察拘捕,共同草拟该信件的10位临时教会政府成员也惹来纳粹政府的强烈反感。有关人等被秘密警察追捕,在未经法院审判及定罪的情况下,随即被押入集中营。②

希特勒政权鼓吹种族纯洁,大力提倡"优生学",以培养优良纯正的雅利安血统。1933年7月,政府通过法律,强逼所有有缺陷的人,包括患有癫痫、聋哑、弱智等疾病的人绝育。③ 1939年年初,希特勒政权又成立专门机构,筹备大规模的"安乐死"行动,企图去除国内一切不优良的人种。是年春天,20位政府官员及医护人员选了6个地方作为施行"安乐死"计划的基地,并陆续建立毒气室及焚化炉等设施。1939年8月,"婴儿安乐死"计划展开,约有5000名婴儿因此死亡。④ 1939年9月,"安乐死"的噩梦迅速蔓延至全国病院、疗养院及残障中心。第二次世界大战爆发后,希特勒下令全国院舍必须填写"表格",申报每个院友的病历,以协助政府有效调配医疗资源。⑤ 结果,数以万计的病人被送往"安乐死"中心,接受毒气屠杀。根据一位曾在"安乐死"中心工作的人忆述,有的时候,毒气室内每20分钟就有一批病人惨遭

---

① Victoria J. Barnett, *For the Soul of the People: Protestant Protest Against Hitler*, New York: Oxford University Press, 1992, p. 80.
② "Protest of the Provisional Leadership to Hitler", 28 May 1936, in: Peter Matheson, *The Third Reich and the Christian Churches*, Michigan: W. B. Eerdmans Pub. Co., 1981, pp. 58-62.
③ Victoria J. Barnett, *For the Soul of the People: Protestant Protest Against Hitler*, New York: Oxford University Press, 1992, pp. 104-105.
④ Victoria J. Barnett, *For the Soul of the People: Protestant Protest Against Hitler*, New York: Oxford University Press, 1992, p. 106.
⑤ Peter Matheson, *The Third Reich and the Christian Churches*, Michigan: W. B. Eerdmans Pub. Co., 1981, pp. 85-86.

屠杀。①

对于纳粹政府的绝育和"安乐死"政策,弗里茨·冯·博登斯文(Fritz von Bodelschwingh)和保罗·布劳恩(Paul Braune)这两位颇具影响力的认信教会人士,先后致信政府、游说官员,指出"安乐死"计划不合道德且没有法律依据,应立即终止。②布劳恩因此而遭到盖世太保的逮捕并被长期关押。③此后,其他认信教会领导人,如符滕堡的主教武尔姆(Wurm)继续给政府写信,表达他们对"安乐死"计划的怀疑和不满。但他们得到的一概是官方式的答复。官员为隐瞒希特勒乃"安乐死"计划之幕后主脑,一致以"军事机密"为理由委婉回复。认信教会牧师恩斯特·威尔姆(Ernest Wilm)更是敢于公开抗议政府以"安乐死"方式屠杀病人的罪行,但其结果也是被秘密警察拘捕,送往集中营。④

1938年9月,认信教会在柏林成立了格鲁伯办公室(Grüber Office),负责营救受迫害的犹太人。格鲁伯办公室在柏林约有35名同工,另有26名支援员分布全国。他们的主要工作是协助犹太人离开德国。截至1939年8月,格鲁伯办公室总共协助了1000多位犹太人离开德国。后来政府限制犹太人出境,格鲁伯办公室便开始为犹太人伪造护照、粮食券等,又替他们安排地方藏匿,为犹太儿童设立家庭学校。1940年12月,格鲁伯办公室被秘密警察查封,格鲁伯牧师及其他同工被送往集中营。⑤

弗朗茨·考夫曼(Franz Kaufmann)、海伦讷·雅各布斯(Helene Jacobs)和格特鲁德·施特文(Gertrud Staewen)等人也在卡尔·巴特的资助下,组建了一个救援犹太人的地下网络。考夫曼组织(Kaufmann Group)是由一班符腾堡的牧师自行组织的支援犹太人团体。在纳粹政府迫害犹太

---

① Victoria J. Barnett, *For the Soul of the People: Protestant Protest Against Hitler*, New York: Oxford University Press, 1992, pp. 106 – 107; Klaus Scholder, *A Requiem for Hitler and Other New Perspectives on the German Church Struggle*, London: SCM Press/ Philadelphia: Trinity Press International, 1989, p. 118.

② Victoria J. Barnett, *For the Soul of the People: Protestant Protest Against Hitler*, New York: Oxford University Press, 1992, pp. 110 – 114.

③ Peter Matheson, *The Third Reich and the Christian Churches*, Michigan: W. B. Eerdmans Pub. Co., 1981, pp. 84 – 88.

④ Victoria J. Barnett, *For the Soul of the People: Protestant Protest Against Hitler*, New York: Oxford University Press, 1992, pp. 114 – 116.

⑤ Victoria J. Barnett, *For the Soul of the People: Protestant Protest Against Hitler*, New York: Oxford University Press, 1992, pp. 144 – 146.

人期间，这类救援犹太人的地下组织还有很多，但大都难逃被秘密警察查封的厄运，许多组织成员更是被送往集中营。

天主教神职人员和普通教徒也开展了激烈的抵抗运动。1937年3月14日，罗马教皇庇护十一世（Pius XI）发布题为《深深的忧虑》（Mit Brennender Sorge）的通谕，指责纳粹政府"规避"和"破坏"了宗教协定，指出纳粹主义和天主教教义在解释世界和生活方面存在着根本性的差异，批评纳粹政府干涉教会和宗教自由，并且表达了众生平等，无论民族和种族。"过去几年的经历告诉我们，我们应该肩负起终结黑暗时代的责任，这个黑暗的时代的重点是一场灭绝的战争。教会也不应该在暴力和威胁之下，将学生交给臭名昭著的政府，我们都知道纳粹的那套通过投票的方式来决定是否保留教会学校的做法是自欺欺人的。只有肤浅的人才会在一个国家之内只确立一个宗教派别，只保留一个种族。"① 该通谕后来由各地天主教会印刷成传单，广泛散发。

1939年，教皇庇护十二世（Pius XII）上台，他在第一份通谕中也明确谴责纳粹主义，抗议纳粹政权对犹太人的迫害。② 纳粹德国发动侵略波兰的战争之后，教皇庇护十二世发表声明，对德国攻击其他小国的侵略行径进行了严厉谴责。③

德国天主教会的一些主教和神甫通过公开布道捍卫《旧约》，或者冒着生命危险救助遭受迫害的犹太人，帮助他们逃脱盖世太保或集中营的魔爪。1938年"水晶之夜"之后，柏林的神甫伯恩哈德·利希滕贝格（Bernhard Lichtenberg）公开抗议纳粹党的行为，他在做礼拜时说："让我们为受迫害的犹太人和其他非雅利安人而祈祷。我们知道昨天发生了什么，我们不知道明天会发生什么，但是我们记得刚刚发生的一切。外面的犹太人的教堂，熊熊大火正在燃烧，这就是生灵涂炭。"④ 此后，伯恩哈德·利希滕贝格神甫每天做晚祷的时候，都会为犹太人祈祷，即使被盖世太保抓进集中营之后也不例外。⑤

---

① Hernrich Fraenkel, *The German People Versus Hitler*, London: Routledge, 2010, p. 156.
② http://en.wikipedia.org/wiki/Pope_Pius_XII.
③ http://en.wikipedia.org/wiki/Pope_Pius_XII.
④ Benedikta Maria Kempner, *Priester vor Hiters Tribunalen*, Munich: Rütten and Loening, 1966, p. 230.
⑤ Hans Müller, *Katholische Kirche und Nationalsozialismus*, *Dokumente* 1930 - 1935, Munich: Nymphenburger Verlagshandlung, 1963, S. 227.

在得知纳粹党（党卫队）将数千名波兰牧师关进集中营和对波兰犹太人实施大屠杀的行径之后，以康拉德·冯·普雷新（Konrad von Preysing）为代表的主教们，谴责了纳粹政府虐待其他种族和民族民众的暴行，特别谴责了纳粹政府的反犹主义和迫害犹太人的暴行。① 为了救助受迫害者，天主教会成立了"非雅利安天主教徒紧急委员会"，帮助非雅利安天主教徒逃出德国。②

在纳粹政府开始实施"安乐死"计划之后，许多天主教徒彻底认清了纳粹党真面目，开始了更大规模的抵抗。1941年8月3日，明斯特主教克莱蒙斯·冯·加林（Clemens August Graf von Galen）号召所有的天主教徒联合起来，及时保护精神病人，以免其被施以"安乐死"。他在做礼拜的时候说："我们与生俱来的神圣使命和良知是没有人可以剥夺的，即使这将会牺牲我们的生命。除了战争和自卫，在任何时候都不能伤害无辜的人。如果我们建立了可以随意杀害不能生育和有遗传病人的体系，那么在这个国度之下，人人自危，随时会有另一个体系把我们杀害。"③

在1939年至1943年间，有很多天主教牧师勇敢地站了出来，公开地反对和抗议纳粹政府。有693名天主教神甫因抵抗行为而被捕，仅在达豪集中营中就有447人；8名天主教徒被处以死刑，99名天主教徒被判终身监禁。④

第二节 福音派女性与纳粹运动

同大多数信奉福音派的男人一样，信奉福音派的德国女性最初也是支持比较保守的、以民族为导向的政党和政治运动的，反对女性解放运动和女权主义，不喜欢魏玛共和国的民主制度。"德国福音派女性同盟"的领导人保拉·米勒—奥特弗里德将1918—1919年视为德国的大衰之年。"它

---

① Hans Müller, *Katholische Kirche und Nationalsozialismus*, Dokumente 1930–1935, Munich: Nymphenburger Verlagshandlung, 1963, S. 230.

② Hans Müller, *Katholische Kirche und Nationalsozialismus*, Dokumente 1930–1935, Munich: Nymphenburger Verlagshandlung, 1963, S. 237.

③ Peter Löffler (Hrsg.), *Bischof Clemens August Graf von Galen-Akten*, Briefe und Predigten 1933–1946, Ferdinand Schöningh, Paderborn/München/Wien/Zürich, 2. Aufl. 1996, S. 843f.

④ Richard Steigmann-Gall, "Religion and the churched", in: Jane Caplan (ed.), *Nazi Germany*, Oxford University Press, 2008, p. 159.

把原先社会上的价值观都打破了,留下的只是碎片和垃圾。"①

1918年3月14日,德国福音派女性同盟因为反对德国女性联合会联盟而宣布退出。它在保拉·米勒—奥特弗里德的领导下站在资产阶级基督教女性运动的右翼,支持德意志民族人民党。

但在经济危机爆发后,不少人抛弃德意志民族人民党,转而归顺德意志基督教信仰运动和纳粹运动。有的人,特别是一些福音派女性组织领导人甚至加入了纳粹党。在20世纪30年代魏玛共和国的国会大选中,信奉福音派的德国女性选民大都投票支持希特勒和纳粹党。1930年,在柏林、奥得河畔法兰克福、马格德堡和莱比锡等福音派地区,投票支持纳粹党的女性选民远远多于男性选民。② 1930—1933年,支持纳粹党的德国福音派女性选民的人数进一步增加。在1932年7月31日的国会选举中,在诸如不来梅、马格德堡和威士巴登等信奉基督教福音派的城市中,支持纳粹党的女性选民比例均超过了男性。在1932年11月6日和1933年3月5日的国会选举中,女性选民对纳粹党的支持率更加明显地超过了男性选民。③

这个时期,信奉福音派的德国女性深感恐慌,强烈呼吁"强人"出现,建立强有力的政府和强大的国家,消除由经济危机造成的生活困苦,克服政局紊乱和社会动荡局面,恢复"和平和秩序"。她们大都被希特勒的魅力所征服,听信了希特勒和纳粹党的宣传和治国理念,相信希特勒和纳粹党是这个"绝望时代"的最后选择,认为德国需要这样的领袖,他可以带领德国在世界争取一席之地。福音派女性同盟领导人保拉·米勒—奥特弗里德祈求上苍派一名"铁血男儿"将德国从布尔什维克主义、无神论主义和道德败坏的社会中拯救出来。她也是希特勒的忠实拥护者,她把希特勒看作"理想中的铁血男儿"。④ 还有的人把纳粹党看作一个尊重宗教、

---

① W. Richter, "Ins neue Jahr", *Frauenhilfe*, 1919, 19, S. 1 – 3. 转引自 Claudia Koonz, *Mothers in the Fatherland: Women, the Family and Nazi Politics*, St. Martin's Griffin, 1988, p. 232。

② Helen L. Boak, "'Our Last Hope': Women's Votes for Hitler: A Reappraisal", *German Studies Review*, Vol. 12, No. 2, May, 1989, pp. 294 – 295.

③ Helen L. Boak, "'Our Last Hope': Women's Votes for Hitler: A Reappraisal", *German Studies Review*, Vol. 12, No. 2, May, 1989, p. 297; Jügen W. Falter, *Hitlers Waehler*, München: Verlag C. H. Beck, 1991, S. 141.

④ Claudia Koonz, *Mothers in the Fatherland. Women, the Family and Nazi Politics*, New York: St. Martin's Griffin, p. 232.

坚守基督教信仰的政党,正如海因里希·施特里弗勒所观察到的那样,在许多信奉福音派的地区,纳粹党早就被视为一个基督教政党了。① 巴登地区的纳粹党报也宣称:"没有一个德国女性会允许家中出现非基督教报纸。她们只会接受《领袖报》(Der Führer)。"②

在希特勒被任命为总理之后,原本看不起纳粹领导人的福音派女性救助组织(Evangelische Frauenhilfe)领导人艾格尼丝·冯·格罗讷(Agnes von Grone)也开始与纳粹女性组织建立密切的联系。③ 她本人在1933年5月加入纳粹党,她所领导的福音派女性救助组织也合并入纳粹女性组织了。④ 在她看来,福音派女性和纳粹女性可以一起共事,募集资金、建立新的组织、吸纳新的成员,并且合作的原则应该是以符合元首的要求为准。让艾格尼丝·冯·格罗讷十分引以为豪的是,自己的丈夫、儿子、女儿都在纳粹党内的组织工作。⑤ 曾在福音派女性救助组织中做了近30年的领导工作,并在普鲁士的立法机关工作过的玛格达勒妮·冯·梯零(Magdelene von Tiling),也在1933年秋天成为纳粹党的一员。⑥ 她认为福音派女性应当要求政治上的进步,应当加入纳粹党这个现代的、积极向上的组织,应当自愿地、无条件地为国家和民众服务。⑦ 福音派组织"福音派母亲联盟"的建立者和首任主席克拉拉·斯曼—罗美诗(Clara Schlossman-Lömmies)接受了纳粹女性组织领袖格特鲁德·舒尔茨—克林克的领导。为了表明自己的雅利安血统和对希特勒的忠诚,她在1933年与自己的犹

---

① Heinrich Striefler, *Deutsche Wahlen in Bildern und Zahlen*, Düesseldorf, 1947, S. 17; Helen L. Boak, "'Our Last Hope': Women's Votes for Hitler: A Reappraisal", *German Studies Review*, Vol. 12, No. 2, May, 1989, p. 291.

② Der Fuehrer, No. 39, September 29, 1928. 转引自 Helen L. Boak, "'Our Last Hope': Women's Votes for Hitler: A Reappraisal", *German Studies Review*, Vol. 12, No. 2, May, 1989, p. 291。

③ EZA/B3/441, May 23, 1936, EZA/EKDC/3/186 (P237. 42)。

④ EZA/B3/441, May 23, 1936, EZA/EKDC/3/186 (P237. 42)。

⑤ Claudia Koonz, *Mothers in the Fatherland: Women, the Family and Nazi Politics*, New York: St. Martin's Griffin, 1988, p. 237.

⑥ Magdakene von Tiling, Rundschreibung, circular, May 15, 1933. 4/1933 EZA/ B3/441. 转引自 Claudia Koonz, *Mothers in the Fatherland: Women, the Family and Nazi Politics*, New York: St. Martin's Griffin, 1988, p. 237。

⑦ Magdakene von Tiling, Rundschreibung, circular, May 15, 1933. 4/1933 EZA/ B3/441. 转引自 Claudia Koonz, *Mothers in the Fatherland: Women, the Family and Nazi Politics*, New York: St. Martin's Griffin, 1988, p. 237。

太人丈夫离了婚；后者在战争期间被驱逐出境，后来就杳无音讯了。①

信奉福音派的德国女性普遍认为，纳粹政府是值得信任的，它能够净化社会的公共生活，消除失业、贫困和饥饿，满足民众的各种需求；纳粹政府看似专制，实际上十分尊重母亲的地位，它把女性解放的进程大大放缓了，把女性有计划地从女性解放当中解救了出来。艾格尼丝·冯·格罗讷在1933年说："生活在这样的国家里，这个国家和政府是值得信任的，公民事务也会有新的进步。"② 保拉·米勒—奥特弗里德则在1934年例行的新年祈祷中，感激上苍达成了她之前的愿望。"当我在一年前，写下这个愿望的时候，我只是抱有很小的希望能实现。现在，我都不敢相信，愿望真的实现了，大部分德国民众都十分拥护现在的政体，以及国家要净化社会的公共生活，打击失业、饥饿、满足民众的各种需求。愿上帝赋予国家统治者智慧，愿这名铁血男儿能一直掌控国家。"③

作为一名忠诚的纳粹党员，埃莉诺·里博·哈考特（Eleanor Liebe-Harcourt）认为希特勒成功地把德国从共产主义的威胁和经济颓废当中拯救了出来，纳粹政府比《圣经》更可靠，福音派教徒"在宗教信仰上要忠于《圣经》，但是在世俗社会要忠于元首和纳粹政府"。④

许多福音派女性接受纳粹分子有关种族、民族和国家的观念，对于纳粹党大男子主义的领导方式也是普遍赞同和感激的，心满意足地接受纳粹政府赋予她们的作为母亲和家庭主妇的地位。

对于纳粹政府的婚姻、家庭和人口政策，许多福音派女性组织的领导人也表示支持。有人在福音派女性杂志上发表文章，评价婚姻贷款："这项法律释放了一股暖流，冲破了一直以来锁在民众心中的坚冰（坚冰指的是民众因为结婚成本高，而放缓走入婚姻殿堂的脚步）。"⑤ 对于纳粹政府

---

① Claudia Koonz, *Mothers in the Fatherland: Women, the Family and Nazi Politics*, New York: St. Martin's Griffin, 1988, p. 241.

② Claudia Koonz, *Mothers in the Fatherland: Women, the Family and Nazi Politics*, New York: St. Martin's Griffin, 1988, p. 237.

③ Rückblick und Ausblick, *Evangelische Frauenzeitung*, January 1934, 35, S. 49. 转引自Claudia Koonz, *Mothers in the Fatherland: Women, the Family and Nazi Politics*, New York: St. Martin's Griffin, 1988, p. 241。

④ Claudia Koonz, *Mothers in the Fatherland: Women, the Family and Nazi Politics*, New York: St. Martin's Griffin, 1988, p. 252.

⑤ Claudia Koonz, *Mothers in the Fatherland: Women, the Family and Nazi Politics*, New York: St. Martin's Griffin, 1988, p. 233.

的种族清洗政策,一些福音派女性组织也积极拥护,并且首先在本组织内驱逐了有犹太祖先的成员。她们同样强调生育的质量和数量同等重要,赞同禁止种族不纯洁、身体和精神不健康的人生育的主张。有一位女性专家称这样的政策为:"新的道德标准、新的种族清洗、健康的婚姻、健康的家庭——这些指的是身体上的和精神上的健康。"[1] 克拉拉·斯曼—罗美诗也在其创办于1931年的《母与子》(Mutter und Kind)上发表文章,支持纳粹的优生理论和母亲政策。优生学家们抱怨德国有180000名智障患者、8000名精神分裂症患者、20000—25000名躁郁症患者、6000名癫痫患者,还有大约3000名盲人或是聋哑人,这些人是德国的巨大负担。[2] 福音派女性组织的领导人非常乐于看到这样的"惨状",因为这就变相证明了健康母亲存在的意义。鉴于生孩子和养育子女的事情已经成为关乎民族利益的根本问题,她们自视为国家栋梁。艾格尼丝·冯·格罗讷在1935年吹嘘自己为国家和元首做了大量建设性工作,"我们女性为了自己信仰和对生活的热情,积极投身到为元首和纳粹党服务中去"。[3]

然而,德国福音派女性对纳粹党和纳粹政权的拥护并不是无条件的,加入纳粹党的福音派女性也只占不到德国福音派女性总人数的10%[4]。纳粹党声称希特勒思想高于基督教教义,力图将现存所有宗教组织纳入直属纳粹党领导的组织机构之中。一些纳粹女性组织的领导人也要求福音派女性组织彻底纳粹化,完全接受纳粹主义意识形态。在某些地区,福音派女性组织甚至遭到纳粹党及其资助的组织的排斥。大多数福音派女性组织领导人坚持福音派教徒身份,要求享受"精神自治"。她们对纳粹的忠诚是以宗教自治为前提的,她们说,她们接受纳粹的种族、民族、国家的观念,但是要在不影响自己的宗教生活的前提下。她们自愿甚至是积极地执行纳粹的社会计划,但是作为回报,她们要求在宗教工作方面得到足够的自治空间,以便使宗教工作更顺利地进行。

随着纳粹政府政治一体化和社会统制政策的加速实施,宗教自由和独

---

[1] Barbara Wenzel, June 18, 1933, ADW/I 255.

[2] Claudia Koonz, *Mothers in the Fatherland: Women, the Family and Nazi Politics*, New York: St. Martin's Griffin, p. 241.

[3] Claudia Koonz, *Mothers in the Fatherland: Women, the Family and Nazi Politics*, New York: St. Martin's Griffin, p. 237.

[4] Claudia Koonz, *Mothers in the Fatherland: Women, the Family and Nazi Politics*, New York: St. Martin's Griffin, p. 240.

立遭到严重侵犯,福音派女性组织领导人原先所怀抱的宗教与政治平行、宗教组织与政治组织平等合作的理想逐渐破灭了。福音派女性面临这样的困境:有很多事情被禁止做,有一些事情被迫做。她们也陷入了两难选择:是继续维持原有的宗教信仰,还是在意识形态上完全接受纳粹主义呢?是继续参加福音派女性《圣经》班的活动,还是一心一意地参加纳粹党女红俱乐部的活动呢?

一些人对纳粹当局越来越多地干涉福音派女性组织的做法十分不满,感到自己的权利和生活受到了严重干预和侵犯。她们力图保持自己固有的信仰,不愿意放弃福音派的自主权。保拉·米勒—奥特弗里德的态度也开始发生转变。尽管她不喜欢民主制度,但也很难接受一个过于专制极权的国家。在加入了纳粹党之后,她发现自己在很多方面都受到了排斥,纳粹党的领导人几乎是清一色的男人,对女性缺乏应有的尊重,而在现实生活中,女性的地位也不那么尽如人意。她把自己心中的怀疑和疑惑都发表在福音派女性杂志上:"从女性的角度说,我们觉得 1933 年是十分美好的。纳粹政府把女性解放的进程大大放缓了,把女性有计划地从女性解放当中解救了出来。但是,我们从未要求放弃自己的职责,当我们发现自己被很多地方所排斥的时候,我们觉得很不舒服,因为我们本想为国家和教会做一点贡献的。到哪里,我们都像是不受欢迎的人,像是人们想极力拍掉身上的尘土一样。对于这种现象,我们只能总结为缺乏对女性应有的尊重。今天,我对德国民众主要是德国男性提出这样的疑问,你们男性的演讲当中,总是能有美好的词汇来形容母亲,但是现实生活中的女性地位却不那么尽如人意。"[1] 玛格达勒妮·冯·梯零也深感失望,她承认和归顺纳粹政府,也曾承诺要通过净化和更新领导班子来取悦纳粹政权,但也清楚地表明了她决不放弃自己的领导权,也不会把自己领导下的福音派女性组织出卖给纳粹党,被纳粹女性组织完全兼并。[2] 然而,玛格达勒妮·冯·梯零最终还是看清楚了,她们的立场观点对纳粹政权是没有任何影响力的,她们的支持对纳粹政府而言也是微不足道的。[3]

---

[1] Paula Müller-Otfried, "Die Lage", *Evangelische Frauenzeitung*, 1932-1933, 34: 18, S. 50-51.

[2] Magdakene von Tiling, *Rundschreibung*, circular, May 15, 1933. 4/1933 EZA/ B3/441.

[3] Magdakene von Tiling, *Rundschreibung*, circular, May 15, 1933. 4/1933 EZA/ B3/441.

保拉·米勒—奥特弗里德和玛格达勒妮·冯·梯零是德国福音派女性组织老一代的领导人，她们曾对建立了广大的女性组织感到十分的骄傲，有理由反对福音派女性放弃自己的独立，完全归顺纳粹的领导。但其作用有限，没过多久，她们两人都被迫离职了。

福音派女性组织与纳粹女性组织的关系开始恶化。这一时期的女性信件反映了这种紧张的危机气氛，一位女性在信中这样写道："我们生活在一个充满斗争的时期，社会的道德和价值观已经沦丧，是时候让我们团结起来，共同合作！"① 还有一位女性写道："若是元首得知我们这里的混乱状况，他会觉得十分悲痛的，我们急切需要双方的互相尊重。"② 另有一位福音派女性提出了这样的观点："若是我们不立即结束这种内斗，我们福音派教会将陷入整体的混乱之中，随即我们便在纳粹统治的世界内没有一席之地。虽然在纳粹统治的国土之下，民众也要保持宗教信仰。"③ 很多女性开始怀念魏玛共和国，因为在魏玛时期是没有这样的冲突的。

艾格尼丝·冯·格罗讷虽然多次在公共场合表达自己对国家、民族、教会不可动摇的忠诚，也经常说"总理是伟大的""希特勒万岁"之类的话，但当希特勒干涉福音派信仰和教律的时候，她也敢于坚决地说"不"。④

1934年1月，国家主教路德维希·米勒将艾格尼丝·冯·格罗讷领导的女性机构全部并入纳粹的女性组织里，这导致很多女性都在抗议这种出卖行径。艾格尼丝·冯·格罗讷也坚决抵制主教所说的这种"健康合并要求"。1934年秋天，艾格尼丝·冯·格罗讷带领几位福音派女性组织领导人跑到国家主教那里表明立场："我们只是不愿意融入纳粹的女性组织当

---

① Claudia Koonz, *Mothers in the Fatherland: Women, the Family and Nazi Politics*, New York: St. Martin's Griffin, 1988, p. 242.
② Claudia Koonz, *Mothers in the Fatherland: Women, the Family and Nazi Politics*, New York: St. Martin's Griffin, 1988, p. 242.
③ Claudia Koonz, *Mothers in the Fatherland: Women, the Family and Nazi Politics*, New York: St. Martin's Griffin, 1988, p. 243.
④ Claudia Koonz, *Mothers in the Fatherland: Women, the Family and Nazi Politics*, New York: St. Martin's Griffin, 1988, p. 246.

中。"① 福音派女性再次表达了"国家赋予她们自由的欢喜之情,并相互告知国家不解决福音派女性的自主权的问题,决不妥协"。② 德国西南部的福音派女性组织领导人写信给国家主教说:"您的专制式的领导方式使得宗教内部的矛盾源源不断,并且这种矛盾严重影响了生活的各个方面。为了国家和宗教,我们恳求您不要再发布这样的条令,若您还是一意孤行,那么元首即使统治了一个完整的国家,但也要面临一个分裂的福音派的现实。"③

1934年12月,纳粹女性组织领导人格特鲁德·舒尔茨—克林克私下与艾格尼丝·冯·格罗讷达成一项协议。舒尔茨—克林克保证福音派女性的独立自治和扩大福音派女性组织的权力,作为回报,艾格尼丝·冯·格罗讷及其领导下的福音派女性必须遵守纳粹的各项制度,支持舒尔茨—克林克的工作。就在艾格尼丝·冯·格罗讷认为自己处于福音派女性的绝对领导地位时,国家主教米勒再次给了她一个下马威,他勒令福音派女性组织并入舒尔茨—克林克旗下的纳粹女性组织。这使得艾格尼丝·冯·格罗讷十分气愤地表示,福音派女性不仅要反对纳粹政府的干涉,还要抵制主教插手福音派事宜。1935年1月,艾格尼丝·冯·格罗讷组织了一场由800名福音派教会代表参加的会议,呼吁加强福音派女性对纳粹化的抵抗。④

艾格尼丝·冯·格罗讷在其声明中说:"当前国家主教的所作所为并不能保护福音派女性的安危,相反在生活的各个方面给福音派女性带来麻烦。数月来,纳粹的女性组织一步步严重地侵犯了福音派女性事物的自主权,并违反了我们双方之前所签订的协议。她们打破了我们民族的和谐和稳定。教会的名誉受到损坏,即使在很小的村庄也不能避免。我强烈建议

---

① Claudia Koonz, *Mothers in the Fatherland: Women, the Family and Nazi Politics*, New York: St. Martin's Griffin, 1988, p. 246.
② Claudia Koonz, *Mothers in the Fatherland: Women, the Family and Nazi Politics*, New York: St. Martin's Griffin, 1988, p. 247.
③ Freifrau von Marschall, Freiburg i. Br., Qctober 11, 1934, to Kirchenrat, Baden, Baden Landeskirchliches Archiv/4705. 转引自 Claudia Koonz, *Mothers in the Fatherland: Women, the Family and Nazi Politics*, New York: St. Martin's Griffin, 1988, p. 247。
④ Tagung des evangelischen Frauenwerkes, *Thüringer Allgemeine Zeitung*, January 30, 1935. 转引自 Claudia Koonz, *Mothers in the Fatherland: Women, the Family and Nazi Politics*, New York: St. Martin's Griffin, 1988, p. 249。

国家主教立即停止这种专制式的领导,重建在宗教和精神方面的影响力。教会应该是有永恒的信仰的,上帝也会在这种危难的时候鼓励我们勇敢地担负起宗教责任。"[1]

1935年春天,艾格尼丝·冯·格罗讷与米勒彻底断绝了关系,她宣布:"我们离开了那个将我们推入万丈深渊中的男人。"[2] 她和她的支持者们批评德意志基督教信仰运动,认为它把宗教和政治扯到一起,玷污了教会的神圣性。她们与福音派其他坚持"独立的组织和自由的立场"的非正统团体联合起来,支持认信教会。

1935年年底,艾格尼丝·冯·格罗讷被驱逐出纳粹党,后来虽几经申诉,法院还是在1936年3月执行了驱逐令。此时,艾格尼丝·冯·格罗讷告诉其支持者们,可能自己主动从福音派退隐会对教会的发展比较有利,但是,支持者们异口同声地拒绝了她的请求。7月,高级法院又开庭审理此案。艾格尼丝·冯·格罗讷在法庭上重申了自己忠于宗教大于忠于党国的政治立场。她说:"在我们的队伍中,有党卫军和冲锋队员的母亲,正是这些母亲支撑、保留和维护着德国的大众传统以及我们要时刻谨记自己的宗教信仰。"[3] 1936年11月,艾格尼丝·冯·格罗讷加入了认信教会。[4] 在国家主教米勒正式把艾格尼丝·冯·格罗讷贬为庶人之后,她一直在为官复原职而"上访",直至20世纪40年代初期。她申诉自己对纳粹党纲领的忠诚拥护,自己的"罪行"是对宗教独立的一种理解。虽然她一直和鲁道尔夫·黑斯(Rudolf Hess)这样的纳粹高层保持通信,但她一直是不受欢迎的人。

在威斯特伐利亚地区,许多信奉福音派的德国女性也拥护认信教会,甚至与先前一直有矛盾的前共产主义分子或不受欢迎的人结成统一战线。该地区有783名福音派女性组织成员,其中740人忠于艾格尼丝·冯·格

---

[1] Claudia Koonz, *Mothers in the Fatherland: Women, the Family and Nazi Politics*, New York: St. Martin's Griffin, p. 247.

[2] Claudia Koonz, *Mothers in the Fatherland: Women, the Family and Nazi Politics*, New York: St. Martin's Griffin, p. 250.

[3] Claudia Koonz, *Mothers in the Fatherland: Women, the Family and Nazi Politics*, New York: St. Martin's Griffin, p. 53.

[4] EZA/C3/186, 361 ff. 转引自 Claudia Koonz, *Mothers in the Fatherland: Women, the Family and Nazi Politics*, New York: St. Martin's Griffin, p. 252.

罗讷而不是纳粹,她们中的大多数人开始和天主教结成同盟,共同做事。①

尽管纳粹的报刊审查十分严格,福音派女性还是在自己的期刊里批评纳粹化的基督教神学观念。她们的文章充满了浓厚的神学理论和词语。但是,在严格的宗教领域里讨论敏感的政治问题是可以通过报刊审查的。例如,讨论《旧约全书》中的女性,就是在隐晦地揭示福音派女性反对纳粹的本质。② 有的福音派女性为了保护其传统中的犹太元素,采取措施以防纳粹的种族性的诽谤。梅塔·埃尔(Meta Eyl)在1934—1947年担任德国福音派女性同盟主席,是支持犹太—基督教传统的,在她看来,在《圣经·路得记》和《旧约全书》中就记载了数位女性的事迹,并且她们是受人尊敬的角色。③

作为路德思想的传人,她们坚守自己的宗教信念——通过信仰获得拯救,而不是通过工作或是其他的物质标准,更不是种族标准。女神学家达玛史可(Damaschke)是这样理解的:"这群日耳曼人对上帝的理解构成了对基督教的巨大威胁,就像马克思主义的无神论对基督教的威胁一样。另外,她还发现所谓纳粹的千年帝国之说纯属是异端邪说,这种说法也完全无视天堂的存在。"④ 对于福音派女性而言,可以接受日耳曼民族是要统治全世界的,但她们不能接受的是纳粹可以预言谁可以进天堂。⑤

卡塔琳娜·史达茨(Katarina Staritz)认为迫害犹太人是违反上帝的教义的,于是她组建了一个福音派拯救犹太人小分队,在与布鲁塞尔交界的德国边境处,她们将犹太人送出国,并为那些还留在德国的犹太人提供帮助。该组织的很多队员在1943年被捕。卡塔琳娜·史达茨的勇气可嘉,她冒着生命危险和纳粹作斗争。在战后,她也勇敢地承认自己当时多少都有一点反犹主义倾向,她在集中营的时候,和非犹太裔的共产党员或是其

---

① Claudia Koonz, *Mothers in the Fatherland: Women, the Family and Nazi Politics*, New York: St. Martin's Griffin, 1988, p. 253.
② Claudia Koonz, *Mothers in the Fatherland: Women, the Family and Nazi Politics*, New York: St. Martin's Griffin, 1988, p. 246.
③ Claudia Koonz, *Mothers in the Fatherland: Women, the Family and Nazi Politics*, New York: St. Martin's Griffin, 1988, p. 246.
④ Claudia Koonz, *Mothers in the Fatherland: Women, the Family and Nazi Politics*, New York: St. Martin's Griffin, 1988, p. 246.
⑤ Claudia Koonz, *Mothers in the Fatherland: Women, the Family and Nazi Politics*, New York: St. Martin's Griffin, 1988, p. 246.

他的反对分子相处得很好，但是和犹太裔的囚徒相处就不那么融洽。①

在希特勒入侵波兰之后，科隆的一位福音派女性组织领导人奥古斯特·亨克（Auguste Henke）写信给一位朋友："我不知该怎样形容对H（希特勒）的愤怒之情，德国在劫难逃，现在或者是不久的将来，我们将要为之前的光辉时期付出惨重的代价。我们并不需要希特勒，民众们充满了仇恨，以至于没有了自己的想法。我们有足够食粮，衣食住行不成问题，我们不需要新的领土。"奥古斯特·亨克的信被例行审查后招致各种审问。在为自己辩护的时候，奥古斯特·亨克说，自己没有损害德国的士气，只是说了人人都心知肚明的实话。②

1939年秋天，虔信福音派的德国女性希尔德·莱曼（Hilde Lehmann）没有给纳粹的"冬日救助计划"捐款，还谴责一名纳粹护士的失误造成了一名婴儿的死亡。盖世太保收集希尔德·莱曼的叛逆资料足足有28页，他们指控希尔德·莱曼"完全不关心希特勒的思想和纳粹的宏伟蓝图，她的行为极大地损害了德国的民族精神"③。

不少福音派女性加入了认信教会，有的人还承担了秘书工作，或者成为教会助理、女房东、幼儿园老师、护士、女赞助人、女神学家。还有一些福音派女性嫁给了认信教会的牧师，并成为自己丈夫的好帮手，协助丈夫工作。

斯蒂芬妮·冯·麦肯森（Stephanie von Mackensen）早在1932年就加入了纳粹党，她在首次见到希特勒的时候，就被他的思想和行为所折服。当时她认为德国需要这样的领袖，他可以带领德国在世界上争取一席之地。但是不久，她就看清了纳粹的真面目。她坚信自己的人生主人是耶稣基督而不是元首希特勒，宁愿归顺耶稣基督的想法（做耶稣基督让做的事情）而不是元首让做的事情。她还反对在基督教会内部推行"元首原则"。当波美拉尼亚地区的基督教主教卡尔·托姆（Karl Thom）要求所有波美拉尼亚地区的福音派教徒对他个人效忠的时候，斯蒂芬妮·冯·麦肯森和其

---

① Katarina Staritz, *Des grossen Lichtes Widerschein*, Berlin: Evang. Frauenhilfe in Deutschland, 1947, S. 20-31.
② Claudia Koonz, *Mothers in the Fatherland: Women, the Family and Nazi Politics*, New York: St. Martin's Griffin, 1988, p. 391.
③ Claudia Koonz, *Mothers in the Fatherland: Women, the Family and Nazi Politics*, New York: St. Martin's Griffin, 1988, p. 391.

他牧师应急同盟的成员径直走出宣誓大厅以示抗议，毫不理会其他人和主教的想法。①

1934年5月，斯蒂芬妮·冯·麦肯森参与了《巴门宣言》的起草工作。1934年10月，她又参加了达勒姆宗教会议，并且是参加该会议的唯一女性，也是认信教会的创始人之一。②

斯蒂芬妮·冯·麦肯森后来在波美拉尼亚地区的认信教会主持工作，教众和牧师们都十分信任她，以致该地区认信教的所有收入都存入她的个人账户，然后她再给牧师和教士发工资。曾有一段时间，该教会兄弟会的所有成员被捕入狱，只有斯蒂芬妮·冯·麦肯森一个人管理和运行波美拉尼亚地区的认信教会。③

为了方便自己为认信教会做事，斯蒂芬妮·冯·麦肯森没有马上放弃纳粹党党籍，只是不为纳粹做实质性的工作。她还认为自己有权利一直留在纳粹党内，因为在加入纳粹党的时候，她就是一位基督徒，虔诚地侍奉主，直到现在她也没有改变过，没有背叛自己的信仰。纳粹党对她的丈夫施加了压力，迫使他们夫妇不得不离开当地，为巴黎和布鲁塞尔的红十字会工作。虽然斯蒂芬妮·冯·麦肯森依然做了有意义的事情，但是不能再为教会工作了。④

夏洛蒂·冯·科斯鲍姆（Charlotte von Kirschbaum）与卡尔·巴特（Karl Barth）教授的亲密关系对认信教会的发展有着极其深远的影响。巴特教授为牧师应急同盟的建立起草了方案，参与起草《巴门宣言》。1934—1945年，他在自己的杂志《当今的神学家》(*Theologische Existenz heute*)里煽动抵抗纳粹的情绪。夏洛蒂·冯·科斯鲍姆担任巴特教授的秘书，但她所做的不仅是打字和速记，远多于一个秘书的工作。她帮助教授查阅和整理资料，并在教授学术生涯的每一个重要的转折点都陪在他的身边。夏洛蒂·冯·科斯鲍姆个人对《巴门宣言》的文稿也有一定的修饰和

---

① Theodore N. Thomas, *Women Against Hitler: Christian Resistance in the Third Reich*, Greenwood Press, 1995, pp. 37 – 38.
② Theodore N. Thomas, *Women Against Hitler: Christian Resistance in the Third Reich*, Greenwood Press, 1995, pp. 37 – 38.
③ Theodore N. Thomas, *Women Against Hitler: Christian Resistance in the Third Reich*, Greenwood Press, 1995, pp. 37 – 38.
④ Theodore N. Thomas, *Women Against Hitler: Christian Resistance in the Third Reich*, Greenwood Press, 1995, pp. 37 – 38.

润色,使整个宣言读起来更流畅。即使是在波恩的那几年,教会之间的冲突已经十分严峻,夏洛蒂·冯·科斯鲍姆依然对教授不离不弃。教授曾说自己一生亏欠夏洛蒂·冯·科斯鲍姆很多,是她在很多方面给他启示和灵感。①

玛佳·莫伊塞(Marga Meusel)自1932年起一直在柏林—策伦多夫地区的福音派福利机构中担任领导职务,主张善待犹太人,而且她所说的犹太人是全体犹太人,包括犹太教的。

面对纳粹政权和纳粹分子疯狂的反犹行动,玛佳·莫伊塞和她的同事夏洛蒂·弗里登塔尔(Charlotte Friedenthal)向其上级领导马丁·阿尔贝茨(Martin Albertz)建议,要求认信教会建立一个"非雅利安人问题咨询中心",并且自愿承担运营和具体的实施工作。但他们三个人实在找不到一个自愿承担如此重任又有能力和经验的人。玛佳·莫伊塞起草了一篇文章,名为《对非雅利安基督徒的责任和任务》,但是在1935年3月,没有一个编辑敢于发表这篇文章。②1935年4月,玛佳·莫伊塞向福音派女修道院求助,询问她们是否愿意接纳非雅利安福音派教徒作为学徒执事,但是对方并不愿意接纳。③

1935年9月,普鲁士认信教会召开了一次宗教会议,在这里,马丁·阿尔贝茨宣读了玛佳·莫伊塞撰写的《德国非雅利安人的地位》一文。在这篇文章中,玛佳·莫伊塞表达出她对包括非基督徒在内的所有纳粹受害者的关心和担忧。她提醒读者注意《奥格斯堡宗教协定》所规定的原则:所有违背上帝旨意的法律,基督徒们不必遵守。她也列举了非雅利安人所承受的官方和非官方的种种迫害:骚扰、剥夺公民权、恐吓、暴打、诽谤、流放等。最后,玛佳·莫伊塞呼吁认信教会的成员们表达一下同情之心,让麻木的人睁开双眼看看世界,让民众的良知苏醒。她说:"敌人们——那些崇拜铁血和种族的人,就在外面威胁着我们的生命。在我们面对'你的兄弟是谁?'这个问题的时候,对于认信教而言,似乎最佳的答

---

① Renate Köbler, *Schattenarbeit: Charlotte von Kirschbaum—Die Theologin an der Seite Karl Barths*, Köln: Pahl-Rugenstein, 1987, p. 48. 转引自 Theodore N. Thomas, *Women Against Hitler: Christian Resistance in the Third Reich*, Westport: Greenwood Press, 1995, p. 38。

② Theodore N. Thomas, *Women Against Hitler: Christian Resistance in the Third Reich*, Westport: Greenwood Press, 1995, p. 39。

③ Theodore N. Thomas, *Women Against Hitler: Christian Resistance in the Third Reich*, Westport: Greenwood Press, 1995, p. 39。

案是该隐。① 德国人有一个新的上帝：种族，那些被迫害的异种族人是做了上帝的人祭。对于这种弥天大谎，谁敢说真话呢？"②

玛佳·莫伊塞还列举了纳粹对非雅利安儿童的迫害，对夫妇中非雅利安的一方的威胁，对于非雅利安的医生、牙医、兽医、老师、公务员、律师、麻醉师、小商贩实施自身专业技能的机会的剥夺。玛佳·莫伊塞发表了下列预示性的话语：

> 助长以铁血和种族的名义来迫害犹太人之风，其后势必是要迫害基督徒的。认信教会已经在经历这种迫害了，特别是神职人员。但是，认信教会遭受的这点迫害和犹太人以及非雅利安人所受到的迫害，是不能相提并论的。基督徒只是个人受罪，但是犹太人和非雅利安人是全家跟着遭罪受害，若是认信教会的某一教众是雅利安人，那么其全家都是安全的。我所说的重点是，认信教会所遭受的迫害是因为信仰，而非雅利安人所遭受的迫害是因为上帝让他们出生在不同的家庭。那些难民们就应该挨饿吗？难道没有人有义务去帮助他们吗？谁去帮助那些饥饿的、衣不遮体的囚徒？谁去拯救万民，甚至是纳粹？
>
> 我们一直能听到非基督徒的抱怨，他们自认为是被教会所抛弃了，有些犹太人和犹太组织去帮助他们，但是没有教会的力量做援助。为什么天主教就可以雇佣非雅利安人做医生和护士，但是福音派团体就没有这种勇气呢？为什么教会不给那些无罪却被迫害的人做祈祷呢？为什么不为犹太人祈祷，但是却为那些被捕的牧师做祷告呢？以此种种，我们很难帮教会做辩护。
>
> 在推行这种不正义的行为的时候，还打着上帝的旗号，实在是亵渎神灵的。我们在上帝的眼皮底下不要行恶，否则便会遭受厄运，会听到上帝对此的谴责，并将作恶之人驱逐出去。③

---

① 谋杀兄弟者，亚当与夏娃的长子，杀其弟亚伯，见《圣经·创世记》。
② 转引自 Theodore N. Thomas, *Women Against Hitler: Christian Resistance in the Third Reich*, Westport: Greenwood Press, 1995, p. 39。
③ Theodore N. Thomas, *Women Against Hitler: Christian Resistance in the Third Reich*, Westport: Greenwood Press, 1995, p. 40.

玛佳·莫伊塞这篇清晰并富有激情的文章是对马丁·阿尔贝茨、马丁·尼默勒、迪特里希·邦赫费尔及其芬根瓦学生的极大支持。他们所有人都希望教会及早地发表声明和犹太人团结起来。

嫁给牧师意味着无尽的生活压力，这与其丈夫的职业生涯有关。教会的法规明确地规定了牧师的妻子不能单独谋求职业，甚至也暗示了牧师妻子只能帮助处理教会的事务，不能花费时间和精力在教会以外的事情。

牧师的妻子大多是出身于独立的商户、医生、教师、小业主等有专业技能的家庭，其中最多的是出身牧师家庭。她们有在牧师家庭成长的经历，也就有了做牧师妻子的最基本的经验。因为牧师的妻子出身中产阶级家庭并且受过教育，注定她的一生都要为教会服务，所以她受到大多数教区民众的尊敬，她的地位高于其他的女性，特别是在乡下。她们的家庭在教区是十分活跃的，有的还处于带头人的地位。在德国社会里，人们对牧师妻子的普遍理解是：一个有信仰的女性、标准的主妇和母亲，经常出入的场所就是家庭、学校、教堂和社区。她的家应该是随时准备有客人拜访牧师的，所以她应该是热情好客的。牧师的寓所是教徒们寻求模范家庭和精神领袖的地方。在教众来拜访牧师的时候，牧师妻子应该邀请对方喝茶，主动和对方聊家常等。若是有的堂区居民不愿因为一点小事而打扰牧师的话，牧师妻子应该聆听对方的心事，体谅对方的苦衷，然后在合适的时机把信息传达给丈夫。牧师的妻子应该对教会的节日谨记在心，提醒丈夫某日应为婚丧、洗礼等事宜做准备。牧师和妻子出席教众的金婚纪念或是六十大寿，在教会和社区是受人尊敬的行为。在困难的时期，他们的出现最起码给教众以希望。特别是在农村，在人们得病或是女性临盆的时候，经常会向牧师妻子寻求帮助和建议。在各种婚丧、洗礼、结婚纪念日等活动时，妻子应该陪在牧师的身边，出席各种活动。若是她能弹奏风琴、指挥儿童唱诗班、教授《圣经》课程、管理教会账目，那就更好了。

战争爆发后，牧师妻子的压力就更大了。无休止的征兵将牧师从家带到远方，有的人甚至再也没能回家。那些没有被征召的牧师将面临更大的压力，要代替邻近教区那些已经被征召入伍的牧师的工作。这样的话，对牧师妻子而言，见到丈夫的时间就更少了。

认信教会牧师的妻子会比其他的牧师妻子压力更大。尽管有规定认信教会牧师结婚后可以搬进一处宽敞的、有全套家具的牧师寓所，过上相对安逸的生活，但在宗教斗争发生后，牧师的收入和社会环境都发生了变化。1934年5月之后获得圣职的牧师，并不能享受到额外的津贴，其收入与其他教会的牧师相比大为减少。他们在结婚的时候，还要签署一份文件，表明自己若在战争中阵亡，认信教会不可能为其妻子提供任何补助，也没有义务照顾她。认信教会牧师领取的工资大约每月150马克，还不到一个女秘书月收入的1/4。在宗教斗争期间，很多牧师领不到工资，1938年其工资被削减了20%，在1939年时现金被冻结了，只能获得杂货店的代金券，牧师在很多情况下不得不依靠认信教会会众的救助为生。[①]

除此之外，认信教会的牧师还受到盖世太保的严密监控：他们在布道的时候，盖世太保会派密探旁听和记录；他们回到家后，盖世太保则利用其寓所周围的窃听设备监听其言谈；盖世太保还经常突袭式地搜查认信教会牧师的住所，翻箱倒柜，到处查找"违禁品"。一旦发现某些"可疑线索"，轻则罚款，重则遭到逮捕、审讯、监禁，甚至是处死。大多数时候，不是牧师而是牧师妻子接待这些不速之客。吉思拉·露施维茨（Gisela Lutschewitz）回忆道："盖世太保经常光临寒舍，但他们发现总是我一个人在家，因为我丈夫在教会做事。"[②]

认信教会牧师的妻子也成为盖世太保重点怀疑和侦查的对象。1943年的某一天，牧师威廉·魏特曼（Wilhelm Werthmann）的妻子西亚·魏特曼（Thea Werthmann）就被盖世太保以诽谤元首的罪名逮捕入狱。家里的女佣举报她，控告她曾在把希特勒的肖像邮票贴在信封上时说：现在你有一个希特勒了，你可以对他吐唾沫。尽管魏特曼夫人不断声明自己是无辜的，但还是被警察带走了。威廉·魏特曼已经远赴战场，三个孩子独自留在家里。在集中营里，魏特曼夫人被关押了一年。后来，魏特曼夫人发现，那个举报她的人从未出庭作证，她是受人指使进行诬陷的。[③] 该事件是认信教会中非常普遍的一个案例。这也能说明，牧师妻子因为社会地位较特殊，比较容易成为受怀疑和打压的对象。

认信教会牧师的妻子大都能够从容应对，以巧妙的方式同盖世太保作

---

① Theodore N. Thomas, *Women Against Hitler: Christian Resistance in the Third Reich*, Westport: Greenwood Press, 1995, p. 53.
② Theodore N. Thomas, *Women Against Hitler: Christian Resistance in the Third Reich*, Westport: Greenwood Press, 1995, p. 54.
③ Theodore N. Thomas, *Women Against Hitler: Christian Resistance in the Third Reich*, Westport: Greenwood Press, 1995, p. 54.

斗争。伊姆嘉德·沃尔格（Irmgard Vogel）就是一位认信教会牧师的妻子，她也经常遇到一些不速之客，但她早已练就了一套应对办法。当盖世太保的车停在牧师寓所门口的时候，伊姆嘉德·沃尔格便跑向阁楼，将重要的文件扔给教友邻居伊芙丽德·施耐德（Elfriede Schneider）。盖世太保离开了之后，再从施耐德女士那里取回它们。①

露丝·博客米勒（Ruth Bockemühl）是彼得·博客米勒（Peter Bockemühl）的妻子，他们在1929年结婚。彼得最初是倾向于希特勒的德国基督教的，是露丝·博客米勒直接地影响了丈夫的政治和宗教倾向。后者从父亲那里继承了坚定的信念，坚决抵制纳粹的德国基督教。在数次严肃的讨论之后，彼得换位思考，接受了妻子的观点，步入正途。彼得后来成为宗教斗争中有勇气的斗士，参与了印刷、编辑、出版、散播非法杂志等活动。② 一日，露丝·博客米勒丈夫印刷杂志的工厂被盖世太保搜查并封闭了，其手稿和其他的记录以及很多同事都被盖世太保带走了。盖世太保已经在家等她了，并要求她签署一份文件，承认其知道丈夫把杂志和其他的印刷品藏在哪里。露丝·博客米勒拒绝签署该文件。盖世太保把家里翻了个底朝天，却一无所获。原来，露丝·博客米勒和丈夫已经事先约好，若是有任何的风吹草动，就把重要文件藏在地下室的煤堆里面。③

萨克森主教雨果·哈恩（Hugo Hahn）记述了他的妻子艾丽卡·哈恩（Erika Hahn）是如何规劝年轻牧师沃尔夫冈·穆根宝（Wolfgang Müggenburg）与认信教会结盟的。"我在利用自身的影响力方面是十分谨慎的，但是我的妻子，利用她自身的魅力和毫无保留的性格，竭力劝服年轻人走上正途。"④ 后来沃尔夫冈·穆根宝成为萨克森宗教斗争中的一名积极分子。

雨果·哈恩还记载了萨克森认信教会牧师的妻子，由于信仰上帝的力量，是牧师们最勇敢的支持者。⑤

---

① Theodore N. Thomas, *Women Against Hitler: Christian Resistance in the Third Reich*, Westport: Greenwood Press, 1995, p. 54.
② Theodore N. Thomas, *Women Against Hitler: Christian Resistance in the Third Reich*, Westport: Greenwood Press, 1995, p. 58.
③ Theodore N. Thomas, *Women Against Hitler: Christian Resistance in the Third Reich*, Westport: Greenwood Press, 1995, p. 63.
④ Hugo Hahn, *Kämpfer wider Willen*, Metzingen: Brunquell Verlag, 1969, S. 164.
⑤ Hugo Hahn, *Kämpfer wider Willen*, Metzingen: Brunquell Verlag, 1969, S. 164.

第四章　基督教女教徒与纳粹运动　　　　　　　　　　　　　　159

莉莉·穆特曼（Lilli Muthmann）是牧师艾力西·穆特曼（Erich Muthmann）的妻子，1938年在利珀创建福音派女性救助组织，这在当时是需要极大的勇气和信念的，尤其是纳粹已经在市里建立了女性组织。该组织的基本责任是帮助上年纪和身体有残疾的人士，这也是对当地宗教女执事工作的辅助。① 莉莉·穆特曼拒绝加入纳粹的女性组织，并遭到逮捕审问。她坦言自己不喜欢纳粹把原先的教会歌曲搞得十分政治化，这种"还俗"的歌曲中没有一个字是提到耶稣的。② 纳粹女性组织的后备力量薄弱，而莉莉·穆特曼领导下的女性救助组织却人才济济。纳粹官员强迫莉莉·穆特曼辞掉在福音派女性救助组织中的职务，并勒令她参加当地工厂的工作。莉莉·穆特曼的家也遭到多次非法搜查，家里的生活用品被损毁大半。她的孩子们在学校中遭受冷遇和歧视。丈夫也被牵连，他被盖世太保以违反公共募捐法的罪名抓捕，在缴纳了200马克罚金后才被释放。尽管如此，福音派女性救助组织依然存在着，而且运行良好。③

即使是到监狱探望丈夫，也是一件极具危险性的事情。也许同意探监并不是纳粹的本意，他们希望从中能得到一些回报。勃兰登堡的牧师们由于宣读了一份违法的宣言而被捕入狱，在此期间，他们的妻子天天探望，给他们送饭，还给他们精神上的鼓励：她们聚集在监狱外面为牧师们唱圣歌颂福。但是警察们十分看不惯这样的行为，威胁这些妇女再唱歌就杀了她们。④

在梅西蒂尔德·科尔（Mechthild Kehr）探望丈夫的时候，被盖世太保抓住，要求她劝说丈夫签署一份文件，和认信教会脱离关系。梅西蒂尔德·科尔当即拒绝。她说："我不希望丈夫这样做，要是盖世太保们关押了所有的认信教会的男性，那么他们的工作我们女性会顶替上，到时候，你们再来抓女人好了。"纳粹官员回应道："你以为我们不会这样做吗？我们当然会这样做！"梅西蒂尔德·科尔针锋相对："我们也没奢望你们会善

---

① Theodore N. Thomas, *Women Against Hitler: Christian Resistance in the Third Reich*, Westport: Greenwood Press, 1995, p. 62.

② Theodore N. Thomas, *Women Against Hitler: Christian Resistance in the Third Reich*, Greenwood Press, 1995, p. 62.

③ Theodore N. Thomas, *Women Against Hitler: Christian Resistance in the Third Reich*, Westport: Greenwood Press, 1995, p. 62.

④ Theodore N. Thomas, *Women Against Hitler: Christian Resistance in the Third Reich*, Westport: Greenwood Press, 1995, p. 62.

待女性!"①

在1938年德国入侵捷克,柏林—勃兰登堡的认信教会兄弟同盟起草了一份声讨书,强烈地谴责了德国纳粹民族主义立场和好战的、发动战争的倾向,并要求各地的牧师在自己负责的教区向教众宣读该声讨书。盖世太保听到了风声,严禁梅西蒂尔德·科尔的丈夫鲁道夫·科尔宣读。鲁道夫·科尔拒不服从,遂被捕入狱。梅西蒂尔德·科尔代替丈夫当众宣读了那份被禁止的声讨书,也被关进了集中营。②

在纳粹的白色恐怖氛围之下,牧师们的抵抗决心也会慢慢动摇。牧师的妻子扮演着建议者的角色,有时还帮助丈夫恢复雄心壮志。莉迪亚·林克(Lydia Link)这样鼓励未婚夫——年轻的牧师伯恩哈德·赫尔曼(Bernhard Heiermann):"不要顾虑会不会牵连到我,去做你觉得正确的事情。"③在萨克森的一名牧师去参加教会会议之前,他的妻子对他说:"我跟你说,你要是有任何违背《尼西亚信经》的举动,我就不让你进家门!"④赫莲娜·鲍尔—迪德(Helene Brauer-Dede)经常代替丈夫——认信教会牧师君特·迪德(Günther Dede)——参加认信教会地区性会议,并带回一些牧师会议的消息。因为接连受到打击,君特·迪德打算辞掉认信教会牧师职务,甚至退出认信教会。赫莲娜·鲍尔—迪德认为这种行为是极不负责任的,会对马丁·尼默勒造成很大的伤害,而君特·迪德十分敬重马丁·尼默勒,他的书桌上摆放着马丁·尼默勒的肖像。经过认真反省,君特·迪德接受了妻子的劝告,坚持认信教会的宗教—政治主张,并且成为某个城市认信教会的发言人,工作十分积极,直到1942年去世。⑤

认信教会牧师马丁·尼默勒的妻子艾尔斯·尼默勒(Els Niemöller)是一位贤内助,也是其丈夫最重要的支持者和鼓励者。在被盖世太保抓进达豪集中营,受尽8年时间的折磨之后,马丁·尼默勒意志十分消沉,开始质疑马丁·路德(Martin Luther)宗教改革的合法性,并想退出认信教

---

① Theodore N. Thomas, *Women Against Hitler: Christian Resistance in the Third Reich*, Westport: Greenwood Press, 1995, p. 62.
② Theodore N. Thomas, *Women Against Hitler: Christian Resistance in the Third Reich*, Westport: Greenwood Press, 1995, p. 62.
③ Theodore N. Thomas, *Women Against Hitler: Christian Resistance in the Third Reich*, Westport: Greenwood Press, 1995, p. 58.
④ Hugo Hahn, *Kämpfer wider Willen*, Metzingen: Brunquell Verlag, 1969, S. 66.
⑤ Helene Brauer-Dede, *Frau Pastor*, Oldenburg: Verlag Klaus Dede, 1986, S. 140.

会，皈依天主教。艾尔斯·尼默勒不断地劝说丈夫保持乐观态度，坚持斗争。直到1945年战争胜利，马丁·尼默勒才获得自由。马丁·尼默勒牧师出狱后深受广大教友和民众的敬仰，成为黑森和拿骚的福音派领袖，后来又成为世界教会委员会的主席。①

认信教会看上去是一个男性的抵抗组织，但是我们不应忘记该组织的大量活动是由成千上万的女教徒来协力完成的，还有很多妇女也为她们的信仰付出了生命。这些妇女的一些看似不重要的举动，如将孩子们引领到教会的组织而不是希特勒青年组织；参加福音派女性辅助组织而不是纳粹的女性组织；印刷非法的传单和杂志；协助举办秘密会议；帮助犹太人；为陷入困境者挨家挨户地筹款；为被捕入狱的牧师做祷告……这些都是违背当时的法律的，这体现了她们的叛逆精神和反抗纳粹统治的意志，也构成了福音派女性抵抗运动的一部分重要内容。

一些教友回忆：要是没有这些女性，认信教会也许早已不存在了。②乔希姆·贝克曼（Joachim Beckmann）也说："女性为持续的抵抗提供了动力。"③

1933年，国家主教路德维希·米勒与纳粹党青年部部长巴尔德尔·冯·席拉赫狼狈为奸，企图把所有福音派青年组织并入纳粹青年组织。牧师应急同盟表示反对，奥托·蒂贝里乌斯（Otto Dibelius）起草了一份抗议书，将这种行为比作是希律王杀害无辜者。他还委托秘书森塔·玛利亚·克拉特（Senta Maria Klatt）将该抗议书手稿送到地下印刷所，制成传单散发。克拉特将稿子藏在手套的内衬里面，准备穿过小镇到印刷所，但却遭到盖世太保的盘问和搜查。她趁人不注意的时候，将抗议信撕碎，吞咽下去，避免了更大的损失。数年后，已是耄耋之年的克拉特回忆此事时，说

---

① Edita Sterik (ed.), *Else Niemöller: Die Frau eines bedeutenden Mannes*, Darmstadt: Zentralarchiv der Evangelischen Kirche in Hessen und Nassau, July 1990, pp. 126–127.

② Wolfgang See and Rudolf Weckerling, *Frauen im Kirchenkampf: Beispiele aus der Bekennenden Kirche Berlin-Brandenburg 1933 bis 1945*, Berlin Wichern Verlag, 1986, cover of the book. 转引自 Theodore N. Thomas, *Women Against Hitler: Christian Resistance in the Third Reich*, Westport: Greenwood Press, 1995, p. 33.

③ Theodore N. Thomas, *Women Against Hitler: Christian Resistance in the Third Reich*, Westport: Greenwood Press, 1995, p. 33.

道:"在那千钧一发的时候,你只能那么做!"①

女秘书伊丽莎白·米勒(Elisabeth Müller)和阿黛尔·孟格思(Adele Menges)是卡尔·伊莫的忠实追随者,不仅为他做打字、印刷、传递文书之类的工作,还帮助他发表了"反动文书"《团体》(Coetus)。②

自1938年至1942年间,莱茵地区认信教会的女护士和牧师助理朵拉·冯·厄廷根(Dora von Öttingen)一直在年轻人和女性团体服务,给予她们具体的工作指示。她与黑森地区的认信教会牧师一起工作。当牧师不在的时候,她就承担起布道工作。她也十分关心犹太家庭,有时还帮助他们藏匿。1942年,朵拉·冯·厄廷根因为散播违禁书籍《民族国家教会的三十条原则》而被盖世太保关押了6个月之久。③

朵拉·冯·厄廷根是于1941年在伍珀塔尔第一次接触到这种私下传递的文件的,她将它带回法兰克福,并在相互信任的小圈子内传阅。盖世太保在搜查其住所时,发现了这本书的手抄本,并立即将其逮捕。盖世太保继续逼问她是怎样得到这本书的,是谁先发现了这本小册子,在她看完之后,又将其借给了谁。面临刑讯逼供,朵拉·冯·厄廷根宁死不屈,决不招认,盖世太保一无所获。朵拉·冯·厄廷根蹲了6个月的监狱,被释放后,仍受到盖世太保的严密监视。④

高校教师玛利亚·露易丝·希姆波德(Maria Luise Helmbold)是图林根认信教会的一位积极分子,她不仅支持牧师的工作,还亲自教授宗教课程。当牧师恩斯特·奥托(Ernst Otto)被驱逐出牧师办公室的时候,玛利亚·露易丝·希姆波德起草了一份抗议书,征集了2000多人的签字,强烈要求国家主教恢复奥托的职务。对于这种"勇敢"的行为,纳粹当局对玛利亚·露易丝·希姆波德做出惩罚,将她调到图林根森林深处。在那里,玛利亚·露易丝·希姆波德还在为认信教会的集会积极地工作。除了教学工作,玛利亚·露易丝·希姆波德还为教会中的老年人服务,并且为

---

① Theodore N. Thomas, *Women Against Hitler: Christian Resistance in the Third Reich*, Westport: Greenwood Press, 1995, p. 34.
② Theodore N. Thomas, *Women Against Hitler: Christian Resistance in the Third Reich*, Westport: Greenwood Press, 1995, p. 43.
③ Theodore N. Thomas, *Women Against Hitler: Christian Resistance in the Third Reich*, Westport: Greenwood Press, 1995, p. 42.
④ Theodore N. Thomas, *Women Against Hitler: Christian Resistance in the Third Reich*, Westport: Greenwood Press, 1995, p. 42.

认信教会宣讲教义，她靠步行或是骑自行车在一个个村落间宣讲。①

不少认信教会女工作人员因为伪造文件、私自到黑市套购购物券、为犹太人伪造新的身份证明（以便其躲藏）而遭到逮捕，有的人甚至被判处死刑。认信教会的公寓主管伊芙丽德·沃尔夫（Elfriede Wolff）、办公室职员艾尔斯贝特·万霍夫（Elsbeth Vonhoff）、秘书多萝西亚·赫曼（Dorothea Herrmann）、赫德佳·雅各比（Hildegard Jacoby）、海伦讷·雅各布斯（Helene Jacobs）、弗丽达·费舍尔（Frieda Fischer）等人都因为帮助犹太人伪造文书和在黑市上为犹太人套购食品供应券而被捕入狱。② 莱茵地区认信教会的牧师助理莉迪亚·赫尔曼（Lydia Heiermann）也因为帮助教区内有犹太血统的教众被抓进监狱，并被处死。③

教会是由男性掌控的，他们居于行政管理和领导职位。由于男性工作繁忙，许多教会的日常琐事便落到女性身上。在男性牧师被征召入伍的情况下，女性可以担任助理牧师。女性还担任教会的助理或秘书，她们负责复制危险的政治文献等工作。森塔·玛利亚·克拉特通过伪造募集善款的账目，避免了善款被盖世太保征用。④

海伦讷·雅各布斯是柏林的一位有基督教信仰的德国女性，她帮助藏匿犹太人，并帮助他们搞到假的身份，后被匿名举报，于 1943 年 8 月被捕。所幸盖世太保并没找到海伦讷·雅各布斯的全部罪行证据，只以黑市交易和伪造文书判处她两年半的监禁。1946 年 7 月，柏林的法庭推翻了对她的指控。⑤

---

① Dagmar Maess, "Ich tue das Meine, solange Gott mir Zeit lässt." Erinnerungen an eine ungewöhnliche Frau, *Glaube und Heimat. Evangelisches Sonntagsblatt für Thüringen* (Jena), No. 31 (1985). 转引自 Theodore N. Thomas, *Women Against Hitler: Christian Resistance in the Third Reich*, Westport: Greenwood Press, 1995, p. 35。

② Court records of the Sondergerichr bei dem Landgericht, 1. Gew. KLs. 203/43, 5 November 1943. Evangelisches Zentralarchiv in Berlin, Bestand 50/23, pp. 32 – 36. 转引自 Theodore N. Thomas, *Women Against Hitler: Christian Resistance in the Third Reich*, Westport: Greenwood Press, 1995, p. 43。

③ Evangelisches Zentralarchiv in Berlin: Bestand 50/23, pp. 33 – 36. 转引自 Theodore N. Thomas, *Women Against Hitler: Christian Resistance in the Third Reich*, Westport: Greenwood Press, 1995, p. 34。

④ Theodore N. Thomas, *Women Against Hitler: Christian Resistance in the Third Reich*, Westport: Greenwood Press, 1995, p. 34.

⑤ Victoria J. Barnett, *For the Soul of the People: Protestant Protest Against Hitler*, New York: Oxford Press, 1992, p. 32.

第三节　天主教女性与纳粹运动

　　和大多数信仰福音派的德国女性一样,信仰天主教的德国女性也十分厌恶魏玛共和国,对于魏玛共和国在面对无神论和布尔什维克主义时的懦弱表现深感不满。在魏玛共和国时期,她们享有不少福利,例如丰厚的财政补助、言论自由权。但在魏玛共和覆灭之际,天主教女性杂志没有发表任何文章表示哀悼,甚至连怀旧的文章也没有人写。

　　对于纳粹运动,德国天主教女性虽然没有表现出福音派女性那样的狂热,大多数人即使在经济危机爆发后依然支持中央党和巴伐利亚人民党等天主教政党,但也有越来越多的人开始对纳粹党表现出好感。1930—1933年,支持纳粹党的德国天主教女性选民的人数有大幅度的增加。在此期间,在巴伐利亚、奥格斯堡、雷根斯堡和科伦等天主教地区和城市中,支持纳粹党的女性数量持续上升;对比1930年的数据,到1933年的时候,以上四个天主教地区女性对纳粹党的支持率几乎是呈2倍甚至是3倍增长。① 在巴伐利亚、奥格斯堡、雷根斯堡和科伦等天主教地区和城市中,虽然支持纳粹党的男性选民一直是多于女性选民的,但在支持率上,男性支持率呈现下降趋势,女性支持率则是上升趋势。例如在科伦天主教地区,在1930年9月14日的国会选举中,女性选民中有15.5%的人投票给纳粹党,男性选民的投票率为19.8%;在1932年11月6日的国会选举中,女性选民中有19.2%的人投票给纳粹党,男性选民的投票率为21.8%;到了1933年3月5日的选举时,投票给纳粹的男女选民差距只有1%了。②

　　德国天主教女性同盟领导人吉尔塔·克拉贝尔(Gerta Krabbel)声称:"在我们内心深处,我们觉得德国的未来和欧洲的命运都处于紧要关头。"③

---

①　Helen L. Boak, "'Our Last Hope': Women's Votes for Hitler: A Reappraisal", *German Studies Review*, Vol. 12, No. 2, May, 1989, p. 297; Jügen W. Falter, *Hitlers Waehler*, München: Verlag C. H. Beck, 1991, S. 141.

②　Helen L. Boak, "'Our Last Hope': Women's Votes for Hitler: A Reappraisal", *German Studies Review*, Vol. 12, No. 2, May, 1989, p. 297; Jügen W. Falter, *Hitlers Waehler*, München: Verlag C. H. Beck, 1991, S. 141.

③　Claudia Koonz, *Mothers in the Fatherland: Women, the Family and Nazi Politics*, New York: St. Martin's Griffin, 1988, p. 276.

因为预见到希特勒将很快会统治德国，一些天主教女性选择支持他，她们不想被纳粹政权排除出去，成为国家的敌人。

当时在一些狂热的福音派女性组织领导人眼里，希特勒就是救世主弥赛亚。与之不同，对于希特勒被任命为帝国总理一事，天主教女性组织领导人并没有感到特别兴奋。她们起初没有发表任何评论，而是采取了保持沉默的态度。她们的这种沉默并不是源于对共和体制的依依不舍，而是在等待上级的指示，等着罗马教皇或德国天主教会的主教们表态。因此，在福音派女性宣布支持纳粹、拥护其政权6个月之后，天主教女性才做出回应，勉强答应与新政权合作。对于纳粹政权，天主教女性组织领导人在公共场所发表的言论，是体现着梵蒂冈主教的立场的。她们有理由相信教皇要她们支持纳粹是有道理的，同时也觉得教会应该得到自治、不受政府干预的权利。

但也有部分天主教女性组织的领导人对新政权表现出了较大的狂热。天主教女性组织领导人吉尔塔·克拉贝尔说："一夜之间德国发生了翻天覆地的变化，我们生活在一个极好的时代。"她称1933年为世界历史上最重要、最神圣的一年。德国天主教女性同盟的另一位领导人安冬妮·霍普曼（Antonie Hopmann）将1933年称作"吾主之年"[①]。有一位天主教女作家写道："当圣诞的钟声敲响大地，我们的元首正以他超人般的能力，将德国从经济废墟中拯救出来，引领德国各阶层的人士走向统一，为德国在世界范围内争取有利的地位。"[②] 她真心赞美希特勒，并希望其读者们能为希特勒的最后成功而祈祷。

有些天主教女性社会工作者在公开场合拥护新政权的降临，对于德国民众生活所发生的巨大变化感到欣喜若狂。她们觉得这是和无神论的社会主义作战的胜利结果，并且很快就会重建往日那种男女分工明确的社会秩序了。一位拥护希特勒的天主教女性事后回忆道："我们觉得希特勒在夺取了政权之后，会褪去自身的革命性特征，而变得富有责任心，并让自己

[①] Claudia Koonz, *Mothers in the Fatherland: Women, the Family and Nazi Politics*, New York: St. Martin's Griffin, 1988, p. 276.

[②] Claudia Koonz, *Mothers in the Fatherland: Women, the Family and Nazi Politics*, New York: St. Martin's Griffin, 1988, p. 276.

和国家日趋正常化。"①

同德国福音派女性一样,天主教女性也普遍支持与自身利益有关的纳粹政策。她们赞成女性的职业应该与其天性结合起来,并希望女性能从魏玛共和国时期的女性解放运动中解放出来,放弃工作,回归家庭,料理家务,侍奉丈夫,繁育后代。天主教女性组织领导人吉尔塔·克拉贝尔在天主教女性杂志上发表文章说:"当前的时代,要求我们女性天主教徒做出牺牲,前所未有地牺牲我们的权利和能力。"②

自纳粹党上台之后,天主教女性杂志上逐渐开始刊登关于"女性和男性职业规划"的文章,并警告女性特别是女性领导人,若不回归到女性的世界中,会给社会带来很多的麻烦。③

即使是那些曾为女性争取工作权、为女性独身和外出谋职进行辩护的女作家们此刻也改变了立场观点,催促女性离开男性的世界,催促女青年们回家操持家务。支持女性回归家庭是有浓厚的天主教背景的,现在却变成了天主教配合纳粹的一项决策。1933年,天主教女性年会的主题是"天主教女人和德国民族传统"。而在前几年,该年会的主题是"现代世界中的女性地位""经济危机与妇女""女性与和平"。在天主教女性期刊和文集中,颂扬日耳曼民族和家族里的"圣母"等主题的文章和诗歌比比皆是。

为了鼓励女性放弃工作,回归家庭,为"元首和民族"多生孩子,为祖国生育更多的种族纯洁、身体健康的接班人,纳粹政府在1933年6月1日颁布了《减少失业法》,其中规定向新近结婚并放弃工作的女性发放数额高达1000马克的婚姻贷款(相当于普通工人9个月收入的总和),并且每出生一个孩子便减免原贷款额的25%,生了4个孩子后就无须归还贷款了。④ 安冬妮·霍普曼热情欢呼婚姻贷款政策是"天才之举",是与天主教

---

① Gertrud Ehrle, Regina Broel (Hrsg.), *Licht über dem Abgrund: Aufzeichnungen u. Erlebnisse christlicher Frauen 1933 – 1945?* Herder, 1951, S. 88.
② Gertrud Ehrle, Regina Broel (Hrsg.), *Licht über dem Abgrund: Aufzeichnungen u. Erlebnisse christlicher Frauen 1933 – 1945?* Herder, 1951, S. 88.
③ Claudia Koonz, *Mothers in the Fatherland: Women, the Family and Nazi Politics*, New York: St. Martin's Griffin, 1988, p.296.
④ Erste Durchführungsverordnung über die Gewährung von Ehestandsdarlehen vom 20, Juni 1933, in: *Reichsgesetzblatt 1933*, 1, S. 377 – 378.

会的家庭观念相吻合的。①

有些天主教女性社会工作者也十分积极地与纳粹合作,希望强势的政府和强大的教会联合起来,共同统领造福社会。她们深受纳粹主义宣传的蛊惑,不仅相信纳粹政府可以提供更多的社会福利,也相信纳粹的高效和前瞻性。部分天主教女性甚至违背天主教的忠诚原则,加入了纳粹女性联盟,或者同意在纳粹女性组织的母亲培训机构、卫生保健、教育机构以及媒体(出版物、广播、剧院、电影)、婚姻咨询、抵制黄色书籍等组织中工作。她们"想以最坚强的意志参与到新政权的建设中,不是作为旁观者或是边缘人群,而是以积极的行动加入到国家的核心中"②。

但是大部分德国天主教女性依然坚持自己的天主教徒身份,不愿加入纳粹党。她们支持纳粹政权,但也主张保持教会自治、不受政府干预的权利。她们忠诚于纳粹政权,只是没有付出全部的忠诚。她们反复重申,"作为一个虔诚的天主教徒,我们忠于教会和天父。作为一名忠诚的德国女性,我们仍然遵从和支持民族共同体以及元首。所以,我们要一种调节的力量。"③

天主教女性组织领导人和福音派女性组织领导人一样,对于与纳粹合作答应得十分痛快,但是对于合并进纳粹组织,她们都十分不情愿。天主教女性用自己在等级社会中的地位,作为不与纳粹女性密切合作的借口,她们经常这样回应:"谢谢你们提供这样好的合作机会,但是我们要回去请示一下上层。"④ 当纳粹女性组织领导人保拉·西伯尔(Paula Siber)邀请天主教女性参加全国会议的时候,吉尔塔·克拉贝尔没有立即拒绝,但却说要得到主教的允许。这些天主教女性认为,应该和天主教男性上级结成联盟,而不是和那些非天主教女性。⑤ 天主教女性没有在高压之下加入纳粹团体,她们暂时地保持了自身的独立。

同福音派女性组织领导人艾格尼丝·冯·格罗讷一样,身为德国天主

---

① A. Hopmann, Nachrichtenblatt no. 8 (August 1933), 16 (newsletter).
② A. Hopmann, "Doppelmitgliedschaft", Nachrichtenblatt Newsletter (November 1933), 39.
③ Claudia Koonz, Mothers in the Fatherland: Women, the Family and Nazi Politics, New York: St. Martin's Griffin, 1988, p. 294.
④ Claudia Koonz, Mothers in the Fatherland: Women, the Family and Nazi Politics, New York: St. Martin's Griffin, 1988, p. 279.
⑤ Claudia Koonz, Mothers in the Fatherland: Women, the Family and Nazi Politics, New York: St. Martin's Griffin, 1988, p. 279.

教女性同盟主席的吉尔塔·克拉贝尔也希望上级能保护自己不被纳粹的女性组织所吞并,不把教会组织变为国家组织的一部分。但与福音派女性组织的领导人不同,天主教女性组织的领导人是不能和纳粹官员直接谈判的,更不能讨价还价。部分天主教女性组织还受到了纳粹分子的严重骚扰。早在1933年7月,罗腾堡地区的纳粹分子就曾闯进天主教年轻女性组织的会议室,取下她们在教堂的组织旗帜。这给天主教女性们留下了没有公义和受到极大压迫的感觉。她们抱怨道:"我们的组织得不到教会的和国家的支持,还有可能受到像社会主义者那样的嘲笑和辱骂,我们仍然要保持自身的信念,相信教会的决定、服从于新政权。我们从未想过要受到国家这样的攻击。"①

天主教女性并不是无条件地拥护现政权,在她们私下的交流中,她们更愿意坚持社会机构自治,反对将全部的权力交给纳粹的福利部门或是纳粹的女性机构。德国天主教慈善机构的总部设在巴登,这里的居民也大都是天主教徒和传统的自由派。1933年10月,纳粹妇联领导人格特鲁德·舒尔茨—克林克试图把当地的女性组织悉数并入纳粹女性组织之中。在经过多次磋商之后,天主教女性勉强同意在纳粹的母亲培训机构工作,但有一个条件:她们要保持自身的天主教特征,并且要求培训的内容不应包括"种族健康学"。舒尔茨—克林克不接受这个条件,并立即结束了这种会谈。②

当福音派女性努力融入新政权的时候,天主教女性选择了另一条道路。她们要在纳粹政府的管制之下,努力扩大自身的影响。和纳粹"管事人"在条件上进行了严密的磋商之后,她们也会参与某些特别会议。但是,总的来说,她们坚持自身的宗教信仰是第一位的。

有些天主教女性组织的领导人致力于组织建设,力图用所有的手段捍卫组织的独立性。她们把天主教会的等级制度视为抵制纳粹势力的堡垒,希望在教会的庇护之下,能继续发挥宗教功能。德国天主教女性也因为天主教一贯的处女情结和女修道院传统而坚持自己的特殊性质和任务。在纳粹统治时期,天主教女性一直在为维护自己的权利而进行抗争。在全德国

---

① Claudia Koonz, *Mothers in the Fatherland: Women, the Family and Nazi Politics*, New York: St. Martin's Griffin, 1988, p. 280.

② "Sitzung" (meeting), October 30, 1933, Baden, DCV-AR/580.

范围内，有十多个天主教女性组织将信奉天主教的母亲、教师、仆人、主妇、未婚女性、慈善志愿者等联合起来。仅德国天主教女性同盟就拥有20多万名成员。她们在教会和社区里宣传女性的权利。

天主教女性组织对待纳粹政权的态度既不同于福音派女性组织，也不同于天主教男性组织。例如，在天主教男性教师联盟疯狂地支持希特勒的时候，天主教女性教师联盟就没有任何明确的表态。男性教师宣布只有希特勒才能帮助德国走出受犹太人影响的阴影，天主教女性教师联盟则表示我们和男老师的观点不尽相同。一位年轻老师表示，所有的孩子都要加入希特勒青年团，这让天主教的教育工作很不好开展。[1]

在1933年早期的时候，天主教女性和福音派女性一样，都在期待教会上层人士能给她们一些指导意见，而这些教会上层往往是与纳粹政权有合作关系的。这就使得女性处于一个很尴尬的地位，因为批评国家的政策就意味着怀疑教会的决定，所以进行直接抵抗需要和教会断绝关系。

天主教女性领导人指望获得天主教上层对她们的保护，没有想到组织内的其他非纳粹人员，没能在组织外找到对纳粹存有异议的同盟。她们还自信地认为，只要纳粹能广开言路，天主教女性就可以影响纳粹的政策。天主教女性认为，她们在教会的支持下，会和纳粹竞争并赢得胜利。到1933年年底，天主教女性终于认识到她们所指望的来自上层的保护是微乎其微的。一位大主教还曾经对德国天主教女性联盟说，你们要么调整立场，要么全部解散。

天主教女性从小就接受严格的教会教育和管理，这深深地影响了她们的生活方式和价值观。当教会不能保护她们的时候，她们就用自己的力量重建自己的领地。这需要冒很大的风险，但是她们的信念支撑了她们生活的方方面面。即使天主教上层对这些女性十分恼火，她们仍然觉得十分骄傲，她们的组织一直比福音派的女性组织要完整得多。

在罗森贝格地区也面临相同的问题，天主教神甫将女性慈善性和教育性的女性团体交给纳粹女性组织管理，而这一切都没有征求过天主教女性的意见。有的女性向主教抗议神甫们这样的出卖行径："他们这样做我们该怎么办？难道他们就不该咨询一下我们的意见吗？现在，很多女性充满

---

[1] Claudia Koonz, *Mothers in the Fatherland: Women, the Family and Nazi Politics*, New York: St. Martin's Griffin, 1988, p. 272.

了疑惑甚至是开始动摇了。"①

　　整个德国的天主教女性都在抱怨纳粹的骚扰行为，那些抵制天主教的海报、关于神甫的谣言，甚至是冲锋队和希特勒青年团的直接攻击。还有很多宣传要求德国人联合抵制天主教的慈善团体，纳粹人士激烈地说："不要给天主教一分钱。"但是，有的女性偏不听从纳粹的建议，在一个小镇，50名妇女威胁着要扔掉纳粹颁发的奖章，为的是换取神甫从监狱中被释放。②

　　纳粹当局没有信守与天主教领导人的承诺，天主教领导人也不能保护他们的女教徒。天主教女性和福音派女性一样，打算亲自解决这一问题。但是，她们的行为只局限于地区范围。当福音派女性福利组织与纳粹女性福利组织合并之后，天主教女性还保留着自己的宗教属地。还有的天主教女性直接到当地的纳粹女领导人那里投诉自己遭受的不公待遇。天主教女性只能做一些"吃力不讨好"的工作。天主教女性和当地纳粹协商，进行谈判，毫无疑问的是，谈判也失败了。一位女性在1934年夏天是这样记录的："完全的失败！典型的纳粹行径：这就是事情发展的结果，我们有权利监督你们的工作，所以我们可以选择那些我们愿意做的事情。"③

　　天主教母亲组织对自身的宗教责任感日益加深，对公共生活也用宗教的教义来对待。"这个冬天，我们的工作所面临最重要的问题是：我们该如何帮助那些拯救疏远教会的年轻人的教会母亲呢？"④她们始终坚持有指导天主教母亲精神生活的义务，为那些神智健全的母亲辩护，强调自身的宗教信仰。天主教母亲阻止孩子接受纳粹的影响。为了抵制异端邪说，天主教女性再次重申了自己终生投身宗教事业的壮志豪情。天主教女性的阵阵抱怨之声说明了她们的不满之情。一位女性问道："我们该如何教育天主教母亲？教会和国家之间的竞争是完全为了民众。这就呈现出一个问

---

① Claudia Koonz, *Mothers in the Fatherland: Women, the Family and Nazi Politics*, New York: St. Martin's Griffin, 1988, p 287.
② Guenter Lewy, *The Catholic Church and Nazi Germany*, McGraw-Hill, 1964, p. 315.
③ Claudia Koonz, *Mothers in the Fatherland: Women, the Family and Nazi Politics*, New York: St. Martin's Griffin, 1988, p. 291.
④ Claudia Koonz, *Mothers in the Fatherland: Women, the Family and Nazi Politics*, New York: St. Martin's Griffin, 1988, p. 292.

题：这两方面是联合起来还是一方将另一方合并呢？"① 出于对未来的考虑，她们的内心是无法忍受这两方面完全对立的。

大量天主教女性失业，非天主教的纳粹女性代替了她们的工作。这些纳粹女性只是学习了速成的护理课程，她们对纳粹的党章和优生计划也是一知半解，而德国原来规定，要成为一名注册护士，最少要接受4年的专业教育和训练。这些纳粹女护士的工资是比正常的护士低很多的，但是她们听从纳粹的命令。据1937年巴伐利亚的报告显示，有的病人抱怨道："这里的护士关心希特勒的煽动言论多过关心病人。"②

德国天主教女性反对那些直接违背天主教教义的政策，也不能接受纳粹的优生工程、世俗教育和战争政策。

纳粹政权鼓励健康的民众多生育子女，在质量和数量上进一步增强所谓"优等种族"的力量。"女性的任务是，使自己美丽，并多生孩子。"③为了鼓励健康的德意志人多生育，纳粹当局在宣传和经济待遇方面给予生育者诸多优待，例如建立"国家母亲服务部"和"母亲儿童救济院"、颁布《向多子女家庭提供子女补助金法令》、设立"德意志母亲荣誉十字奖章"等。1938年的《婚姻法》规定，为建立民族共同体大业，允许健康人与无生育能力或拒不生育的人离婚。④ 党卫队则开始实施"生命之源"计划，提倡党卫队队员的家庭至少生育4个子女，并鼓励种族和政治方面可靠的党卫队队员让经过挑选的未婚德意志少女怀孕，然后送入12个特别产科中心给予精心护理。⑤

生育问题是对女性生活最具侵犯性的问题，也是天主教女性比男性在纳粹政权上更加警醒的原因。很多来自不同组织的天主教女性公开表达自身对纳粹政权的抵制：将母亲定义在一个很狭义的生物学范围之内，没有提到爱、教育、家庭价值；纳粹所推崇的尚武精神会把女性男性化；鼓励

---

① Claudia Koonz, *Mothers in the Fatherland*: *Women, the Family and Nazi Politics*, New York: St. Martin's Griffin, 1988, p. 293.

② Claudia Koonz, *Mothers in the Fatherland*: *Women, the Family and Nazi Politics*, New York: St. Martin's Griffin, 1988, p. 284.

③ Wolfgang Schneider, *Frauen unter dem Hakenkreuz*, Hamburg: Hoffmann Campe Vlg GmbH, 2003, S. 15.

④ Matthew Stibbe, *Women in the Third Reich*, London: Arnold Press, 2003, p. 50.

⑤ Michael Burleigh, *Death and Deliverance*: "*Euthanasia*" *in Germany 1900 – 1945*, New York: Cambridge University Press, p. 250.

多生育是对没结婚的女性的攻击。天主教女性力图捍卫用自己的方式生养和教育孩子的权利。她们更推崇圣母玛利亚，而不是推崇纳粹政权所宣传的，为强化种族而做生育机器。因不愿接受纳粹的多子化方针，天主教女性被纳粹的私人空间给边缘化了。

纳粹党在当政之初，就推行一系列的方针企图净化雅利安民族的血统。1933年7月，纳粹政府推出俗称绝育法的《预防遗传病新生儿法令》，着手"淘汰"德意志人内部"无生存价值的生命"，包括遗传病患者和懦弱、不合群、无能的人。纳粹政府声称国家应对民众的生活、婚姻和家庭拥有决定权，"所有患有遗传性疾病的人，如果通过医学诊断认定为其子女也将受到遗传性的身体和精神方面的损害，如：先天低能、精神分裂症、躁狂—抑郁性精神病、遗传性癫痫症、遗传性失明等，都将被绝育"。一方面，残疾人可以自己申请绝育；另一方面，公共卫生部门的医生也可以提出申请。对于住院的病人和在押的囚徒，医生、护理院和监狱的负责人也有权提出申请。1935年10月，纳粹政府又颁布婚姻卫生法，要求对全国人民进行甄别审查，防止患有遗传性退化疾病的人结婚，特别是那些绝育法所针对的人们。随后，纳粹政权连续颁布了大量对上述两部法律加以详细说明和扩大化的条例，成为纳粹政权推行种族优生立法的垫脚石。

希特勒的优生计划将全体日耳曼女性定义为"民族的母亲"，这其中也包含天主教女性。纳粹的种族优生宣传经常是基于这样的论调：身体不是属于自己的，而是民族、国家的，当国家需要你生育的时候，你要为国而生；当民族需要优秀的接班人，你为此要做堕胎手术的时候，也要毫不迟疑。

对于纳粹政权的优生计划，大多数德国天主教妇女都十分反感。纳粹政府的优生学理论挑战着天主教保守的生育观念。按照天主教的教义，生育是由上帝控制的，个人不能随意地堕胎，更不能绝育。没有人可以阻止怀孕，因为在神定的社会秩序里，众生是平等的。女性除了在节欲时期，不应该限制自己怀孕。

不仅如此，纳粹政府还让宗教及宗教相关部门在种族优生大业中承担重任。这些组织经常会接触到无法立即确诊的病例，而收治这些病人之后，通常是由组织中的女性接诊，只有她们可以断定这个孩子是否患有遗传性的智力障碍，还是成长的环境缺乏教育。

天主教社会工作者被告知，不得告知那些即将绝育的人，纳粹的婚姻法是禁止他们结婚的，即使是两个都已绝育的人也不能结婚。这种行事方式令天主教徒很尴尬，感到极大的道德困扰。例如将一个病人接入医院治疗，这是对病人的帮助呢，还是对他实施不道德的实验，迫害一个无辜的人？这种手术对于宗教体制内的人有什么影响吗？等等。有一个女教师十分不解，该如何判断一个在智商测试中得分很低的12岁男孩，是受到了脑损伤，还是脑子发育有障碍，抑或是文化匮乏呢？① 有的女性想知道，在道德水平下降的年代里，什么样的表现算得上是"缺乏道德观"？因为这样的人会被采取绝育手术。有的社会工作者想知道，那些"堕落的""危险的"女子是否应被绝育。若是采取了绝育手段，会让她在卖淫的行当中陷得更深，该怎么办呢？有的社会工作者十分担心那些被实施绝育手术的人，因为她们觉得自己已经被社会认定为"没希望的人"。②

许多天主教母亲、专业人士、志愿者和修女不愿意配合纳粹政权的行动，她们不愿意违背教义，不愿意背叛自己的信仰，不愿意背离自己长期以来所固守的传统，不愿意欺瞒他人，但是她们又不知道该如何在教会和国家之间做出妥协。作为虔诚的天主教徒，若是执行了纳粹政权的优生计划，她们会觉得是出卖了自己的信仰，但是教会的上层人士命令她们服从，她们虽然觉得很为难，却又无可奈何，不得不服从。接受优生学意味着背叛天主教义，但是批评国家的政策就意味着怀疑教会的决定，这违背天主教徒的本分，更不必说，直接抵抗意味着需要和教会断绝关系。她们多是选择默默地服从。对报复的恐惧也有可能使她们一丝不苟地执行纳粹的政策。但在执行检测的过程中，这些天主教女性对该政策的内容和执行标准产生了疑问。当纳粹社会上流传着对她们工作的表扬的时候，她们对自己的工作更加嗤之以鼻。

天主教女性慈善机构的首席负责人伊丽莎白·丹尼斯向主教求助，"我们要捍卫天主教的传统，这样做也是为了保护我们的人性不被日益上

---

① Claudia Koonz, *Mothers in the Fatherland*: *Women，the Family and Nazi Politics*, New York: St. Martin's Griffin, 1988, p. 284.

② Gertrud Ehrle, Regina Broel (Hrsg.), *Licht über dem Abgrund*: *Aufzeichnungen u. Erlebnisse christlicher Frauen 1933 – 1945?* Herder, 1951, S. 10 ff.

升的纳粹政权所吞噬"。① 在美因茨，天主教女性社会工作者玛尔塔·赫特（Marhta Herter）在没有得到天主教上层批准的情况之下，建议那些酗酒者的妻子不要让她们的丈夫们做绝育手术，她说："这个问题是十分严重的，你们丈夫晚上醉醺醺地回家了之后，有几次是好脾气的？"② 玛尔塔·赫特十分怀疑纳粹给酒鬼绝育政策的正确性，有几个酒鬼丈夫在绝育之后能给家庭带来更多的收入和安全感？在这之后不久，玛尔塔·赫特就被逮捕了，罪名是相信自己的理论多过相信政府。③

纳粹的纲领是建立在区分人是"有价值的"还是"无价值的"之上的，通过惩罚那些"没有价值的人"，而有选择地繁衍后代。这两种教义都没有留给个人做决定的机会。尽管天主教的修女和牧师有禁欲的传统，但是剥夺他人的生育能力又是另外一回事。在这个问题上，她们没有完全沦为纳粹的执行工具和刽子手。

1939年，当局又开始实施"儿童行动"计划，将新生儿中痴呆和畸形的"无生存价值的生命"以"治疗"的名义杀死。天主教女性十分反对纳粹的"安乐死"计划。一部分天主教女性以其超人的勇气和纳粹的"安乐死"计划作斗争。

1936年12月1日，纳粹德国颁布法律，规定学校严禁悬挂十字架。青少年除了要接受家庭及学校的教育外，无论在物质、精神或道德上，都必须按照纳粹党的精神，接受希特勒式的青年教育。

这种政策，使得天主教徒所面临的形势日趋严峻。一位巴伐利亚地区的天主教母亲回忆自己的孩子在看到希特勒青年组织里的制服、徽章、围巾、匕首和旗帜的时候是如何兴奋，并十分渴望和朋友们加入该组织，一起唱歌，一起行军。④ 很多孩子祈祷的对象是希特勒，这样的行为令很多天主教母亲感到痛苦和无所适从。

巴伐利亚的家长不愿将孩子送到纳粹的学校中。很多天主教母亲和教

---

① Claudia Koonz, *Mothers in the Fatherland: Women, the Family and Nazi Politics*, New York: St. Martin's Griffin, 1988, p. 287.
② Claudia Koonz, *Mothers in the Fatherland: Women, the Family and Nazi Politics*, New York: St. Martin's Griffin, 1988, p. 279.
③ Claudia Koonz, *Mothers in the Fatherland: Women, the Family and Nazi Politics*, New York: St. Martin's Griffin, 1988, p. 279.
④ Gertrud Ehrle, Regina Broel (Hrsg.), *Licht über dem Abgrund: Aufzeichnungen u. Erlebnisse christlicher Frauen 1933–1945?* Herder, 1951, S. 24–26.

师都极力避免让自己的孩子参加纳粹的青年组织。天主教女性在这种情况之下开始向主教求助，"我们恳请您，帮助天主教母亲。请让神甫们密切关注我们的孩子"。①

有的天主教家庭和个人与地方的纳粹党团就十字架问题爆发了公开的冲突，在明斯特、萨尔和巴伐利亚冲突特别激烈。1941年4月，为了抗议纳粹当局没收学校里的十字架，巴伐利亚的天主教徒举行了大规模的游行示威，学生也举行了罢课。大量女性参与其中，母亲们表达了对校方和官方的不满，希望其子女在官方退还学校十字架之前不必就学。最终纳粹收回成命，归还了十字架。②

在纳粹统治的早期，天主教女性组织还设法保持自身的完整。但是，面临日益"缩水的"天主教福利，如教育、慈善事业、健康医疗等，她们也开始怀疑自身的选择的正确性。每当她们怀疑的时候，纳粹政府就会用强有力的手段对天主教实施下一轮打击。终于，天主教女性认清了眼下的形势，她们面临的是一个强权政治，要让她们绝对服从。

在1937—1938年之后，小规模的抵抗运动就开始普遍开展起来了。很多经验丰富的天主教女性社会工作者，不为纳粹工作或者是消极怠工。她们开始挂起黄白相间的天主教会旗帜；见面相互问候"上帝保佑"，而不是"希特勒万岁"；参加民众集会而不是周末的纳粹党派集会；庆祝宗教节日；在母亲节为天主教母亲送礼物庆祝，而不是过纳粹的母亲节；庆祝教会节日而不是纳粹的节日。

尽管白色恐怖日益加强，天主教女性特别是德国天主教女性同盟成员，在私下还是会做一些"出格"的事情。她们资助地下组织，帮助神父们传递"非法"信件，并将自己的家变成一个"小教堂"。她们在客厅举行讲座、在厨房举行讨论小组、年轻人经常举行聚会，这些女性对主教给她们赐福感到无上的荣幸，而不是与元首握手或见面才感到兴奋。她们当中有一部分勇敢的女教徒没有坐等主教的指令，而是自行选择了一条势单力薄的抵抗之路。

一位天主教女教师起初是纳粹支持者，后来成为一个秘密抵抗组织的

---

① Claudia Koonz, *Mothers in the Fatherland: Women, the Family and Nazi Politics*, New York: St. Martin's Griffin, 1988, p. 287.

② Claudia Koonz, *Mothers in the Fatherland: Women, the Family and Nazi Politics*, New York: St. Martin's Griffin, 1988, p. 287.

时事通讯员。她最初是支持希特勒的，但是，在 1937 年之后，她宣布反对纳粹政权。因为它抵制教会，不给人言论自由，还迫使很多人背井离乡。她说："我不害怕纳粹，我们天主教的教师团结在一起，就可以对抗纳粹政权一直以来的骚扰。我认为，只要天主教能坚持自身的信仰和保护好自己的组织，就能等到德国获救的那一天。"①

还有一些十分勇敢的天主教女性，选择了与纳粹政权硬碰硬的直接斗争，她们有的负责传递情报、掩护组织和其他的抵抗者，甚至有的人还超越了民族和种族偏见，保护犹太人和吉普赛人免遭纳粹的处决。这些勇敢无畏的女斗士们，为此付出了极大的代价。她们有的被抓进集中营，有的失去了宝贵的生命。

玛利亚·格鲁姆斯（Maria Grollmus）就是其中的一个代表。在第一次世界大战结束期间，她一直在大学做研究，并在 1925 年获得了博士学位。在大学期间，她逐渐摆脱了天主教对她的影响，开始结交一些激进的新朋友，并声称，"政治是与宗教无关的"。在纳粹刚刚取得政权的时候，玛利亚·格鲁姆斯就感到危机四伏，并认为自己是属于抵抗组织的。她家在捷克边境有一栋度假的别墅，她认为，搬到那里住可以方便传递情报，且便于运送那些反纳粹的抵抗分子出国躲避追捕。她流利的捷克语和值得信任的邻居帮助其顺利地开展抵抗工作。一日，盖世太保突然搜查她家，并将其逮捕。她在监狱中做了 3 年的苦力，法官给了她一次与抵抗分子决裂就可获得自由的机会。她是这样回应的："我为自己的所作所为负责，而且绝不后悔，如果有机会，我还是会做同样的事情，即使知道还会被捕。"②在监狱待了 6 年之后，她被送往集中营，于 1944 年被杀，年仅 40 岁。

在纳粹的反犹猖獗时期，天主教女性组织力图建立一条离开德国的"通道"。关于这一点，目前学界所知信息也很有限。只是知道这群女性在格特鲁德·罗克娜（Gertrud Luckner）博士的带领下，建立了战争互助站，帮助那些非雅利安人离开德国，大多是通过弗莱堡、瑞士、维也纳出逃。格特鲁德·罗克娜具有经济学和社会学双博士学位，在 1933 年之前，积极参与了天主教和平运动。在得知纳粹的种族迫害政策之后，她当即决定

---

① Franz Heyen, *Nationalsozialismus in Alltag*, Boppard: Bolt, 1967, S. 136, 259 f.
② Maria Kubasec, *Sterne über dem Abgrud. Aus dem Leben der Antufascisten Dr. Maria Grollmuss*, Bautzan: VEB Domowina, 1961, S. 44, 81, 100 – 102.

和天主教的慈善机构合作，帮助受害者。她利用自己的身份作掩护，给那些驱逐出境的人送食物。她的善行使她得到了弗莱堡大主教的亲自接见。在1942年，格特鲁德·罗克娜意识到驱除出境就是要处死犹太人，她开展了营救行动。她以坚定的信念和卓越的勇气开始了救助行动，并坚信自己是不会受到伤害的。但是，在1943年3月24日，格特鲁德·罗克娜在救助犹太人的时候，被党卫队逮了个正着，她身上还带着准备接济犹太人的5000马克。经过9周的审问和一个月的扣押，格特鲁德·罗克娜被送往集中营，直到德国解放。①

"我们怎么知道自己是对的呢？又怎么能肯定，社会上、我们的朋友、邻居、亲戚，那么多追随纳粹的人都是错的呢？这样的疑问，每天每个天主教徒都会问自己。"② 在1945年之后，一位天主教的领导人这样回忆道："回忆以前的日子，就会真正地体会到'信仰需要黑暗的力量'这句话的真正含义，我们的信仰都受到了极大的挑战和考验。一开始，有很多教徒很崇拜纳粹和希特勒，甚至还说'万岁'（Heil）。后来，就在这种狂热的情绪散去之后，她们开始真正意识到自己的天主教信仰是无可替代的，理性终于战胜盲目。"③

---

① Günter Lewy, *The Catholic Church and Nazi Germany*, McGraw-Hill, 1964, p. 295, p397.
② Claudia Koonz, *Mothers in the Fatherland: Women, the Family and Nazi Politics*, New York: St. Martin's Griffin, 1988, p. 298.
③ Claudia Koonz, *Mothers in the Fatherland: Women, the Family and Nazi Politics*, New York: St. Martin's Griffin, 1988, p. 298.

第五章

反纳粹抵抗运动的德国女性

德国的抵抗运动（Deutscher Widerstand）包括所有由德国个人或团体组织发动的反纳粹斗争，例如批判纳粹主义、抗议纳粹政权的独裁体制、建立反纳粹统治的地下组织、散发传单、组织示威游行、救助受迫害者、向世界反法西斯同盟或者说反希特勒同盟提供情报以及刺杀希特勒和其他纳粹政要等。

可以说，纳粹运动甫一兴起，就受到德国社会各界的顽强抵抗，很多人不能容忍希特勒和纳粹党反自由主义、反和平主义、推崇专制独裁、颂扬战争暴力的宣传，绝大多数左翼政党和群众团体更是反对纳粹党徒对马克思主义的疯狂诋毁。在希特勒和纳粹党参加国会大选时，共产党、社会民主党、资产阶级政党和天主教会中人也不乏与纳粹党进行对抗的行为。直到1933年3月，大多数德国人仍未投票支持希特勒的领导，其中有些人直到最后都坚守反希特勒的立场。在纳粹统治时期，除了许多无组织的、个体的抵抗者外，从事抵抗运动的主要有德国共产党、德国社会民主党和由自由派人士组建的跨党派秘密地下组织，以及由贵族、军事和行政官员等保守派人士组建的密谋集团。

这些抵抗者的目标都是反对纳粹主义和纳粹统治，但在思想观念和行动方式上又呈现出明显差异：有的仅仅反对纳粹政权的某些政策和措施，有的是要推翻希特勒和纳粹党的独裁统治；有的主张建立自由民主体制，有的则主张恢复霍亨索伦王朝或是其他专制统治。与之相应，德国的抵抗运动内部也呈现出一种分裂状态，不同阶级阶层、教派党派、意识形态和思想观念的抵抗组织之间缺乏相互沟通和联系，未能形成精诚合作和大规模共同行动，更未能掀起强有力的武装斗争，推翻旧政权，建立新政权。

抵抗者大都遭到纳粹政府的残酷镇压。1933—1945年，大概有7.7万名德国公民因为具有"反叛"思想或抵抗行为而惨遭纳粹分子杀害，还有数不清的"嫌疑犯"被抓入集中营。德国的抵抗运动虽然有很大的局限性，但仍在一定程度上挽救了德意志民族的声誉，证明了"另一个德国"（anderes Deutschland）的存在。德国人并不都是纳粹分子，德意志民族良心未泯，为了信仰和理想，许多人不惜以身犯险，死而无怨。

也有不少德国女性参与了抵抗运动，她们有的是女共产党员、女社会民主党员，有的是各种各样抵抗组织的成员，还有一些人是男性抵抗者的妻子、女儿，等等。她们是与男性抵抗者并肩战斗的战友，是承担传递情报、站岗放哨、打印和传播非法的宣传册的信息员联络；是看望被捕同志、安抚惨遭杀害和流放的抵抗者的家属等后勤工作的承担者。虽然没有形成专门的女性抵抗组织，但参与各类抵抗活动的德国女性仍构成了整个抵抗运动中的一股重要力量，其作用巨大，有些活动是男性抵抗者无法胜任的。根据盖世太保和特别法庭的记录，在所有被捕的抵抗分子当中，女性占15%。[①] 但是迄今为止，在有关抵抗运动史的著述中，女性的抵抗运动鲜有记载，就是在"柏林反纳粹公义展览——铭记无名英雄"中，也只有很少几位女性抵抗者的事迹得以彰显。这实在是令人遗憾的。本章力图披露更多的女性抵抗事迹。

第一节 德国抵抗运动概述

1945年以后，寻找《圣经》与抵抗运动的联系成为德国新成立的组织自我认同和合法性的基础。于是，联邦德国新成立的国防军一直以来都强调与1944年7月20日事件的联系，而纳粹统治时期的"共产主义抵抗"则成了民主德国的主要合法性论证之一。这种情况经常会导致历史记忆中对某种抵抗形式的过分强调，而其他抵抗形式则被边缘化了。就是在历史编纂中，对抵抗运动的记述和评价也与作者各自的立场密不可分。

在民主德国，历史学家在编写抵抗运动的历史时，大都只提及德国共产党的抵抗运动，对于其他抵抗运动不是完全忽视，就是轻描淡写，一带而过。在他们看来，德国共产党代表着整个德国的"反法西斯良心"，每个共产党员都是反纳粹的英雄。这种历史编纂带有浓重政治化色彩，是非

---

① http://en.wikipedia.org/wiki/Women_in_the_Third_Reich#Women_against_the_Third_Reich.

常片面的。

与之相反,在联邦德国建立初年,保守派史学家只强调精英阶层的抵抗斗争,对于工人阶级的抵抗运动、共产党员和左派人士的贡献则很少提及。汉斯·罗特菲尔斯(Hans Rothfels)在其著作《德国人对希特勒的反抗》中明确指出,在纳粹统治时期,德国最重要的抵抗斗争是军官团体谋杀希特勒的"720事件",其目标是推翻纳粹统治,建立一个新德国。[1] 显而易见,这一观点也具有很大的局限性。

自20世纪60年代开始,年青一代历史学家如汉斯·蒙森对保守派史学家的抵抗运动史研究提出质疑,否定"720事件"的参与者代表的是1949年联邦德国基本法精神的观点,认为抵抗纳粹政权的民族主义保守派并不想建立一个民主政体,而是想建立一个更强大的中东欧国家。[2]

与此同时,联邦德国的历史学家也越来越重视精英阶层以外的民众抵抗运动了,并且推翻了"普通民众没有进行抵抗"的旧观点。德国共产党或社会民主党领导之下的工人阶级的抵抗斗争得到了较大的肯定。尤其是在20世纪七八十年代,随着日常生活史研究的盛行,有关那些不属于任何组织的个体抵抗者的研究日益增多,德国当代史研究所(Institut für Zeitgeschichte)甚至发起了以第三帝国的日常生活为研究重点的"巴伐利亚工程"。该工程首任主管彼得·许登贝格(Peter Hüttenberger)将抵抗运动定义为"反抗纳粹统治的所有行为"[3]。该工程的第二任主管马丁·布罗斯扎特(Martin Broszat)则编辑出版了六卷本著作《纳粹时期的巴伐利亚》(Bayern in der NS-Zeit),并且指出:抵抗运动不只包括非黑即白、声势浩大的抵抗行为,有的抵抗行为表现在某些灰色地带,例如不行纳粹问候礼、坚持到教堂做礼拜、在纳粹政府三令五申反犹政策和法律时还与犹太商人做生意,等等,这种日常生活的反抗行为也属于抵抗运动的重要组成部分。不论是否出于政治目的,这些抵抗行为都对德国民众反抗纳粹政权起到了积极作用。[4]

---

[1] Hans Rothfels, *The German Opposition to Hitler*, Chicago: Henry Regnery, 1962.
[2] Hans Mommsen, *Alternatives to Hitler: German Resistance Under the Third Reich*, Muchen: Verlag C. H. Verlag C. H. Beck, 2000.
[3] Ian Kershaw, *The Nazi Dictatorship Problems and Perspectives of Interpretation*, London: Arnold Press, 2000, p. 192.
[4] Ian Kershaw, *The Nazi Dictatorship Problems and Perspectives of Interpretation*, London: Arnold Press, 2000, p. 193.

然而，在联邦德国历史学家克劳斯—于尔根·缪勒（Klaus-Jürgen Müller）看来，只有那些有推翻纳粹政权决心的行动者才可以被称作抵抗分子或者说反抗者。① 克里斯托弗·狄培尔（Christof Dipper）也在1983年发表文章指出，德国大部分反纳粹政权的民族主义保守派都是反犹主义者。他们也多为官僚和政客，直到1938年还在理直气壮地迫害犹太人。他们并不想在推翻纳粹政权之后，恢复犹太人的人权和公民权。②

与之不同，英国历史学家伊恩·克绍（Ian Kershaw）爵士认为，抵抗运动史属于日常生活史范畴，但有较强的政治背景，应该强调抵抗行为所造成的影响，而不是动机。但是他也认为，真正可以称得上抵抗运动的是那些企图推翻纳粹政权的行为，除此之外的反抗行为应被称为反对派或是异议者。③

中国多数学者倾向于认为，一切社会力量所进行的反对法西斯统治的各种形式的斗争，包括本土和国外的、公开的和秘密的、积极的和消极的斗争，都属于抵抗运动。但也有学者不同意把德国法西斯统治集团内部的反希特勒谋杀活动视为抵抗运动的观点，认为"法西斯统治集团内部反对派只是对希特勒个人的具体做法而不是对第三帝国的侵略政策感到不满，只是要推翻希特勒的'元首'政治，绝不是为了彻底反对德国法西斯对别国人民的奴役和统治，也绝不是为了建立德国的真正民主制度。因此，这仅仅是德国法西斯统治集团上层分子之间的权力争斗"。④

我们赞同把所有反对、抗议和试图推翻纳粹统治的斗争都视为抵抗运动的观点，赞同根据作用和效果而不是动机来定义抵抗运动的做法。我们要强调指出的只是：抵抗运动有个体的抵抗和有组织的抵抗之间的差异；德国女性不仅在日常生活中进行了多种多样的抵抗，而且也参与了绝大部分抵抗运动组织的斗争，她们是整个抵抗运动中的一股重要力量，在编纂抵抗运动史时也是不容被忽略的。

---

① Ian Kershaw, *The Nazi Dictatorship Problems and Perspectives of Interpretation*, London: Arnold Press, 2000, p. 195.
② Christof Dipper, *Der Deutsche Widerstand und die Juden*, Berlin: Vandenhoeck & Ruprecht.
③ Ian Kershaw, *The Nazi Dictatorship Problems and Perspectives of Interpretation*, London: Arnold Press, 2000, pp. 198 - 199.
④ 潘迎春、彭训厚：《二战史研究之新进展：二战起始于何时》，http://www.chinanews.com/news/2005/2005 - 05 - 09/26/571751.shtml.

第二节　德国女性的政治抵抗

就抵抗者的动机和目的而言，抵抗运动可分为宗教、道德和政治等不同类型，德国女性的宗教性抵抗，我们已在前面相关章节有所论述，本节主要涉及德国女性的政治抵抗。

一　德国共产党抵抗团体中的女性成员

德国共产党（Kommunistische Partei Deutschlands，KPD）创建于1919年，由德国独立社会民主党斯巴达克同盟和不来梅极左派合并而成。创始人为卡尔·李卜克内西（Karl Liebknecht）和罗莎·卢森堡（Rosa Luxemburg）。

德国共产党成立于魏玛共和国建立前夕，是一个真正代表德国广大劳动人民利益的无产阶级政党。但在当时，它高估了德国革命形势的成熟程度，高估了人民群众的实际觉悟程度，把实现无产阶级专政、建立社会主义共和国作为主要的斗争目标，也把所有反对社会主义革命的人士和党派都视作敌人，认为民主与法西斯主义专政不仅是具有同一阶级内容的两种形式，而且在表现方法上也相互接近并交织在一起，社会民主党是"社会法西斯"，是同所有右翼分子一样的敌对力量。因此，德国共产党自成立之日起，就针对金融资本家、资产阶级自由派、社会民主党、民族沙文主义和帝国主义开展了一系列斗争，而在纳粹运动兴起后，德国共产党未把联合一切民主力量反对纳粹党作为主要任务，而是在同资产阶级自由派和社会民主党作斗争的同时，连带着反对希特勒和纳粹党、纳粹主义或法西斯主义，对纳粹党迅速攫取政权的可能性和危险性缺乏充分估计。

1924年夏，右翼准军事组织"钢盔团"和纳粹冲锋队喧嚣一时，德国共产党建立了"红色前线战士同盟"，由恩斯特·台尔曼（Ernst Thälmann）任主席。该组织负责在工人集会和游行时担任保卫工作。1925年，台尔曼当选为德国共产党中央委员会主席。1926年，德国共产党员发展到近10万人。然而，1929年5月中旬，魏玛共和国政府下令取缔红色前线战士同盟，致使德国共产党的抵抗力量大为削弱。

在1930年国会选举前夕，德国共产党发表《德国人民民族解放与社会解放纲领》作为领导人民反对民族沙文主义和法西斯主义的总路线，呼吁全体劳动人民和反帝国主义的力量团结在德国共产党周围，建立反对金融资本和纳粹党的广泛的斗争阵线。但在该纲领中，德共领导人依然把布吕宁政府和社会民主党视为敌人，没有把他们视为反纳粹的同盟者。

在1930年9月14日的国会选举中，纳粹党异军突起，获得将近650万张选票、107个国会议席，成为仅次于社会民主党的第二大党。[①] 在此情况下，德国共产党开始组建合法的反法西斯群众组织"反法西斯战斗同盟"，以在企业、居民区和失业救济机构中设立的八人小组为基层组织，若干八人小组组成工厂战斗队、失业工人战斗队或居民战斗队，其任务是在遭到法西斯袭击时进行自卫。此外，德国共产党还通过"反法西斯地方行动委员会"和"反法西斯代表会议"等形式开展反法西斯斗争。

1933年1月30日，魏玛共和国总统保罗·冯·兴登堡任命纳粹党主席希特勒为政府总理，纳粹统治由此得以建立。这时，德国共产党领导人台尔曼才把反抗希特勒统治作为党的"最重要的活动"，要求共产党员"集中一切力量，发动群众开展游行、示威、罢工等各种形式的抵抗"，揭露"资产阶级和大资本家法西斯政权恐怖统治的真实面目及其帝国主义战争政策"。但在德国共产党内部，仍有部分领导人对法西斯的危险性掉以轻心，认为"法西斯主义是革命的跳板"，纳粹党上台有可能在德国这样一个国家引发无产阶级革命，没有做好预防纳粹政权镇压的准备。

1933年2—3月，希特勒和其他纳粹党领导人利用"国会纵火案"，敦促兴登堡总统颁布《保护人民和国家法》（*Gesetz Zur Behebung der Not Von Volk und Reich*），取消了公民的基本权利并对德国共产党大开杀戒。包括德国共产党主席台尔曼[②]在内的大批共产党员和反法西斯人士被逮捕，德国共产党和社会民主党报刊被查封，德国共产党办事处被关闭。德国共产党转入地下，政治局转移到巴黎。为了适应地下活动，德国共产党改组了组织机构，成立了一批灵活机动的秘密小组，进行秘密的无线电广播、印发报纸和小册子，在艰难的条件下，坚持反法西斯斗争。

德国共产党在德国采取的抵抗斗争形式主要是散发传单、小报和小册子。它们大都是在国外印刷，然后再偷运到德国的。抵抗者们希望这些小

[①] ［美］威廉·夏伊勒：《第三帝国的兴亡——纳粹德国史》，董乐山等译，生活·读书·新知三联书店1974年版，第198页。

[②] 1944年8月，台尔曼在布痕瓦尔德集中营被纳粹秘密枪杀。

册子能够让德国人睁开双眼看清现实的残酷性。但在纳粹统治期间，这些印刷品并没有受到德国民众的关注，影响十分有限。而纳粹监狱和集中营很快被共产党员所填满，盖世太保日益强化的监控也使得抵抗运动难以开展。

德国共产党还积极向社会民主党建议开展两党联合的反抗活动，建立最广泛的反希特勒统一战线。1934—1935年，黑森、法兰克福、汉诺威、中巴登和上巴登、鲁尔区和柏林等地，共产党和社会民主党达成了关于统一行动的协议。1935年10月3—15日，德国共产党在莫斯科附近举行代表会议，根据共产国际"七大"确定的新的反法西斯统一战线策略，要求与社会民主党建立新的关系，组成工人阶级反法西斯恐怖独裁的统一战线，同时团结城乡劳动人民和小资产阶级知识分子，建立反法西斯人民阵线。

1936年年底，柏林地区的共产党、社会民主党和资产阶级民主党派的小组联合组建"德国人民阵线"，提出"十点纲领"要求：推翻和消灭希特勒独裁；在一个经济民主、政治民主和社会民主的新国家里，由人民自己管理自己；停止军备竞赛；没收大地主的土地，允许农民自由迁移，大规模建造农民住宅；对银行、重工业及能源经济实行国有化。① 1939年8月23日，苏联与纳粹德国在莫斯科签订《苏德互不侵犯条约》②，规定缔约双方保证不单独或联合其他国家彼此互相使用武力、发起侵犯或攻击行为；缔约一方如与第三国交战，另一缔约国不得给予第三国任何支持；缔约双方决不参加任何直接、间接反对另一缔约国的任何国家集团；双方以和平方式解决缔约国间的一切争端；条约有效期为10年。受其迷惑，不少共产党员暂时停止了抵抗活动。

1941年6月22日，阿道夫·希特勒撕毁《苏德互不侵犯条约》，执行巴巴罗萨计划，对苏联发动猛烈进攻，苏德战争爆发，德国共产党的抵抗运动重新开始，并且在苏联特工的帮助下进行了一些较大规模的破坏活动和间谍活动。

有许多女共产党员积极参与了抵抗斗争，她们不怕牺牲、英勇顽强，用生命和鲜血谱写了无数可歌可泣的壮丽篇章，其中最著名的有：克拉

---

① http://de.wikipedia.org/wiki/KPD.
② 又称《苏德条约》《莫洛托夫—里宾特洛甫条约》或《希特勒—斯大林条约》。

拉·蔡特金、格特鲁德·皮特尔、海伦讷·格拉茨尔、莉泽萝特·赫尔曼、凯特·尼德基什内尔、奥尔加·克尔讷、埃尔娜·格尔辛斯基、吕迪亚·施洛塞尔、菲利皮娜·罗特、罗拉·沃尔夫、夏洛蒂·毕朔夫、玛丽亚·吕德尔、路易泽·赫尔曼—里斯、埃尔泽·默克尔、丽娜·哈格、玛丽亚·瓦哈特尔、玛丽亚·罗伯、朵拉·蔡茨和凯特·利姆巴赫等人。

克拉拉·蔡特金（Clara Zetkin，1857—1933年）就是一位坚决反对纳粹主义的女共产党员。她于1857年出生在萨克森地区的一个教师家庭，自幼喜欢读书，很早就已经懂得"一个人必须准备为自己的信仰牺牲生命"①。1878年，她结识了俄国革命家奥西勃·蔡特金（Ossip Zetkin）。1881年，她加入德国社会民主党，置身于无产阶级向资产阶级发起进攻的行列。她努力学习马克思和恩格斯的著作，树立了坚定的政治信仰。

第一次世界大战爆发后，克拉拉·蔡特金同罗莎·卢森堡、卡尔·李卜克内西、弗兰茨·梅林等社会民主党左派领袖一起发表声明谴责社会沙文主义者，号召社会主义者团结起来为反对帝国主义战争而斗争。1917年，德国独立社会民主党成立，她当选为中央委员。1919年，克拉拉·蔡特金又参与创建德国共产党，并被选为中央委员和国会议员，在第三国际反对修正主义和社会沙文主义的斗争中做出了不可磨灭的贡献。1921年起担任第三国际执行委员兼女性局书记。纳粹运动兴起后，克拉拉·蔡特金立即与之进行英勇斗争，坚决反对其独裁主张和战争政策。

1932年7月纳粹党"竞选成功"后，克拉拉·蔡特金从莫斯科奔赴柏林，以最年长的议员身份主持新一届国会开幕式。她不顾法西斯匪徒的威胁，在会上号召无产阶级和劳动人民团结起来，建立反对法西斯的统一战线。② 她从法西斯主义是工人阶级面临的主要危险这个前提出发，号召建立广泛的反法西斯主义的统一战线："各种不同职业、不同政治派别、不同社会与宗教信仰的人们团结起来，进行反抗法西斯主义与战争危机的斗争！"③ 克拉拉·蔡特金最主要强调的还是工人阶级联合起来，同法西斯主义作殊死斗争。她指出："仅仅从思想上、政治上克服法西斯主义，对于保卫战斗的无产阶级、抵御法西斯主义的血腥暴力和阴谋，是远远不够

---

① http://lady.hebei.com.cn/wtylzx/nxpd/nxztk/sdnvjj/201003/t20100304_1263561.shtml.
② 孙寒冰：《克拉拉·蔡特金评传》，北京图书馆出版社1997年版，第289页。
③ 孙寒冰：《克拉拉·蔡特金评传》，北京图书馆出版社1997年版，第282页。

的。目前,无产阶级要奋不顾身地战斗,用暴力反对暴力才能保卫自己的生存权利。"①

1933年6月20日,蔡特金在莫斯科病逝,终年76岁。

格特鲁德·皮特尔(Gertrud Piter, 1899—1933年)也是一位著名的反纳粹女斗士。她早年接受天主教教育,后来加入了工会,1922年加入德国共产党,在红色女性和少女同盟(Roten Frauen-und Mädchenbund)工作。1924年,格特鲁德·皮特尔退出天主教会,成为自由思想者,并以共产党员的身份当选为城市议会议员。

纳粹篡权后,格特鲁德·皮特尔转入地下组织,成为共产党地区抵抗斗争的领导人之一,积极从事编印和散发抗议书、传单和非法报纸等活动,也组织了一些非法集会和游行示威。1933年3月,抵抗团体首席领导奥托·泽格尔(Otto Seeger)被盖世太保逮捕,格特鲁德·皮特尔独自一人承担了领导职责。1933年,整个组织遭到告密者的揭发,45名成员被盖世太保逮捕,格特鲁德·皮特尔也未幸免。虽然遭到严刑拷打和人格侮辱,格特鲁德·皮特尔却宁死不屈,于1933年9月22日英勇就义。②

海伦讷·格拉茨尔(Helene Glatzer, 1902—1935年)上过科斯维希(Coswig)商业学校,毕业后在德累斯顿做店员,1921年加入德国共产主义青年团,1922年加入德国共产党,在东萨克森区与奥尔加·克尔讷一起组建并领导红色女性和少女同盟,也是德国共产党区党委女性工作部门的领导人员。1926年,海伦讷·格拉茨尔以德国共产党议员的身份进入萨克森州议会。1930年,她被派往莫斯科为共产国际办公厅工作,并在列宁学校(Lenin-Schule)进修,与医生马克斯·察勒维晓夫(Max Tschalewitschow)结婚。1934年夏天,海伦讷·格拉茨尔返回德国,投身反纳粹抵抗斗争,并成为"非法的"德国共产党哈勒—梅泽堡区党委领导人之一,化名埃尔娜·施耐德(Erna Schneider)。1935年1月26日,海伦讷·格拉茨尔被盖世太保捕获,31日即惨遭杀害。

莉泽萝特·赫尔曼(Liselotte Herrmann, 1909—1938年)出身于斯图加特一个资产阶级自由派家庭,1929年就读于当地技术学院,1931年转入柏林大学。在学校读书期间,莉泽萝特·赫尔曼就积极从事政治活动,

---

① 孙寒冰:《克拉拉·蔡特金评传》,北京图书馆出版社1997年版,第285页。
② http://de.wikipedia.org/wiki/Gertrud_Piter.

加入过社会主义学生同盟、德国共产主义青年团和红色大学生团体,1931年11月1日加入德国共产党。1933年春天,莉泽萝特·赫尔曼因为反对纳粹政权而被柏林大学开除,并被禁止到其他大学学习。此后,莉泽萝特·赫尔曼转入地下,继续从事反纳粹抵抗的活动。1934年9月,莉泽萝特·赫尔曼回到斯图加特,在她父亲的工程师事务所担任秘书和速记员工作,但背着父母继续与从事"非法"活动的德国共产党员保持密切联系。她利用办公室工作之便为隐藏在地下的德国共产党区党委书记施特凡·洛瓦茨(Stefan Lovász)抄写文稿、打印文件,并将获悉的秘密军备计划提供给德国共产党瑞士抵抗组织。

1935年12月7日,莉泽萝特·赫尔曼被符腾堡政治警察逮捕,后者利用她年仅4岁的孩子作为要挟,让她说出其他同志的信息,但遭到断然拒绝。1937年6月12日,莉泽萝特·赫尔曼被判处死刑,尽管这一判决受到欧洲许多国家的抗议,最终还是在1938年6月20日被执行了。[1]

凯特·尼德基什内尔(Käthe Niederkirchner,1904—1944)是德国共产党工会干部的女儿,她很早就在政治上倾向于左派政治团体,先是加入了德国共产主义儿童团和德国共产主义青年团,1929年又加入了德国共产党。凯特·尼德基什内尔积极参加反对纳粹统治的斗争,经常在政治集会上散发传单和发表演讲。1933年3月27日,她第一次遭到逮捕,出狱后又被纳粹当局驱逐出德国。此后,凯特·尼德基什内尔一家人迁居苏联,她就读于莫斯科大学,并成为莫斯科电台德语广播的发言人。1941年,纳粹德国发动侵苏战争后,凯特·尼德基什内尔主动要求参加反法西斯抵抗斗争,并且报名参加了苏联红军。她也积极准备到德国从事地下工作。1943年10月7日,她同特奥多尔·温特尔(Theodor Winter)一起乘坐一架苏联飞机,空降到被德国占领的波兰。他们原计划与柏林的多个地下组织建立联系,但在路上即被发现,并被盖世太保逮捕。1944年9月27日深夜,凯特·尼德基什内尔在集中营被纳粹党卫队秘密枪决。[2]

奥尔加·克尔讷(Olga Körner,1887—1969年)是德国工人运动的主要女性领袖之一,著名的反纳粹抵抗运动女战士。她在1920年加入德国共产党,并且成为德累斯顿—洛伊本地方团体的领导人之一,并在红色救

---

[1] http://de.wikipedia.org/wiki/Liselotte_Herrmann.
[2] http://de.wikipedia.org/wiki/K%C3%A4the_Niederkirchner.

助（Rote Hilfe）、红色女性和少女同盟以及工人体操和体育运动协会中工作。1921年，奥尔加·克尔讷成为德国共产党东萨克森区党委委员，1929年当选市议员。自1930年起，奥尔加·克尔讷连续当选萨克森州议会议员和魏玛共和国国会议员，在国会里负责社会和健康事务。1933年希特勒上台后，奥尔加·克尔讷成为拉德贝格抵抗组织的领导人，后来又到开姆尼茨开展抵抗运动。虽然多次遭到盖世太保逮捕和监禁，但始终斗志不减，继续从事抵抗运动。1939年，奥尔加·克尔讷再次被捕，并被宣判为"不可救赎者"，长期关押在拉文斯布吕克集中营。1945年获救后，奥尔加·克尔讷徒步从拉文斯布吕克回到德累斯顿，后来担任德国共产党德累斯顿区党委女性工作委员会书记和德国共产党区党委书记。1946年以后，奥尔加·克尔讷以德国统一社会党（Sozialistische Einheitspartei Deutschlands，SED）领导人的身份继续从事政治和社会工作，并获得了许多殊荣。①

埃尔娜·格尔辛斯基（Erna Gersinski，1896—1964年）于1920年加入德国共产党，并与德共党员古斯塔夫·格尔辛斯基（Gustav Gersinski）结婚。此后她长期同纳粹运动作斗争，多次遭到纳粹分子的迫害和关押，虽然得以幸存，但其身心健康受到严重摧残，常年疾病缠身。民主德国成立后，她以德国统一社会党领导人的身份顽强坚持工作，直至1964年去世为止。②

吕迪亚·施洛塞尔（Lydia Schlosser，1897—1988年）出生于比肯费尔德乡镇，1920年与海因里希·施洛塞尔（Heinrich Schlosser）结婚，1930年加入德国共产党，并且成为工人报纸的协调员。她十分仇恨德国法西斯，曾参加决定萨尔地区归属问题的公民投票，要求维持现状即继续作为国际共管区。她也为纳粹德国的政治流亡者提供帮助。1934年，吕迪亚·施洛塞尔成为奥特韦莱尔（Ottweiler）镇议会议员，与德意志阵线展开激烈斗争，多次受到生命威胁。在萨尔地区归属纳粹德国后，吕迪亚·施洛塞尔与其丈夫一起逃往法国，参加法国反纳粹抵抗组织，并从物质上支援国际旅（Internationale Brigaden）。1940年5月20日和1941年10月15日，吕迪亚·施洛塞尔先后两次被捕入狱，分别被判处两个月和一年零

---

① http://de.wikipedia.org/wiki/Olga_K%C3%B6rner.
② http://de.wikipedia.org/wiki/Erna_Gersinski.

三个月的监禁。第二次世界大战结束后，吕迪亚·施洛塞尔又成为德国共产党机关报《新时代》(Neue Zeit)的协调员，直到1957年4月9日该报遭到查禁为止。①

菲利皮娜·罗特（Philippina Roth，1898—1961年）在小学毕业后从事女佣和工厂女工工作。1924年与矿工彼得·罗特（Peter Roth）结婚。彼得·罗特在1930年加入德国共产党，并且参与红色救助活动；菲利皮娜·罗特也成为德国共产党的女党员，积极参加反纳粹抵抗运动。在决定萨尔地区归属问题的公民投票中，菲利皮娜·罗特坚决反对该地区合并入德国。1936年9月，彼得·罗特被盖世太保逮捕，并被关押在利希滕贝格集中营；菲利皮娜·罗特继续从事抵抗斗争，直到1938年遭到逮捕。1944年，彼得·罗特死于集中营，菲利皮娜·罗特则作为"不可救药的女共产党员"被判处8年半的监禁，并被关押在拉文斯布吕克集中营。战争末期，菲利皮娜·罗特被盟军解救，但已"精神错乱"，被送往诺伊鲁平的一家康复中心。菲利皮娜·罗特的余生就是在这里度过的。②

罗拉·沃尔夫（Lore Wolf，1900—1996年）出生于下弗兰肯的索摩尔豪森，16岁时即参与工会组织工作。1923年与汉斯·沃尔夫（Hans Wolf）结婚。1929年经济危机爆发后，罗拉·沃尔夫同其丈夫一起迁移到美国，1932年又到了苏联。1933年在德国度假时被纳粹当局禁止出境，罗拉·沃尔夫遂加入了"非法的"德国共产党，从事反法西斯抵抗斗争，在法兰克福为红色救助组织编印传单。因为受到纳粹当局的通缉，罗拉·沃尔夫后来从萨尔地区偷渡到法国，但仍在1940年被盖世太保逮捕，并被盖世太保以"叛国罪"的罪名判处12年监禁，但得以幸存。第二次世界大战结束后，罗拉·沃尔夫定居于美茵河畔法兰克福，并继续从事政治活动。她担任过"关心遭受纳粹政体政治、种族和宗教迫害者中心"（Betreuungsstelle für politisch, rassisch und religiös Verfolgte des Naziregimes）的副主任，并是大黑森州（Groß-Hessen）咨询委员会的成员。后来，她又担任反法西斯报纸《行动》（Die Tat）和《德意志人民报》（Deutschen Volkszeitung）的名誉编辑，至死都是德国共产党党员。③

---

① http://de.wikipedia.org/wiki/Lydia_Schlosser.
② http://de.wikipedia.org/wiki/Philippina_Roth.
③ http://de.wikipedia.org/wiki/Lore_Wolf.

夏洛蒂·毕朔夫（Charlotte Bischoff, 1901—1994年）于1918年加入德国自由社会主义青年团和共产主义的青年团组织，1923年加入德国共产党，同年嫁给德国共产党建党人之一弗里茨·毕朔夫（Fritz Bischoff）。自1930年起，夏洛蒂·毕朔夫在德国共产党普鲁士州议会党团和中央委员会中从事秘书工作。纳粹政权建立后，夏洛蒂积极参与了德国共产党的抵抗运动。1934年，弗里茨·毕朔夫遭到纳粹当局逮捕；夏洛蒂·毕朔夫逃到苏联，并在莫斯科为共产国际的国际联络部工作。1938年，夏洛蒂·毕朔夫申请到德国从事地下活动。1939年，她在斯德哥尔摩被盖世太保逮捕，并被取消德国国籍。夏洛蒂·毕朔夫帮助投奔红色救助组织的德国共产党员，筹集钱款并到建筑工地组织动员瑞典建筑工人进行反纳粹抵抗斗争。受德国共产党外国支部的委托，她在1941年成功地潜入德国，与柏林的红色乐队（哈罗·舒尔策—鲍伊森和阿维德·哈纳克团体）等反纳粹抵抗组织建立了联系，并将自己从瑞典带来的缩微胶片等材料交给了他们。夏洛蒂·毕朔夫冒着生命危险坚持在柏林进行抵抗活动，直至第二次世界大战结束。她在德国共产党行动小组遭到纳粹当局破坏后，承担了继续秘密编辑出版和散发《国内战场》（*Die Innere Front*）杂志的任务。

纳粹德国崩溃后，夏洛蒂·毕朔夫加入了德国统一社会党，并在民主德国自由德国工会同盟（Freien Deutschen Gewerkschaftsbund, FDGB）和"大柏林社会救助"（Sozialhilfe Groß-Berlin）担任领导职务。她还在德国统一社会党中央委员会马克思列宁主义研究所工作过，参与编写《德国工人运动史》，并获得多项奖励。德国民主社会主义党（Partei des Demokratischen Sozialismus, PDS）成立后，夏洛蒂·毕朔夫又以90岁的高龄加入了该党。[1]

玛丽亚·吕德尔（Maria Röder, 1903—1985年）出身于一个贫苦的社会民主党工人家庭，曾做过女佣，1922年与一位加入了德国社会民主党的矿工结婚。在参加过一次由安格拉·布劳恩—施特拉特曼（Angela Braun-Stratmann）组织的女性集会后，她的思想发生了巨大变化，开始关心政治，并且加入了德国社会民主党。1929年，她与德国社会民主党断绝了关系，并且通过就业女性同盟（Bund werktätiger Frauen）与德国共产党建立

---

[1] Bischoff's handwritten biography, 1961–1962, reprinted in "An ihrem Lachen kann man eine Frau doch erkennen", Eva-Maria Siegel, 1996, p. 49.

了联系。在第一次婚姻破裂后，玛丽亚·吕德尔与女共产党员伊达·劳勃（Ida Laub）住在一起，并在1933年最终加入了德国共产党，开始了反纳粹抵抗斗争。在决定萨尔地区归属问题的公民投票中，玛丽亚·吕德尔领导圣约翰的妇女们坚决反对纳粹德国兼并该地区。1933年8月22日，德共领导人弗兰茨·施滕策尔（Franz Stenzer）惨遭纳粹分子杀害，玛丽亚·吕德尔帮助他的妻子和孩子从瑞士偷渡到萨尔地区。在萨尔地区被合并入纳粹德国之后，玛丽亚·吕德尔担任了设在洛林的德国共产党工作站的通讯员，承担着向萨尔地区偷运传单和报纸的任务。1935年8月3日，玛丽亚·吕德尔被盖世太保逮捕。1936年5月29日，她被人民法庭判处5年监禁。出狱后，玛丽亚·吕德尔继续从事抵抗斗争，并在1944年与矿工尼古劳斯·吕德尔（Nikolaus Röder）结婚。

第二次世界大战结束后，玛丽亚·吕德尔主要在反法西斯者同盟受纳粹政权迫害者协会（Vereinigung der Verfolgten des Naziregimes-Bund der Antifaschistinnen und Antifaschisten）工作，经常作为见证者接受电视采访。[①]

路易泽·赫尔曼—里斯（Luise Herrmann-Ries，1904—1971年）早年当过家庭助手和商店售货员，她是通过她的丈夫、德国共产党员维利·赫尔曼（Willi Herrmann）才对德共有所接触和了解的，1931年正式加入该党。在此之前，她主要在就业女性同盟中工作。1932年，路易泽·赫尔曼—里斯被选入萨尔地区的第4届议会，成为该议会中的第2位也是最后一位女性成员。同其他共产党人一样，路易泽·赫尔曼—里斯坚决反对萨尔地区合并入纳粹德国，但在1935年1月13日当地居民大多数投票支持该地区"回归家园"之后，她不得不移居法国。1935—1937年，路易泽·赫尔曼—里斯同其丈夫一起在莫斯科列宁学校进修。回到法国后，他们立即受到盖世太保的监控，最终在1941年9月被捕。1942年5月，路易泽·赫尔曼—里斯被判处4年半监禁，被关押至战争结束，而其丈夫则惨死于集中营。[②]

埃尔泽·默克尔（Else Merkel，1905—1990年）出生于阿尔特—萨尔布吕肯的一个天主教家庭。父亲是一位印书商，因此埃尔泽·默克尔在小学毕业后即被父亲安排在《萨尔布吕肯报》（*Saarbrücke Zeitung*）工作。

[①] http：//de. wikipedia. org/wiki/Maria_ R%C3%B6der.
[②] http：//de. wikipedia. org/wiki/Luise_ Herrmann-Ries.

1922年，埃尔泽·默克尔认识了德国共产党员卡尔·默克尔（Karl Merkel），并且不顾父母的反对，在1924年与他结婚，她本人则在1931年加入了德国共产党。同其丈夫一样，埃尔泽·默克尔也积极参与反纳粹的抵抗斗争，在决定萨尔地区归属问题的公民投票中坚决主张维持现状。在萨尔地区被合并入纳粹德国后，卡尔·默克尔遭到纳粹当局通缉，不得不逃往国外，后来阵亡于西班牙内战；而埃尔泽·默克尔则与其10岁的儿子留在萨尔布吕肯，继续从事反纳粹抵抗活动，为红色救助组织管理财务。由于叛徒的出卖，埃尔泽·默克尔不得不在1936年出逃，后来移居巴黎。第二次世界大战爆发后，埃尔泽·默克尔与假冒其丈夫的赫尔曼·拉特林（Hermann Ratering）一起参加了法国的抵抗运动（Résistance），编印和散发反纳粹的传单，并帮助士兵逃避战争。

第二次世界大战结束后，埃尔泽·默克尔返回萨尔，靠打零工维生，但积极参加萨尔共产党（KP-Saar）的活动，协助成立了反法西斯者同盟"受纳粹政权迫害者协会"。从1979年起直至去世，她一直以见证人的身份参与受纳粹政权迫害者协会的活动。①

丽娜·哈格（Lina Haag, 1907—2012年）出生于工人家庭。她的丈夫阿尔弗雷德·哈格（Alfred Haag）是一位德共党员，1930年当选为斯图加特州议会最年轻的议员，但在纳粹上台后却被关押到集中营。丽娜·哈格也加入了德国共产党，积极从事反纳粹的抵抗斗争，曾帮助许多受到纳粹政权迫害者在自己家中避难。丽娜·哈格还设法向希姆莱递交陈情书，要求释放其丈夫。阿尔弗雷德·哈格虽然获释，但又被征召入伍，并被派往东方战场，直到1948年才从苏联战俘营返回家乡。②

玛丽亚·瓦哈特尔（Maria Wachter, 1910—2010年）于1930年加入德国共产党，并在由沃尔夫冈·朗霍夫（Wolfgang Langhoff）创建的宣传小组"向西北跑"（Nord-West-Ran）中发挥着重要作用。1933—1935年，玛丽亚·瓦哈特尔在杜塞尔多夫从事地下抵抗运动，1935—1937年在莫斯科列宁学校进修。自1937年起，玛丽亚·瓦哈特尔在阿姆斯特丹为德国共产党西部边界领导小组工作，经常利用假护照出入德国，以便亲自对比勒菲尔德地区的反纳粹抵抗运动进行指导。1939年，玛丽亚·瓦哈特尔移

---

① http：//de.wikipedia.org/wiki/Else_Merkel.
② http：//en.wikipedia.org/wiki/Lina_Haag.

居巴黎，继续从事抵抗运动。1942年，在她迁入德国后不久即被盖世太保监禁，直到1945年战争结束，她才从拉文斯布吕克集中营中获得解放。

第二次世界大战结束，玛丽亚·瓦哈特尔在德国西部和后来的联邦德国继续为德国共产党工作，但在20世纪50年代该党被禁止后，她也受到了监控，就连受纳粹迫害者抚恤金也享受不到。①

玛丽亚·罗伯（Maria Lobe，1912—2001年）出生于布雷斯劳，1932年中学毕业，紧接着便进入大学学习医学。她坚决反对纳粹政权迫害犹太人的政策，1934年加入已经被纳粹政权宣布为"非法组织"的德国共产党，积极从事该党地下组织的反纳粹抵抗运动，编印和散发传单，多次遭到盖世太保的威胁和监禁。1938年12月，玛丽亚·罗伯大学毕业，以见习医生身份在多家医院工作。1941年，她到达萨尔地区。在这里，她利用工作之便，想方设法地帮助当地德国共产党的地下组织。1943年4月2日，盖世太保闯入她在萨尔布吕肯的住处，将她和两名属于柏林抵抗组织的犹太逃亡者悉数逮捕，但因缺乏证据，未给她定罪和判刑。临近战争结束时，玛丽亚·罗伯在霍耶斯维尔达担任高级医师。战争结束后，她迁居德累斯顿，后来又迁居柏林。民主德国成立后，玛丽亚·罗伯曾在人民警察和国家人民军中从事医务工作，并在德国统一社会党中担任州级领导职务。②

朵拉·蔡茨（Dora Zeitz，1918—1980年）出生于一个矿工家庭，1929加入德国共产主义青年团，积极从事反纳粹斗争，一度遭到逮捕，后被驱逐到萨尔地区。在这里，她支持共产党在决定萨尔地区归属问题的公民投票中的立场。在萨尔地区被合并入纳粹德国后，朵拉·蔡茨移居到法国南部。她的丈夫弗里茨·尼古莱（Fritz Nickolay）创建了反纳粹抵抗组织"自由德国青年"（Freie Deutsche Jugend，FDJ），朵拉·蔡茨积极参与该组织的活动，并与德国共产党的其他流亡者建立了密切联系，在法国人民阵线运动中发挥着重要推动作用。

战争结束后，朵拉·蔡茨回到萨尔地区，加入了新成立的萨尔共产党，后来又到了苏占区，定居于德累斯顿。民主德国成立后，朵拉·蔡茨在多个单位的人事部门担任领导工作。1957—1968年曾担任交通学院人事

---

① http://de.wikipedia.org/wiki/Maria_Wachter.
② http://de.wikipedia.org/wiki/Mira_Lobe.

处处长。①

凯特·利姆巴赫（Käthe Limbach，1915—2003年）出生于萨尔布吕肯的一个共产主义工人家庭，很早就参与了共产主义协会的一些活动，坚决反对纳粹德国，并担任了共产主义青年团的领导工作，积极编印和向德国境内偷运反纳粹的传单和其他宣传品，多次遭到盖世太保的威胁和监禁。1940年，她撤离到黑森地区。1942年，凯特·利姆巴赫返回萨尔布吕肯，继续进行秘密抵抗运动，1944年迁往图林根。

第二次世界大战结束后，凯特·利姆巴赫再次回到萨尔布吕肯，与埃米尔·利姆巴赫（Emil Limbach）结婚，并在联邦德国共产党内部担任领导工作，也是萨尔地区"受纳粹政权迫害者协会"的创建人之一。在20世纪70年代，她积极从事和平运动，并参加了复活节反战大游行。②

二 德国社会民主党抵抗团体中的女性成员

"德国社会民主党"（Sozialdemokratische Partei Deutschlands，SPD）是德国历史最悠久的一个政党，其前身为1863年5月23日在莱比锡成立的"全德工人联合会"（Allgemeiner Deutscher Arbeiterverein，ADAV），原为信奉马克思主义的工人阶级政党。19世纪末、20世纪初，党内修正主义泛滥，抛弃马克思主义革命理论，主张"和平长入社会主义"的思想得到了大多数党员的支持。第一次世界大战爆发时，德国社会民主党绝大多数国会议员投票支持德意志帝国政府发行战争公债，沦落为民族主义者和帝国主义者。

1918年十一月革命爆发后，德国社会民主党接管了政府，与资产阶级政党联合成立了魏玛共和国，并依靠民族主义自由军团等右翼反动武装对工人阶级左派革命力量进行了血腥镇压。

在魏玛共和国时期，德国社会民主党长时间地在国会中发挥着第一大党的作用，直至1932年7月纳粹党获得竞选成功，才屈居第二。

作为魏玛共和国缔造者之一的德国社会民主党一直把捍卫民主共和国作为自己的首要任务。在纳粹党崛起，共和国面临生死存亡的关头，德国社会民主党为抵御法西斯的进攻、保护共和国、维护议会民主制度进行了

---

① http://de.wikipedia.org/wiki/Dora_Zeitz.
② http://de.wikipedia.org/wiki/K%C3%A4the_Limbach.

顽强斗争，但它并没有采取同共产党合作的方式来抵抗纳粹运动，而是采取了支持执政党和合法政府的策略，结果既没能阻止住纳粹运动的发展，也没能阻止住希特勒和纳粹党篡夺国家政权。

纳粹政权建立后，德国社会民主党开始进行较有力的抵抗了。1933年12月16日，在右翼势力结成"哈尔茨堡阵线"后，德国社会民主党执委会同全德工会联合会理事会、工人体育组织的领导和社会民主党在人民党、中央党协助下建立的"国旗社"代表举行联席会议，成立了旨在"战胜法西斯危险"的军事战斗组织"钢铁阵线"。

1933年3月23日，希特勒要求国会通过《授权法》，德国社会民主党议员集体投了反对票。该党主席奥托·韦尔斯（Otto Wels）发表演讲，公开谴责纳粹独裁："自从德国有国会以来，选举产生的人民代表对公共事务的监督在目前这种程度上和由于新的授权法在更为严重的程度上被取消，这是从来没有过的。政府拥有如此无限的权力，不仅必然会造成严重的后果，而且使人民失去任何活动自由。"[①] 韦尔斯在纳粹党人的哄堂大笑和社会民主党人雷鸣般的掌声中结束了这一演讲："我们问候那些受迫害和受压迫的人，我们问候那些还留在德国的朋友们，他们的坚持和辛苦值得我们的赞扬。他们坚持的勇气，他们不断的信念都确保一个光明的未来。"[②]

1933年6月22日，希特勒政府发布命令，以"反对国家及其合法政府的叛国罪"为名取缔德国社会民主党。7月7日，德国社会民主党在国会、邦议会、市政厅和各种代表机构中的代表资格全部被废除。在短短的几个月内，近3000名德国社会民主党干部被逮捕。德国社会民主党执委会的大多数成员陆续流亡国外，最后在布拉格建立起流亡执委会，组织领导社会民主党抵抗斗争。

1934年1月，德国社会民主党流亡执委会发表《布拉格宣言》，指出"在反对纳粹专政的斗争中，没有妥协、改良主义和合法主义的位置"，"专制制度的垮台，如果不是外部灾难所致，就只能在暴力的胜利之中实现，只能通过革命斗争的胜利来实现"[③]。

---

① http://en.wikipedia.org/wiki/Otto_Wels.
② Ian Kershaw, *Hitler* 1889–1936: *Hubris*, London: Penguin, 2001, p.468.
③ http://de.wikipedia.org/wiki/SPD.

流亡执委会的主要任务是进行宣传工作，同时为国内反法西斯抵抗组织筹措经费，提供宣传品。在第二次世界大战爆发以前，它先后在布拉格、巴黎和卡尔斯巴德等地出版了《新前进报》《社会主义行动报》《社会主义杂志》《消息报》等5种报刊，并印制散发了大量传单。为了同国内的社会民主党中的反法西斯抵抗组织进行联系，沟通信息，它在德国的7个邻国建立了16个"边境秘书处"。边境秘书处负有双重任务，一方面将流亡执委会的文件、报刊、宣传材料等印刷品通过秘密渠道转送到国内社会民主党抵抗组织和党员手中，由它们在群众中散发；另一方面收集来自国内的各种情报，汇总转发给布拉格流亡执委会，供它评估自己的政治措施，采取相应的对策。

许多德国社会民主党女性党员也积极参与了反纳粹抵抗斗争，其中最著名的有：托妮·普福尔夫、约翰娜·基什内尔、弗丽达·罗森塔尔、玛利亚·格鲁姆斯、约翰娜·尼德黑尔曼、安格拉·布劳恩—施特拉特曼、赫尔塔·戈特黑尔夫和希尔德·梅塞尔等人。

托妮·普福尔夫（Toni Pfülf，1877—1933年）曾经当过教师，1916—1918年，在慕尼黑的孤儿院工作。1918年十一月革命爆发后，她成为慕尼黑工人和士兵委员会中唯一的女性成员，后来又加入了德国社会民主党。1919年1月，托妮·普福尔夫当选为魏玛共和国国会议员，发表了一系列文章，坚决反对纳粹主义。1933年3月23日，托妮·普福尔夫同其他社会民主党议员一起投票反对《授权法》。1933年5月17日，当希特勒要求议会对其外交政策进行投票表决时，托妮·普福尔夫坚决反对本党在国会中剩余的议员参加投票，表示她决不愿充当现政权的"议会遮羞布"。在德国社会民主党被纳粹当局取缔后，托妮·普福尔夫又公开号召民众进行抵抗，结果被盖世太保逮捕入狱。1933年6月8日，托妮·普福尔夫在狱中自杀身亡。①

约翰娜·基什内尔（Johanna Kirchner，1884—1944年）出身于一个德国社会民主党人家庭，她本人也在14岁时加入了社会主义工人—青年组织（Sozialistischen Arbeiter-Jugend），18岁时加入德国社会民主党。1913年，约翰娜·基什内尔与德国社会民主党人卡尔·基什内尔（Karl Kirchner）结婚。第一次世界大战期间，约翰娜·基什内尔主要从事社区社会救

---

① http：//de.wikipedia.org/wiki/Toni_ Pf%C3%BClf.

济工作，1919年参与工人救助的组织建设，自1926年起成为法兰克福社会民主党的专职工作人员。1933年希特勒上台后，约翰娜·基什内尔积极从事反对纳粹主义的斗争，努力帮助受纳粹政权迫害者。为躲避盖世太保的追捕，她逃亡到法国占领下的萨尔布吕肯，主持萨尔难民委员会的工作，并为社会民主党流亡执委会编制计划，提供情报，编印和散发非法传单。她还与好朋友、女共产党员罗拉·沃尔夫密切合作，组建了一个主要由从纳粹德国逃出来的工人干部组成的红色救助组织。在1935年萨尔地区被合并入纳粹德国之后，约翰娜·基什内尔又逃亡到法国，继续从事抵抗运动。

1942年，约翰娜·基什内尔被法国维希政府（Vichy-Regierung）逮捕，并被引渡回纳粹德国。盖世太保以"叛国罪"的罪名判处她10年监禁。1944年年初，人民法庭（Volksgerichtshof）再次对她提出公诉，并在4月20日做出死刑判决。1944年6月9日，约翰娜·基什内尔被处以绞刑。[1]

弗丽达·罗森塔尔（Frieda Rosenthal，1891—1936年）出生在一个工人阶级的家庭，当过裁缝，后来在利希滕贝格的社会福利机构工作。1919年，她成为德国独立社会民主党（Unabhängige Sozialdemokratische Partei Deutschlawds USPD）党员，次年被选入利希滕贝格区议会。在这里，她与一位姓罗森塔尔的男人结婚，并且转入了德国共产党。但在20世纪30年代初她又退出共产党，转而加入了德国社会民主党，并且受其委托担任了弗里德里希斯海因社会民主党小组的政治领导工作，1932年当选为柏林—克罗伊茨贝格区议会议员。在纳粹分子篡夺了魏玛共和国的国家政权之后，弗里达·罗森塔尔积极从事反纳粹的抵抗斗争，1936年被捕入狱。为了不泄露党的机密，保护其他同志，弗里达·罗森塔尔在监狱里自杀身亡。[2]

玛利亚·格鲁姆斯（Maria Grollmuß，1896—1944年）出身于一个教育世家，她本人也受过高等师范教育，担任过小学教师，后来又就读于柏林大学和莱比锡大学，并于1928年博士毕业。还在上大学期间，玛利亚·格鲁姆斯就加入了社会主义大学生同盟，1927年又加入了德国社会民

---

[1] http://en.wikipedia.org/wiki/Johanna_Kirchner.
[2] http://de.wikipedia.org/wiki/Frieda_Rosenthal.

主党，一度还转入过德国共产党。

1933年纳粹执政后，玛利亚·格鲁姆斯与部分革命的社会主义者一起，积极从事地下政治活动，救助受到纳粹当局迫害者。她选择父亲的家乡作为活动基地，帮助纳粹通缉犯出逃德国。她与德国社会民主党、共产党和社会主义工人党的若干抵抗团体保持着密切联系，甚至也与奥地利社会主义者奥托·保尔（Otto Bauer）多有交往。

1934年11月7日，玛利亚·格鲁姆斯在德累斯顿被盖世太保逮捕。1935年11月23日，她被人民法庭判处6年监禁。因为拒绝纳粹当局的思想改造，她的刑期在1940年12月被无限期延长。1944年8月6日，玛利亚·格鲁姆斯在狱中去世。①

约翰娜·尼德黑尔曼（Johanna Niederhellmann，1891—1956年）出生于一个基督教氛围浓厚的家庭，曾学习教育学，当过教师，1926年加入德国社会民主党。1933年9月，纳粹当局勒令约翰娜·尼德黑尔曼放弃工作。此后，她积极参与了反纳粹抵抗运动，并以其住所作为德国社会民主党抵抗者秘密联络站，编印和散发非法的启蒙材料。她与其他同志一起，把一家面包厂改造成一个制作宣传品的基地，并将将宣传品夹在面包里进行散发。1935年6月，这个抵抗运动中心被盖世太保发现，约翰娜·尼德黑尔曼在被捕入狱，并被判处3年监禁。

希特勒垮台后，约翰娜·尼德黑尔曼参与了德国社会民主党和工会的重建工作，担任过多种领导职务，但因身体欠佳，在1948年就辞去了所有职务。②

安格拉·布劳恩—施特拉特曼（Angela Braun-Stratmann，1892—1966年）出生于诺伊斯，当过教师。1923年，她与政治家马克斯·布劳恩（Max Braun）结婚，并与他一起迁居萨尔布吕肯。他们两人都为德国社会民主党工作，安格拉·布劳恩—施特拉特曼还是萨尔最早的女权主义者之一。1924年，她参与创建萨尔工人福利社，并在1925—1935年担任该社的领导职务。在决定萨尔地区归属问题的公民投票活动中，她与她的丈夫都力图阻止该地区并入纳粹德国。事后，他们迁居法国，参加了反对纳粹政权的统一战线，帮助萨尔难民申请在法国的工作许可证。鉴于安格拉是

---

① http：//de.wikipedia.org/wiki/Maria_Grollmu%C3%9F.
② http：//de.wikipedia.org/wiki/Johanna_Niederhellmann.

国际知名的反对纳粹政权的活动家,她被剥夺了德国国家公民身份。

1940年,纳粹德国入侵法国,安格拉·布劳恩—施特拉特曼夫妇逃往伦敦。1945年,马克斯·布劳恩去世,安格拉·布劳恩—施特拉特曼独自一人返回萨尔。1947年,她当选为萨尔第一届州议会议员,后来又以女记者身份为女性杂志《魅力》(Charme)工作。1955年10月23日,萨尔合并入联邦德国,安格拉·布劳恩—施特拉特曼又移居法国,直至1966年去世。[1]

赫尔塔·戈特黑尔夫(Herta Gotthelf,1902—1963年)在1920年加入德国社会民主党,并是该党的左翼分子。她在柏林的一家银行工作,1925年以没有薪金的志愿者身份进入德国社会民主党主席团,很快又成为玛丽亚·朱查茨(Marie Juchacz)的秘书,并担任德国社会民主党女性杂志《女同志》(Genossin)的编辑。1934年,赫尔塔·戈特黑尔夫逃往大不列颠,先是做清洁工和保姆,从1943年起为英国广播电台工作。她还与来自德国、捷克斯洛伐克、比利时、荷兰、波兰、意大利、法国和挪威的其他流亡者一起成立了"小妇女国际"(Kleine Foueninternationale)。

1946年,赫尔塔·戈特黑尔夫返回德国,成为德国社会民主党主席舒马赫办公室的工作人员,也是德国社会民主党中央委员会主席团成员,主要负责党的女性工作。[2]

希尔德·梅塞尔(Hilde Meisel,1903—1976年)是德国的社会主义分子和记者,经常发表反对纳粹政权的文章。在流亡英国期间,她利用各种笔名,在杂志上、书上、广播里发表文章和讲话,号召德国人抵抗纳粹主义。她还扮演着信使的角色,将一些非法的书籍和文件带到德国、奥地利和法国等欧洲国家散发。[3]

1942年,希尔德·梅塞尔写作了新书《帮助德国抵抗到底》。同年,希尔德·梅塞尔与同事在英国建立了"英国社会主义组织",该组织为德国战后的教育和培养后代打下基础。1944年夏天,希尔德·梅塞尔受邀培训200名特工,从德国获得军事和政治情报。[4]

---

[1] http://de.wikipedia.org/wiki/Angela_Braun-Stratmann.
[2] http://de.wikipedia.org/wiki/Herta_Gotthelf.
[3] http://www.mythoselser.de/ge-uniontime.htm.
[4] Knut Bergbauer, "Widerstand gegen Hitler: Den Namenlosen ein Denkmal setzen", *der Freitag*, No. 31 (July 23, 2004), Retrieved July 8, 2010.

三 舒尔策—鲍伊森和阿维德·哈纳克团体中的女性成员

舒尔策—鲍伊森和阿维德·哈纳克团体（Schulze-Boysen/Harnack-Kreis）是指在柏林以哈罗·舒尔策—鲍伊森（Harro Schultz-Boysen）和阿维德·哈纳克（Arvid Harnack）为中心的反纳粹抵抗组织，长期以来，该团体一直被视作"红色乐队"（Rote Kapelle）的一个分支机构，而红色乐队则是纳粹时期最大和最有效的纳粹抵抗组织。自纳粹德国对苏战争开始以来，国防军反间谍机关就使用这个概念来称呼所有猜测的和实际的与苏联保持无线电通信的纳粹反对者。

1942年8月，国防军反间谍机关破解了红色乐队的密码，盖世太保立即展开大规模搜捕行动。无论是由哈罗·舒尔策—鲍伊森和阿维德·哈纳克在柏林联络的朋友圈，还是由苏联特工利奥波德·特雷伯（Leopold Trepper）在巴黎和布鲁塞尔等地建立的情报集团，都被视为红色乐队组织，其绝大部分成员也都被捕入狱，许多人还被判处了死刑。①

盖世太保之所以把红色乐队概念应用于舒尔策—鲍伊森和阿维德·哈纳克团体，其目的在于把它当作苏联间谍组织加以指控。实际上，盖世太保所描述的红色乐队的组织结构完全不符合历史实际，所谓的以利奥波德·特雷伯为领导的红色乐队西欧谍报网也根本没有形成过。盖世太保名单上的红色乐队诸团体大都是独立行动的，与苏联的联系也有多有少，甚至完全没有。然而，这个把舒尔策—鲍伊森和阿维德·哈纳克团体定义为苏联谍报机构的红色乐队名称，在相当长的时间里误导了公共舆论和历史研究，直到20世纪90年代才开始得以纠正。②

舒尔策—鲍伊森和阿维德·哈纳克团体的核心人物是空军官员哈罗·舒尔策—鲍伊森和国民经济学家阿维德·哈纳克。

哈罗·舒尔策—鲍伊森是海军军官埃里希·埃德加·舒尔策（Erich Edgar Schulze）的儿子，德意志帝国时期海军上将阿尔弗雷德·冯·蒂尔皮茨（Alfred von Tirpitz）的甥外孙。在杜伊斯堡上中学时，哈罗·舒尔策—鲍伊森参加过反对法国占领鲁尔地区的地下斗争，一度被占领军逮

---

① Wolfgang Benz und Walther Pehle（Hrsg.）,*Lexikon des deutschen Widerstands*, Frankfurt am Main: Artikel Rote Kapelle, 1999, S. 281ff.
② Die Rote Kapelle auf der Website der Gedenkstätte Deutscher Widerstand.

捕。1928年，哈罗·舒尔策—鲍伊森加入民族自由主义的青年德意志骑士团，1930年，支持知识分子—民族主义团体人民民族国家联盟。有一段时间也参加过奥托·施特拉瑟（Otto Strasser）的黑色阵线（Schwarzer Front）。他曾就读于弗莱堡大学和柏林大学，但未结业。1931年，在旅居法国期间，哈罗·舒尔策—鲍伊森接触到了《计划》（Plans）杂志周围的法国知识分子，受其影响，他在政治上开始倾向左派。1932—1933年，他以《计划》为榜样，编辑出版了左派自由主义者的《反对者》（Der Gegner）杂志，并且试图与该杂志的支持者一起，推动一场独立的青年运动。由于对以民族为导向的保守派政党的失望，他对苏联的体制产生了浓厚兴趣，1932年还短暂地加入过德国共产党。

希特勒和纳粹党上台后立即查封了《反对者》杂志，哈罗·舒尔策—鲍伊森本人也遭到逮捕审讯。原先计划步入政界的职业生涯受到了阻碍，哈罗·舒尔策—鲍伊森便在1933年5月接受了飞行员培训，自1934年起供职于设在柏林的国家空军部情报处。他在表面上顺从了纳粹当局，内心却充满仇恨。自1935年起，他联络了若干左派反法西斯人士，组建了一个反纳粹抵抗团体，秘密编印和散发传单。1936年7月16日，哈罗·舒尔策—鲍伊森与莉波塔斯·哈斯—黑耶（Libertas Haas-Heye）结婚。1938年，通过作家亚当·库克霍夫（Adam Kuckhoff）的介绍，他与阿维德·哈纳克及其朋友取得了联系。

阿维德·哈纳克是一位法学家和国民经济学家，也是纳粹政权的坚决反对者。1919—1923年，阿维德·哈纳克先后在耶拿、格拉茨和汉堡等地上大学，学习法学，1924年获得法学博士学位。1926—1928年又借助于洛克菲勒奖学金，就读于美国威斯康星大学麦迪逊分校，学习国民经济学，并与女文学家米尔德瑞德·费诗（Mildred Fish）结婚。1929—1930年，阿维德·哈纳克在吉森大学获得哲学博士学位。鉴于经济危机的爆发，阿维德·哈纳克认为资本主义制度已经失效，苏联的体制是一个更好的选择。1933年，阿维德·哈纳克到国际经济部担任科学助理，不久又成为政府顾问。他虽然供职于纳粹当局，实际上却十分厌恶纳粹主义，并且是隐蔽的共产党员。他与自己的妻子、作家亚当·库克霍夫（Adam Kuckhoft）及其夫人格丽塔·库克霍夫（Greta Kuckhoff）一起组建了一个讨论圈子，经常讨论纳粹覆灭后德国的政治前景问题。自1935年起，阿维德·哈纳克开始为苏联情报机构工作，经常向其传递一些德国信息。他也通过米尔德瑞德·费诗，在 1936 年与美国大使馆建立了联系，为其提供了一些有关德国军备的情报。出于伪装的需要，阿维德·哈纳克在 1937 年加入了纳粹党。

哈罗·舒尔策—鲍伊森和阿维德·哈纳克在相识后，立即把各自的朋友圈结合在一起，并通过圈内其他人的联络，发展成了一个大约有 150 名成员的更大的团体。他们都反对纳粹主义和纳粹统治，但在具体行动上，圈内的个人和各个小圈子又保持着较大程度的独立性。

1942 年 8 月，因为叛徒出卖，舒尔策—鲍伊森和阿维德·哈纳克团体遭到盖世太保的严重破坏，总共有 126 名成员被逮捕，76 人被判处死刑，65 人被处死。①

在总共大约 150 名成员中，女性大约占 40%。她们都是反纳粹抵抗运动的勇士，其中，最著名的有：莉波塔斯·舒尔策—鲍伊森、米尔德瑞德·哈纳克、伊丽莎白·舒马赫、伊尔泽·施托伯、艾丽卡·冯·布鲁克道夫、格丽塔·库克霍夫、希尔德·科皮和爱娃—玛丽亚·布赫等人。

莉波塔斯·舒尔策—鲍伊森（Libertas Schulze-Boysen，1913—1942 年）的父亲是一位时装设计教授，母亲则是普鲁士贵族兼外交官奥伊伦堡的菲利普（Philipp zu Eulenburg）的女儿。在莉波塔斯·舒尔策—鲍伊森 8 岁时父母离婚，她与父亲一起生活在柏林。1933 年中学毕业后，她在柏林一家电影公司工作。她最初是认同纳粹主义的，甚至还加入了纳粹党。1936 年与哈罗·舒尔策—鲍伊森结婚后，她很快就退出纳粹党，并开始从事反纳粹的抵抗运动了。她一方面利用电影评论员的身份从国家宣传部搜集有关德国军备和德军在东方战场犯下的暴行的材料并编写传单，另一方面还帮助其丈夫联络志同道合的反纳粹者。

1942 年 8 月事发后，莉波塔斯·舒尔策—鲍伊森与其丈夫双双入狱，并在同年 12 月惨遭杀害。②

米尔德瑞德·哈纳克（Mildred Harnack，1902—1943）是一位文学工作者、翻译和反纳粹抵抗者。她自 1926 年起在美国威斯康星大学麦迪逊分校做讲师，与阿维德·哈纳克在 1929 年结婚，并随丈夫移居柏林。1932—1936 年，她在柏林一家中学当英语教师。其后又到吉森大学学习，

---

① Gedenkstätte Deutscher Widerstand: Die Toten der Roten Kapelle.
② http://en.wikipedia.org/wiki/Libertas_Schulze-Boysen.

1941年获得博士学位,并在柏林大学获得了教师和翻译职位。

自1933年起,米尔德瑞德·哈纳克就与其丈夫一起开始从事反纳粹抵抗运动了。除了亚当和格丽塔·库克霍夫夫妇,她还与大学里的一些反纳粹的教师和学生联系密切,共同开展抵抗行动。

在美国参加第二次世界大战之前,米尔德瑞德·哈纳克是美国驻德国大使馆女性俱乐部主持人,与大使的女儿玛莎·多德过从甚密,后来也与使馆参赞唐纳德·海斯及其夫人建立了相当友好的关系。她支持丈夫为苏联情报机构工作,并帮助他搜集、整理一些政治、军事和经济材料。

1942年9月7日,米尔德瑞德·哈纳克与她丈夫一起被党卫队逮捕,阿维德·哈纳克在12月19日被人民法庭判处死刑,22日执行。米尔德瑞德·哈纳克则被判处6年监禁。但在1943年1月16日又被改判为死刑,并于2月16日执行。临刑前,米尔德瑞德·哈纳克喊道:"我曾经是多么热爱着德国啊。"①

她的朋友和大学同学克拉拉·莱瑟(Clara Leiser)在获悉死讯后,悲愤地写下了《往来于断头台》(*To and From the Guillotine*)悼念诗篇。

伊丽莎白·舒马赫(Elisabeth Schumacher,1910—1942年)出生于一个犹太工程师家庭,早年学习实用艺术,大学毕业后曾在柏林德国劳动保护博物馆工作,并在这里认识了莉波塔斯·舒尔策—鲍伊森。希特勒上台后,伊丽莎白·舒马赫因其犹太血统而受到迫害,在1934年与雕刻家库尔特·舒马赫(Kurt Schumacher)结婚后,两人共同加入了反纳粹抵抗组织舒尔策—鲍伊森和阿维德·哈纳克团体。伊丽莎白·舒马赫协助舒尔策—鲍伊森将搜集到的有关纳粹德国的秘密情报制成缩微胶片,也与其他成员一起编印和散发揭露纳粹政权罪行的传单。伊丽莎白·舒马赫本人还多次帮助受到追捕的犹太人藏匿和逃亡。1942年8月,库尔特和伊丽莎白·舒马赫夫妇与从苏联到德国的共产党员阿尔伯特·休斯勒(Albert Hößler)取得了联系,并向他提供了许多情报。

1942年9月12日,库尔特和伊丽莎白·舒马赫夫妇被盖世太保逮捕,12月19日,伊丽莎白·舒马赫被国家战争法庭以"密谋叛国""卖国求荣"及其他政治罪行判处死刑,12月22日执行。在此之前,她的丈夫已被处以绞刑。伊丽莎白·舒马赫坚决反对纳粹政府的战争政策,她在1941

---

① http://en.wikipedia.org/wiki/Mildred_Harnack.

年就已经看到,纳粹德国发动的侵略战争"越来越变得疯狂无忌了"。①②。

伊尔泽·施托伯(Ilse Stöbe,1901—1942年)早年上过商业学校,接受过秘书和速记职业训练,曾在一家出版社工作,1931年到柏林日报社担任秘书。1929年,伊尔泽·施托伯秘密加入德国共产党,自1931年起开始为苏联军事情报机构工作。1933年2月,伊尔泽·施托伯迁往华沙,担任《新瑞士报》(Neue Zürcher Zeitung)驻外记者。在纳粹德国入侵波兰之前,伊尔泽·施托伯从华沙返回柏林,供职于外交部新闻处。为了掩饰自己的真正身份,她也加入了纳粹党。从1934年起,伊尔泽·施托伯又成为纳粹党驻波兰外国人事务局的文化顾问。在1935年返回柏林后,外交部官员格哈德·克格尔(Gerhard Kegel)也曾帮助她从事秘密谍报工作。

1942年12月12日,伊尔泽·施托伯被盖世太保以苏联特务的罪名逮捕,14日被国家战争法庭判处死刑,22日与舒尔策—鲍伊森和阿维德·哈纳克等人一起被处死。伊尔泽·施托伯的母亲也被关进集中营,1943年惨遭杀害。她同母异父的哥哥库尔特·米勒(Kurt Müller)继续从事抵抗斗争,最终在1944年被盖世太保处死。③

艾丽卡·冯·布鲁克道夫(Erika von Brockdorff,1901—1943年)出生于波美拉尼亚东海岸的科尔贝格,1929年在柏林做家政和办公室秘书工作,1937年与艺术家凯伊—胡戈·冯·布鲁克道夫(Cay-Hugo Graf von Brockdorff)伯爵结婚。自1941年起,艾丽卡·冯·布鲁克道夫参加了由汉斯·科皮(Hans Coppi)领导的秘密抵抗组织,并与舒尔策—鲍伊森和阿维德·哈纳克团体取得了联系。1942年9月16日,艾丽卡·冯·布鲁克道夫被盖世太保逮捕,先是被国家战争法庭判处10年监禁,1943年1月又被改判死刑,1943年5月13日被处死。④

格丽塔·库克霍夫(Greta Kuckhoff)早年在柏林和维尔茨堡学习社会学和国民经济学,1927年赴美国威斯康星大学麦迪逊分校进修,并在那里与阿维德和米尔德瑞德·哈纳克夫妇相识。1930—1932年,她在苏黎世一

---

① http://en.wikipedia.org/wiki/Elisabeth_Schumacher.
② 伊丽莎白·舒马森1941年3月日记
③ Ulrich Sahm, "Ilse Stöbe", in: Hans Coppi, Jürgen Danyel und Johannes Tuchel (Hrsg.), *Die Rote Kapelle im Widerstand gegen den Nationalsozialismus*, Berlin: Gedenkstätte Deutscher Widerstand, 1994, S. 262-276.
④ http://en.wikipedia.org/wiki/Erika_von_Brockdorff.

家股票交易所工作,自1933年起成为美茵河畔法兰克福社会学研究所所长卡尔·曼海姆(Karl Mannheim)的秘书,同时也开始了反纳粹抵抗活动。1937年与亚当·库克霍夫结婚,并在纳粹德国人民启蒙和宣传部做翻译。1939年协助其他人将希特勒的《我的奋斗》(Mein Kampf)翻译成英文。她期望通过这一翻译工作,使英国公众对希特勒有更清楚的认识,增强反纳粹暴政的勇气。除此之外,格丽塔·库克霍夫还参与了哈罗和莉波塔斯·舒尔策—鲍伊森夫妇组织的其他一些抵抗行动。为了让公众了解纳粹政权的真面目,鼓励大众与纳粹党抵抗到底,库克霍夫撰写了很多分析德国政治经济的文章,还举办了一些相关主题的讲座。[1]

1942年9月12日,格丽塔·库克霍夫被盖世太保逮捕,次年2月3日被判处死刑,罪名是"协助密谋叛国行动和未揭发已知的间谍活动",但在5月4日又被改判为10年监禁和剥夺公民权。而她的丈夫则被处以了绞刑。[2]

第二次世界大战结束后,格丽塔·库克霍夫加入了德国共产党。1946年以后又成为德国统一社会党党员,并在民主德国担任了多种党和国家机关领导职务。1972年,格丽塔·库克霍夫发表了回忆录《从念珠到红色乐队》(Vom Rosenkranz zur Roten Kapelle)。[3]

希尔德·科皮(Hilde Coppi,1901—1943年)出身于工人家庭,早在1933年之前就与德国共产党员有所接触,1941年与德共党员汉斯·科皮(Hans Coppi)结婚,并与其丈夫一起加入红色乐队,从事反纳粹抵抗斗争。在纳粹德国军队入侵苏联后,希尔德·科皮经常收听莫斯科电台,记录被俘德国士兵的地址,并将他们依然活着的消息告诉给他们的家人。这些消息是与纳粹当局的宣传不同的,后者声称所有德国战俘都被苏联红军杀害了。她也同其他抵抗者一起张贴传单,揭露纳粹当局的欺骗宣传,并将这些传单寄给在前线作战的德国士兵。她还从她所工作的公司偷取纸张供编印传单使用。

---

[1] http://www.geschichtsforum.de/f66/portr-ts-von-frauen-im-widerstand-20999/.
[2] Claus Donate, "Aus den Lebenserinnerungen einer Widerstandskämpferin", Die Zeit, 13, March 23, 1973.
[3] Bernd-Rainer Barth, "Helmut Müller-Enbergs: Biographische Datenbanken: Kuckhoff, Greta Bundesunmittelbare Stiftung des öffentlichen Rechts", Wer war wer in der DDR? Volume 1, Berlin: Ch. Links Verlag, 2010.

1942年9月12日，汉斯和希尔德·科皮夫妇被捕入狱，希尔德·科皮身怀六甲，11月27日在狱中生下一子。12月22日，汉斯·科皮被处以绞刑。次年1月20日，希尔德·科皮也被判处死刑。其家人上呈的豁免申请被希特勒拒绝，只是刑期延迟到了8月，以便希尔德·科皮可以用母乳喂养婴儿。1943年8月5日，希尔德·科皮被处死。①

爱娃—玛丽亚·布赫（Eva-Maria Buch，1921—1943年）早年在天主教学校上学，在纳粹当局关闭了此类学校之后，又在柏林大学接受了口语翻译训练，1941年在柏林一家书店工作。通过威廉·古德夫（Wilhelm Guddorf），爱娃—玛丽亚·布赫与反纳粹抵抗组织舒尔策—鲍伊森和阿维德·哈纳克团体建立了联系，并参与了该团体的一些活动。1942年8月事发后，爱娃—玛丽亚·布赫先是藏匿于威廉·古德夫的花园，10月11日才被盖世太保逮捕。

在法庭上，控告方以一篇被翻译成法文的揭露纳粹德国强迫外籍工人到军工厂劳动的文章作为证据。为了保护其他抵抗分子，爱娃—玛丽亚·布赫声称该文章是她自己撰写和翻译的，随后她就被法庭判处死刑。在判决书上，法官指责爱娃—玛丽亚·布赫的行为显示出了"一个女天主教徒的狡猾和一个女共产党员对国家的仇恨"。希特勒本人亲自否决了爱娃—玛丽亚·布赫父母提出的赦免请求。年仅22岁的爱娃—玛丽亚·布赫最终被处以绞刑。②

四 索尔夫团体中的女性成员

索尔夫团体（Der Solf-Kreis）虽然是一个反纳粹主义的抵抗团体，但它并没有进行有计划性的以推翻纳粹政府为目的的抵抗运动，而是主要为反对纳粹政权者提供一个交流意见的平台。该团体大约有70人，多属于精英阶层，但就其政治立场来说，有的人是自由派，有的人则是保守派。他们经常在汉娜·索尔夫的柏林寓所举行茶会，也与德国军方和外交部的反对派团体保持密切联系，还藏匿犹太人和其他受到纳粹政权迫害者并帮助他们逃往国外。1943年9月10日，盖世太保逮捕了该团体的大部分成员，只有很少几位活到了战争结束。

---

① http://en.wikipedia.org/wiki/Hilde_Coppi.
② http://de.wikipedia.org/wiki/Eva-Maria_Buch.

在索尔夫团体中,汉娜·索尔夫和她的女儿拉吉·冯·巴勒施特赖姆伯爵夫人发挥了重要作用。索尔夫团体的名称也来源于汉娜·索尔夫的名字。

汉娜·索尔夫(Hanna Solf,1887—1954年)出生于诺伊哈根,1908年与时任萨摩亚皇家总督的威廉·索尔夫(Wilhelm Solf)结婚,她和丈夫都崇尚人道、法律和和平,而常年旅居国外的生活也使他们对德国以外的其他文化有着深刻理解。他们从一开始就极其厌恶纳粹主义,并且毫不隐瞒这一立场。就在1933年1月30日希特勒被兴登堡总统任命为总理的当天晚上,威廉·索尔夫就在一个聚会上声称"德国的末日到了"(Finis Germaniae)。此后,他就不断帮助犹太学者、艺术家和科学技术人员逃往日本,而当时他恰好是德国驻日本大使。在1936年威廉·索尔夫去世后,汉娜·索尔夫继续从事反纳粹抵抗活动。她也在自己位于柏林阿尔森街(Berliner Alsenstraße)的寓所中举行秘密聚会,联合各种各样对现政权持批评意见的上流社会人士,组建反纳粹抵抗团体。

除了举行聚会以外,汉娜·索尔夫还同她的女儿拉吉·冯·巴勒施特赖姆伯爵夫人一起帮助一些受到纳粹政权迫害者逃往瑞士,例如为他们搞假护照等等。她还买下了位于加尔米施—帕滕基兴(Garmisch-Partenkirchen)的一栋房屋,以便她那受到纳粹当局迫害的姐姐伊丽莎白·朵迪(Elisabeth Dotti)可以在那里藏身。

1944年1月12日,汉娜·索尔夫被盖世太保逮捕,她的女儿也被捕入狱。尽管遭到严刑拷问,但她宁死不屈,决不出卖其他同志。借助于日本驻德国大使的斡旋,汉娜·索尔夫和拉吉·冯·巴勒施特赖姆伯爵夫人终于在1945年4月23日苏联红军攻克柏林之时获释。[①] 在盟国举行的纽伦堡审讯中,汉娜·索尔夫勇敢地出庭作证,严厉控告23名纳粹罪犯的罪行。

拉吉·冯·巴勒施特赖姆伯爵夫人(Lagi Gräfin von Ballestrem,1909—1955年)是威廉和汉娜·索尔夫的女儿,出生于萨摩亚。在希特勒和纳粹党篡夺魏玛共和国政权时,拉吉·冯·巴勒施特赖姆伯爵夫人正同她的第一任丈夫工程师沃尔夫冈·莫尔(Wolfgang Mohr)旅居上海。她公开地与犹太人交往,甚至为逃离德国的犹太裔德国人提供住所。她也利用

---

① http://en.wikipedia.org/wiki/Solf_Circle.

密码与其父母、瓦尔特·西蒙斯（Walter Simons）和汉斯·冯·塞克特（Hans von Seeckt）等反纳粹人士进行秘密联络，该密码后来在1943年被盖世太保截获。

1938年，拉吉·冯·巴勒施特赖姆伯爵夫人从上海返回柏林，继续从事抵抗斗争。她帮助一些受纳粹迫害者逃往伦敦，也经常去看望那些躲藏在柏林简陋住所里的贫穷犹太女性，接济她们的生活。1940年11月25日，她与西里西亚贵族胡伯特·冯·巴勒施特赖姆伯爵（Hubert Graf von Ballestrem）结婚，后者也是一位反纳粹抵抗分子。

1944年3月15日，拉吉·冯·巴勒施特赖姆伯爵夫人被盖世太保逮捕，直到1945年4月23日才获释出狱。盖世太保无数次审讯，使她的身心受到严重摧残，在她妈妈去世后仅一年便与世长辞，终年46岁。在生命即将终结的时刻，她写道："我不愿意回顾过去，因为它已经失去了意义。现今的人们并没有从它那里学到什么——无论屠夫们，还是受难者，抑或旁观者，都是如此。我们的时代像是一场死亡舞蹈，没人懂得其离奇的节奏。所有的人都在迷茫地旋转，没有见到脚边就是悬崖。"①

索尔夫团体中的另一重要女性是伊丽莎白·冯·塔登（Elisabeth von Thadden，1890—1944年），她是著名的教育家，出身于波美拉尼亚古老的贵族家庭。终生未婚，也无子女。1927年，伊丽莎白·冯·塔登在柏林创办了一所"福音派少女乡村教育学校"（Evangelische Landerziehungsheim für Mädchen），以基督教特色的教育改革观念为办学宗旨，也接纳犹太女学生入学，即使是在1933年纳粹夺取政权之后，伊丽莎白·冯·塔登依然不顾纳粹政府威胁和警告，执意招收犹太学生，甚至为犹太学生减免各项学费，直到1941年纳粹当局把所有私立教派学校国家化为止。

1933年以后，伊丽莎白·冯·塔登同部分认信教会的牧师一起从事反纳粹抵抗斗争，帮助犹太人逃往国外。在纳粹分子强占了福音派少女乡村教育学校之后，伊丽莎白·冯·塔登移居柏林，与汉娜·索尔夫等反纳粹抵抗分子建立了密切联系，不仅经常交流意见，而且还协助红十字会，为受迫害者提供帮助，为藏匿者提供生活用品等。

1943年，盖世太保开始了抓捕索尔夫团体成员的行动，伊丽莎白·

---

① http://de.wikipedia.org/wiki/Lagi_von_Ballestrem.

冯·塔登成功地逃往法国，但没过多久，她于1944年1月13日被捕。1944年7月，人民法庭判处她死刑，并在9月8日执行。伊丽莎白·冯·塔登临终前写道："我没有泄露任何会对其他人造成伤害的话语。拉文斯布吕克集中营的环境真是糟透了。我与7月20日的谋杀行动毫无瓜葛，不认识参与这一行动的任何人。审讯者向我施加了太多的影响，他们也过高地估计了我们的团体的作用。我们仅仅想要提供一些社会帮助，因为我们看到，这种帮助是必须的。我们只是要做心地善良的人，毫无政治动机。"

五　白玫瑰小组中的女性成员

白玫瑰小组（Der Weiße Rose）是一个大学生反纳粹抵抗组织，1942年6月创建于慕尼黑，主要由慕尼黑大学生汉斯·朔尔（Hans Scholl）、索菲·朔尔（Sophie Scholl）、克里斯托夫·普罗布斯特（Christoph Probst）、亚历山大·施莫雷尔（Alexander Schmorell）、维利·格拉夫（Willi Graf）和大学教授库尔特·胡贝尔（Kurt Huber）6人组成。他们本着基督教信仰、人权和道德的精神来对抗"合法的政府"。从1942年6月到1943年1月，白玫瑰小组共撰写并分发了6份传单，在每一份的传单里，他们都号召德国民众抵抗纳粹暴政，继而推翻纳粹政权，建立一个更好的德国。1943年2月，该团体受到盖世太保的严厉镇压，许多成员惨遭杀害，而他们所散发的第六份传单后来由法学家赫尔穆特·詹姆斯·冯·毛奇伯爵（Graf Helmuth James von Moltke）带出德国，从北欧传入英国，并在1943年7月被大量印刷后通过同盟国的飞机散发到德国各地。

索菲·朔尔（Sophie Scholl，1921—1943）是白玫瑰小组的核心成员之一，也是德国反纳粹抵抗运动中的一位杰出女性。她出生于一个具有浓郁基督教人文主义氛围的家庭，但同哥哥汉斯·朔尔一样，她在少女时代也深受纳粹分子所宣传的共同体理想的蛊惑，加入了德意志少女同盟。

索菲·朔尔十分热爱运动，在衣着上也不是日耳曼传统的装扮，她经常留着短发，也会赶时髦地修剪成波波头。她的行为举止，让人觉得她并不是向"传统的德意志母亲"方向发展的。她对自己认为正确的理念十分固执。她经常和自己的姐妹讨论："为什么我和路易泽·纳旦（Luise Nathan）都是金发蓝眼，我可以加入德意志少女同盟，而她不行，仅仅是因为她是犹太人吗?"①

1939年9月1日,德国入侵波兰,第二次世界大战正式爆发。索菲·朔尔给朋友写信,表达自己的担忧之情:"我实在是不能理解为什么有的民族会将其他民族的人置于铁蹄之下,我永远也不能理解,这实在是太可怕了。千万别说这种行为是为了祖国!"②

1940年6月,索菲·朔尔又给朋友写信:"我不敢相信法国这么不堪一击。你会觉得我今天的来信非常不女性化,现在少女讨论政治时局是非常不可思议的。德意志的少女都被女性化冲昏了头脑,丧失了激情,以至于让女性看不到正在发生的国际大事。"③

在高中的最后一年,索菲·朔尔觉得学校的生活十分无聊,她也与班里的一些同学产生了很大的隔阂。她说:"有的时候,在学校就像看电影一样,但是并没有参与表演。"④

索菲·朔尔的态度和行为被校方认为是具有挑战性的。学校的教导主任多次将她叫到办公室,警告她注意自己的言行,如果再如此自由放任,将不授予她高中毕业文凭。索菲·朔尔一直想要到大学进修生物和哲学,她想用生物研究来驳斥纳粹的种族主义观点,同时,到大学学习也是避免卷入纳粹运动的一个办法。

索菲·朔尔顺利地通过了高中会考,但并没有改变自己的言谈举止。对于"我们德意志少女同盟就是将来民族共同体的缩影"这类爱国主义言论,索菲·朔尔感到十分厌恶。她认为:"我们活得像是囚徒一样,不仅要工作,休闲的时候也要涉及'为民族肩负的责任'。"她在自己的日记中写道:"毕竟,一个人要有勇气坚信自己认为是对的事情,人不应该被假象所迷惑。我认为人要做实际的和正确的事情,这样的行为也会影响

---

① Jud Newborn and Annette Dumbach, *Sophie Scholl and The White Rose: The Story of the Remarkable German Students Who Defied Hitler*, New York: ONE World Publications, 2006, p. 37.

② Jud Newborn and Annette Dumbach, *Sophie Scholl and The White Rose: The Story of the Remarkable German Students Who Defied Hitler*, New York: ONE World Publications, 2006, p. 44.

③ Jud Newborn and Annette Dumbach, *Sophie Scholl and The White Rose: The Story of the Remarkable German Students Who Defied Hitler*, New York: ONE World Publications, 2006, p. 45.

④ Jud Newborn and Annette Dumbach, *Sophie Scholl and The White Rose: The Story of the Remarkable German Students Who Defied Hitler*, New York: ONE World Publications, 2006, p. 45.

别人。"①

1942年6月,索菲·朔尔开始在慕尼黑大学学习生物学和哲学。暑假期间被征召进工厂,为德国的重整军备计划做两个月的义务工作。在这里,她给朋友写信说:"工厂的工作十分的枯燥,全是重复性劳动。这样的工作让你并不想要动脑筋。"在工厂里,她经常磨洋工,这惹恼了那些工头们,但又拿她没有办法。索菲·朔尔告诉他们,自己就是这么懒散,改不好了。但她与几个苏联女工成为朋友,她们会在没有人监视的时候相互问候,她还把自己的食品定量配给券送给这些朋友。②

通过同样在慕尼黑大学读书的哥哥,索菲·朔尔认识了一些大学生,他们同她一样也对纳粹统治持否定态度。尽管哥哥竭力使她远离反纳粹抵抗团体,但她还是义无反顾地参与了白玫瑰小组编印和散发传单的活动。

从1942年6月到1943年1月,白玫瑰小组总共编印散发了6份传单。他们分析国家的本质:"国家从来就不是目的,唯有当他成为让人类实现目标的条件时,他才具有重要性。人类的目标不外是提升个人的力量来促成进步。如果有任何国家体制阻挠个人内在力量的发挥、妨碍思想的进步,即使她的思虑再细密、结构再完备,她还是有害而无用的。"(第一份传单)他们揭露纳粹政权的暴行:"尽管在被德国征服的波兰中,已经有三十万犹太人在这个国家被以最残忍的手段屠杀⋯⋯德国人仍然笨拙地静止不动,愚蠢地沉睡着,并且助长那些法西斯的罪行。⋯⋯任何人都希望对于此类的行为能被宣告无罪,每个人都希望继续以最平静的步伐,最平淡的良心走完人生的路途,但他不会被宣告无罪,他将有罪、有罪、有罪!"(第二份传单)他们要求德国民众行动起来,不畏强暴,勇敢地推翻纳粹政权,建立一个充满新精神的欧洲。"如果每一个人都在等其他的人成为复仇者先锋,那么复仇的计划永远都是离我们很远的,而且魔鬼会很贪婪、无情地把最后一个受害者也杀害。所以,每一个人,有良知、有责任的基督教信徒或者是受过西方文明教化的人,必须要在最后的时刻抵制让人类苦难的根源、抵制法西斯主义和其他相似的极权主义政权。请助抵抗运动一臂之力,无论您在哪里,在我们无力回天之前,遏制这个战争机

---

① Jud Newborn and Annette Dumbach, *Sophie Scholl and The White Rose: The Story of the Remarkable German Students Who Defied Hitler*, New York: ONE World Publications, 2006, p. 45.

② Jud Newborn and Annette Dumbach, *Sophie Scholl and The White Rose: The Story of the Remarkable German Students Who Defied Hitler*, New York: ONE World Publications, 2006, p. 106.

器的发展。"（第三份传单）

白玫瑰小组成员利用手摇复印机，印刷了6000—9000份传单，通过邮寄、投递和张贴等方式，散发到慕尼黑、斯图加特、弗莱堡、科伦、柏林、开姆尼茨、华沙和维也纳等许多城市。第五份传单引起了巨大轰动，盖世太保开始追踪这些传单的源头。

1943年1月，索菲·朔尔第一次参与传单编印工作。2月中旬，第六份传单编印好了。2月18日，正当纳粹政府宣传部部长戈培尔在运动场发表号召德国民众加入总体战的演讲时，索菲·朔尔和她的哥哥汉斯·朔尔带着满满一手提箱的传单来到慕尼黑大学。为了赶在学生下课之前，他们匆忙地将传单倾倒在教学楼的中庭，希望学生们下课后都能够看到。在离开之际，他们发现还有一部分传单留在手提箱中。为了将这些传单发完，他们爬上了顶楼，索菲·朔尔将传单撒向空中，而此举正巧被校园管理员、纳粹分子雅克布·施米德（Jakob Schmid）所目击。朔尔兄妹被抓住，并且被交给了盖世太保审讯。

在被捕入狱之后，负责审讯的盖世太保官员罗伯特·摩尔（Robert Mohr）竭力劝说索菲·朔尔认罪，并宣布自己拥护纳粹党。罗伯特·摩尔在记录中写道："我用尽了自己所有的劝说办法，让她承认自己只是哥哥的小跟班，没有意识到自己的行为后果，索菲拒绝了我所有的提议，她拒绝了求生的唯一方式。她还在审讯中承认自己并不是受哥哥的指使，自己知道抵抗行为的后果，她为自己负责。"罗伯特·摩尔还向索菲·朔尔讲述希特勒的伟大和纳粹主义的重要。然而，索菲十分坚定地说："你们是错误的，我没有错，同样的事情我还会再做一遍，因为你们的世界观是极大的错误！"[1]

为了保护白玫瑰小组的其他成员，索菲·朔尔还坚持说她和哥哥两人是散发传单行动主谋。1943年2月22日，朔尔兄妹被人民法庭以叛国罪的罪名判处死刑，当天即被执行。索菲·朔尔因为在面对死亡时的勇气而留名于世。[2]

---

[1] Jud Newborn and Annette Dumbach, *Sophie Scholl and The White Rose: The Story of the Remarkable German Students Who Defied Hitler*, New York: ONE World Publications, 2006, p. 106.

[2] Jud Newborn, "Solving Mysteries: The Secret of 'The White Rose'", in: Jud Newborn and Annette Dumbach, *Sophie Scholl and The White Rose: The Story of the Remarkable German Students Who Defied Hitler*, New York: ONE World Publications 2006, p. 106.

第三节　德国女性在日常生活中的抵抗

希特勒和纳粹党其他领导人认为，在魏玛共和国，女性的使命受到了马克思主义者、自由主义者、女权主义者的嘲弄。因对廉价劳动力的需求，使大量女性走出家门，外出工作，从事各种极劳累辛苦和危险的工作，这严重危害和削弱了德国母亲的种族健康，也严重危害了德国家庭，危及种族的未来。大量主妇和母亲因太忙或太累无暇以常规方式经营家庭，也没能保护自己的生育健康和对子女倾注足够的关爱。德国人的生活质量岌岌可危。在纳粹党的许多高层领导看来，女性外出工作是"不正常现象"，为社会埋下了很多隐患，造成了大量家庭和社会危机。越来越多的女性外出工作，导致母亲负担过重，身心受到摧残，离婚率和流产率上升，生育率急剧下降，大量非婚生子女和单亲妈妈出现，家庭规模缩小和家庭里两性角色混乱，等等，已经使德国面临着家庭和社会的双重"危机"。这股"不正之风"必须加以整治，必须强迫那些烫着卷发、抽着香烟、在外工作的女性回家，安心地料理家务，侍奉丈夫，生儿育女，为民族和国家培养健康、优秀的接班人。[1]

在纳粹党的许多高层领导看来，男女才能不同，其生活方式、职责和任务也迥然有别。男人的职责和任务是做工、提供食品和打仗、抵御敌人，保护家庭和国家；女人的职责和任务则是料理家务，侍奉丈夫，尽可能多地生育孩子，确保雅利安种族的人丁兴旺。[2] 希特勒说："如果说男人的世界是国家和民族——他们的奋斗、他们的理想都将投入到为社会的奉献之中；那么，女性则处于一个相对较小的世界中。对于她们来说，她们的世界就是她们的丈夫、家庭、孩子和家……如果小的世界不稳固，那么大的世界也将无法存在。我们不能认为女性侵犯男人的世界是正确的。我们认为这两个世界的互补是十分必要的。"[3] 希特勒还宣称，女性们最伟大

---

[1] Michael Burleigh, *The Racial State: Germany 1933–1945*, New York: Cambridge University Press, 1991, p. 242.

[2] Wolfgang Schneider, *Frauen unterm Hakenkreuz*, Hamburg: Hoffmann Campe Vlg GmbH, 2003, S. 15.

[3] 徐盐城：《试论纳粹德国的战时妇女就业动员政策》，《牡丹江教育学院学报》2005 年第 4 期。

的事业就是为祖国生育更多的种族纯洁的孩子,"不给国家生养健康子女,必须被认为是不可宽恕的。在这种事业面前,个人不能有自己的愿望和自私心,而只有绝对服从"。①

鉴于此,希特勒和纳粹党在篡夺了魏玛共和国国家政权之后,立即开始推行一种促使女性离职,限制已婚女性就业,鼓励女性专营家务,为"元首和民族"多生孩子的政策。

1934年4月,纳粹政府设立了"母亲节"。戈培尔宣布,帝国母亲节是与之前的母亲节大不相同的,它不是一个充满咖啡和蛋糕的派对,而是一个将母亲奉为中心位置的家庭聚会。②

1935年,纳粹政府颁布《向多子女家庭提供子女补助金法令》,开始发放一次性的子女补贴。自1936年4月起,正式实行经常性的子女补贴。除此之外,还对国家、州和市镇的官员及职员提供子女补助,第一个孩子每月补助10金马克,第四个孩子之后,每人每月补助30金马克。③

1938年3月和6月,纳粹政府又两次发布法令,为多子女家庭提供教育津贴及减免学费。教育津贴主要用于帮助学生缴纳学费、午餐费、交通费和学习用品费。对第三个和第四个孩子的教育津贴提供至满14岁。④

1938年,纳粹政府颁布《婚姻法》,允许健康人与无生育能力或拒不生育的人离婚。自1938年起,未婚男性及无子女的家庭则要缴纳额外的税费,相当于收入的10%。若是非法堕胎,会遭受极其严厉的处罚。⑤

纳粹政府颁布这一系列政策的最终目的就是将女性排挤出就业市场,回归家庭,料理家务,侍奉丈夫,为雅利安培育健康的下一代。

尽管有不少德国女性表示支持或顺从,但也有不少德国女性不愿放弃工作。这种情况的出现,固然不能排除经济原因,例如工人家庭生活困难,其妻子必须外出工作,赚钱贴补家用,而在农村地区,女性劳动又是长期形成的农业和畜牧业生产传统,但也有抵抗因素。有的女性认

---

① 徐盐城:《试论纳粹德国的战时妇女就业动员政策》,《牡丹江教育学院学报》2005年第4期。
② "Hilfstelle Mutter und Kind", *Neues Volk*, April 1940, S. 22.
③ 王肇伟:《论纳粹德国的妇女理论及政策》,《世界历史》1995年第4期。
④ 王肇伟:《论纳粹德国的妇女理论及政策》,《世界历史》1995年第4期。
⑤ Matthew Stibbe, *Women in the Third Reich*, London: Arnold Press 2003, p. 50; Michael Burleigh, *Death and Deliverance:"Euthanasia" in Germany 1900 - 1945*, New York: Cambridge University Press, p. 250.

为，接受国家提供的婚姻贷款会让国家的教诲居于首要位置，而让传统的家庭观处于次要位置，因此她们宁愿向父母借钱结婚，也不愿申请国家的福利。①

从统计数字来看，1933年之后，工作部门的女性数量并未减少，反而有所增加，1933年是11.5百万人，1939年是12.8百万人，1944年是14.9百万人；与之相应，在全体工作人员中，女性所占的比例也在上升，1933年是36%，1939年是47%，1944年是50%。② 这就说明，并非所有的女性都放弃了工作，相反，在纳粹德国，外出工作的女性依然不少，她们在一定程度上是与政府的政策唱对台戏的。

也有不少德国女性不愿意多生育，特别是中产阶级女性在有意识地限制家庭的规模，无论纳粹怎样卖力地推行多子化家庭，她们都不买账。③ 据统计，在1933年之后结婚的夫妻中有60%至1939年还只有一个孩子或是没有孩子。④ 这种情况的出现并不是因为生活困难，养不起孩子，而是更加自觉地抵制，是女性解放运动传统的一种延续。

还有许多家庭庆祝天主教的母亲节而不是纳粹的母亲节，许多女性并不愿意接受这种"民族母亲"的神圣称号。在多特蒙德的母亲节庆祝日，布里尔曼（Brielmann）女士获得了纳粹政府颁发的铜质奖章，这是经过调查她的育儿技能、种族纯洁度、其家庭的价值度之后，作为表彰其生育数量的奖励。然而，该女士却对她身边的女伴说："他们应该给我节育的方法，而不是这样的奖励。"⑤ 纳粹当局得知这番话之后，非常震怒，立即收回了颁发给布里尔曼的铜质奖章。

虽然纳粹政府为多产的母亲提供了很多福利，但是许多德国母亲却从未使用过。还有很多女性拒绝加入纳粹女性组织安排的辅助课程，即使这些课程里面包含了很多福利，如安排母亲度假。而且，很多人并不苟同纳粹的母亲观，认为纳粹的多子观点并不是为了民众生活的考虑，而是为了德国的复兴和传承。

---

① Matthew Stibbe, *Women in the Third Reich*, London: Arnold Press 2003, p. 50.
② Michelle Mouton, *From Nurturing the Nation to Purifying the Volk*, Cambridge University Press, 2009, p. 279.
③ Jill Stephenson, *Women in Nazi Germany*, New York: Longman, 2001, p. 32.
④ Jill Stephenson, *Women in Nazi Germany*, New York: Longman, 2001, p. 32.
⑤ Michelle Mouton, *From Nurturing the Nation to Purifying the Volk*, Cambridge University Press, 2009, p. 1.

也有一些德国女性看似接受纳粹的女性课程，实际上她们对于纳粹党的意识形态并不感兴趣。例如，很多女性都对烹饪和健康课程比较感兴趣，但不接受其政治意图。许多官员在授课的时候刻意回避其政治意图，因为这很容易激起有宗教信仰女性的反感。一位女官员回忆，她的女学生们在回答犹太人问题时候，都充满了基督教的兄弟友爱之情，她们还继续在犹太人商店里买东西。这位女官员认识到，为了笼络人心，还是不批判她们的宗教意识为好。还有的官员抱怨，许多当地女性平时做家务，周末去教堂聆听牧师的教诲，每年生一个孩子，她们不需要任何的新意，听不进去政治教导。因为，在偏远的地方，牧师说的话比元首管用。①

还有一些女性之所以去上烹饪课，主要是因为可以填饱自己的肚子，以至于"有的女性吃得太多，在两个月之内体重增加了三磅"②。至于烹饪课的政治意义，没有多少女性去认真理会。

一方面，课程的政治倾向导致很多女性对母亲培训课程并不感兴趣；另一方面，由于纳粹女性组织招募的多是具有政治意识形态的培训师，使得许多女性将纳粹培训师视为外来入侵者，排斥她们，附带也反对纳粹主义。一位女领导人在报告中充满沮丧地指出：当地的女性缺乏现代科学知识，并拒绝接纳纳粹意识形态，她们是一片灰色地带，用祖母的方式教育孩子。③ 这些纳粹女领导在进行家访时是不受欢迎甚至会遇到人身危险的，一位做家访的女官员常被拒之门外，要不是这些女官员穿了纳粹的制服，她们早就要被狗咬了！这些"无知"的女性对家庭经济课程尤为不感兴趣，因此有一位气急败坏的纳粹领导主张强迫她们参加。还有的地区女性领导以剥夺做母亲的权利或把孩子送到别人家寄养等措施威胁女性参加学习班。④

即使是德意志女性工作社的积极分子也会抱怨，让主妇们去学这么

---

① Michelle Mouton, *From Nurturing the Nation to Purifying the Volk*, New York: Cambridge University Press, 2009, p. 175.

② Michelle Mouton, *From Nurturing the Nation to Purifying the Volk*, New York: Cambridge University Press, 2009, p. 178.

③ Michelle Mouton, *From Nurturing the Nation to Purifying the Volk*, New York: Cambridge University Press, 2009, p. 176.

④ Michelle Mouton, *From Nurturing the Nation to Purifying the Volk*, New York: Cambridge University Press, 2009, p. 178.

昂贵又费时间的烹饪课和保育课程，却没时间让自己和孩子在一起，没时间做家务，真是极大的讽刺。一名纳粹女性在1934年写道："课程十分有趣，但是如果让母亲长时间见不到孩子和不着家，只忙着纳粹女性组织的事务的话，那学这些课程的意义又是什么？"也有的女性为了支持德意志女性工作社的活动，不得不将没用的徽章和其他的厨房用具卖给那些贫困的家庭，因此而表达不满："我们尽力地卖了，但是这样做对贫苦困难的家庭是很不道德的，这样的工作只是金玉其外、败絮其中，我们工作的意义又是什么呢？"① 有的女性认为，纳粹女性组织的活动太多了，以至于都没有时间见到自己的丈夫和孩子，整日生活在孤独和寂寞之中。②

许多德国女孩不愿意加入德意志少女同盟等纳粹女性组织，那些不得已已经加入的女孩也力图避免过多地和该组织进行接触，她们抵制纳粹青年文化，嘲笑他们整洁的穿着和谨慎的行为，并创造另外一种青年文化，接受美国爵士。这些抵抗分子，包括女孩，被捉住后会被关进集中营，等待死刑。

1934年，有一位纳粹女官员十分惊恐地发现某镇子里大部分人的家里连最基本的纳粹徽章等标识都不存在，没有希特勒像、没有纳粹旗，不用收音机收听元首的演讲，也没有订阅纳粹发行的官方刊物。家庭的气氛也未将母亲纳入民族共同体。③

战争爆发后，有很多女性对纳粹所宣传的"甘于奉献"的精神十分不满，因为这种损失很难令她们接受。这种现象的出现也只能怪纳粹政权，它所承诺的丰衣足食的生活一直没有实现。随着战争的推进，各种物质资源的缺乏令民众苦不堪言。此外，伴随着女性的还有对身在战场的丈夫和儿子的牵挂和担忧。

民众的不满还来源于纳粹党员的特权。即使有一些纳粹党员没有继续从事与战争相关的事业，他们还是能使用单位的汽车，诸如此类的特权不胜枚举，这与大街上的普通老百姓形成了鲜明的对比。在1940年政府实

---

① Matthew Stibbe, *Women in the Third Reich*, London：Arnold Press, 2003, p.39.
② Matthew Stibbe, *Women in the Third Reich*, London：Arnold Press, 2003, pp.19-24.
③ Michelle Mouton, *From Nurturing the Nation to Purifying the Volk*, New York：Cambridge University Press, 2009, p.153, p.190.

施了严格的财政标准之后,妇女和儿童们聚集在政府部门,要求公平的福利。①

随着战争的持续,民众的不满情绪也逐渐爆发出来,成为伴随战争的一种常态。但是出现的困难越来越多,那些在家里的女性的焦虑也越来越重。特别是德军在斯大林格勒战役受到重创、北非战场的失败和意大利的萎靡不振之后,民众普遍出现了厌战的情绪,也开始不再相信官方所宣传的"说什么战争一定会胜利,没有任何必要担心会输掉"。②

与此同时,越来越多的德国人感受到战争的残酷性,其生活标准不断地被压低,生活配给和食品券越来越少,食物和生活必需品短缺。盟军的空袭越来越多,家人的阵亡通知书纷至沓来。据统计,来自柏林的士兵在战争第一年,死亡人数平均是每个月361人,第二年为467人,第三年为661人。仅从1942年10月至1943年4月,柏林士兵的死亡人数就达到平均每月1565人,仅1943年3月就有1713人登记为失踪人员。③大街上很多德国女性开始穿黑纱,为丈夫或者是儿子服丧,人心惶惶,恐惧莫名。

越来越多的德国女性开始抱怨政府,有的人已经拒绝在问候时说"希特勒万岁",不在公共场所佩戴纳粹党的党徽④,有些人甚至举行了集体抗议。1943年11月,因为食物紧缺引起了暴乱。在威滕(Witten)镇,300多名天主教妇女和儿童公开游行示威,她们表达了对食物紧缺以及恶劣居住状况的不满,她们担心搬家会造成家人的分离,也不愿子女受纳粹意识形态的影响而违背基督教,相似的示威在其他城市里也发生过。当地警察奉命阻止女性的示威游行,但到最后却和女性站到一起声援示威者,因为他们相信这些女性是对的,当地的官员并未保障妇女

---

① Dietrich Orlow, *The History of the Nazi Party* 1933 – 1945, Pittsburgh: University of Pittsburgh Press, 1971, pp. 425 – 426.

② Dörte Winkler, *Frauenarbeit im Dritten Reich*, Hamburg: Hoffmann und Campe, 1977, S. 102 – 121.

③ Stadtarchiv (East), Berlin, Rep. 016B, Nr. 2946, 96 – 172. 转引自 Matthew Stibbe, *Women in the Third Reich*, London: Arnold Press, 2003, p. 39。

④ Dietrich Orlow, *The History of the Nazi Party* 1933 – 1945, Pittsburgh: University of Pittsburgh Press, 1971, pp. 413 – 416.

和儿童安心生活。①

1943年之后，连续的轰炸造成民众渐渐麻木，妇女们已经开始主动屏蔽战争的任何消息，无论是报纸的还是广播的，"我已经不能承受任何的战争消息了，就等着哪天能有点捷报传来"。② 她们的恐惧当然是源于个人因素，担心丈夫或是儿子在战场的命运，此时已顾不得国家安危。

---

① L. Leigh Westerfield, "Chipping Away at the State: German Women and Resistance", *This Anguish, Like a Kind of Intimate Song-Resistance in Women's Literature of World WarII*, Amsterdam, New York: Rodopi, 2004.

② Heinz Boberach, *Meldungen aus dem Reich*, Munich, Berlin: Pawlak Verlag, 1968, pp. 262 – 264.

第六章

结　语

　　通过考察德国女性在20世纪二三十年代魏玛共和国国会大选中的表现、纳粹党女性成员和纳粹女性组织在纳粹运动中所发挥的作用、集中营女看守参与纳粹德国种族大屠杀行为、基督教女教徒对于纳粹运动和纳粹政权的顺应和抵抗以及德国女性在反纳粹政治抵抗运动中的思想和行动，我们可以对"德国女性与纳粹运动"这一主题形成如下判断。

　　德国女性与纳粹运动的关系是十分复杂的，包含形形色色的立场观点和行为模式，其中支持和积极参与、顺从和默认、消极应付和公开反抗都在不同程度上有所展现。但若加以严格的界定又是十分困难的，在大多数情况下，多种相互矛盾的态度和行为混杂在一起，没有一清二楚的界限。由于资料的匮乏，要想揭示所有德国女性的内心世界也是不可能的。

　　大体说来，德国女性对纳粹运动的态度是随着时间和局势的变化而发展变化的。在纳粹运动兴起之初，只有少数德国女性和女性组织支持希特勒和纳粹党，大多数是排斥的；1929年经济危机爆发后，大批德国女性迅速转向，几乎是一窝蜂地支持希特勒和纳粹党了，而希特勒和纳粹党之所以能在1930—1933年短期内迅速篡夺了魏玛共和国的国家大权，是与德国女性的支持密不可分的；在纳粹政权建立之初，德国女性依然表现出了相当狂热的劲头，对纳粹政府的各项政策大都表示认同；随着纳粹政权政治一体化和社会统制政策的加紧实施，德国女性对纳粹运动的态度开始发生分化，支持、顺从者虽然仍不乏其人，但消极应付和无言抵制也大量出现；而在纳粹德国发动侵略战争之后，特别是在战争局势发生不利于德国的重大逆转之后，德国女性的不满声音越来越多，其政治抵抗也广泛开展起来，这些抵抗活动虽然遭到了纳粹当局的严厉镇压，但一直持续不断，坚持到了纳粹政权的彻底覆灭之时。

　　同德国男性一样，在德国女性当中，对纳粹运动的态度也存在着个体

第六章 结语

差异，这是显而易见的。然而，德国女性对纳粹运动的态度也与其各自的党派和教派属性有密切关系。有些女性组织始终是不能容忍纳粹运动的，也进行过坚决的抵抗；但也有些女性组织对纳粹运动表现出极大的热情，在一定程度上助长了纳粹运动的发展壮大。而由纳粹党组建的女性组织则是纳粹运动的重要支柱之一，对于宣传纳粹主义、推行纳粹政策、巩固纳粹政权发挥了重要作用。

德国基督教的两大教派，天主教和福音派对纳粹运动的态度并不完全一致，特别是福音派教会内部存在着若干相互敌对的小教派，但在希特勒上台后，它们都没有被取缔，而是顽强地存在着。信奉福音派的德国女性大都是支持纳粹运动的，虽然也有许多人后来加入了认信教会，与纳粹运动展开了激烈的对抗。信奉天主教的德国女性自始至终都是比较冷漠的，狂热的支持者仅仅是少数。

德国的各大非纳粹政党也对纳粹运动态度不一，但在纳粹党篡夺了国家政权后，这些政党或者是遭到取缔，或者是自行解散，均不复存在了。其原先的党员有的加入了纳粹党，有的则转入地下，展开了秘密抵抗运动。特别是众多女共产党员、女社会民主党员以及一些坚持自由民主观念，主张维护人权和人的尊严的资产阶级和上流社会女性，积极参与反纳粹抵抗斗争，用生命和鲜血赢得了后人的敬仰。

具体到本书所探讨的各个领域，可以总结为以下几方面。

（一）在投票支持希特勒和纳粹党的选民中，既有大量男性选民，也有大量女性选民。德国女性选民的支持对于纳粹党竞选获胜发挥了巨大作用。然而，德国女性主要是在1929年经济危机爆发后才大规模转向支持纳粹党的，德国女性选民在1930年大选中对纳粹党的支持是一种突发性的聚变。在魏玛共和国时期，女性解放和女权主义获得了进一步发展，女性得到越来越多的机会和平等，就业者和参加各党派政治活动者日益增多，但绝大多数德国女性仍很保守，她们既没有什么职业技能，也没有工作欲望，主要以家庭和教堂为活动范围，相夫教子，祈求平安。她们大都趋向于以宗教、民族为导向的或者保守主义的政党，对于共产党和纳粹党等极"左"或极右政治团体，她们原本是不支持，甚至是颇有抵触情绪的。德国女性后来支持希特勒和纳粹党是与由经济危机造成的生活困苦和对克服危机的期望有着密切联系的。

女性选民的支持对于纳粹党竞选成功和纳粹政权的建立固然十分重

要，但笼统地说"希特勒是由德国女性选上台的"是不恰当的，因为投票支持纳粹党的不仅有女性选民，还有很多男性选民；也并非所有女性都投票支持纳粹党，投票支持中央党、巴伐利亚人民党、德国社会民主党和共产党的女性选民仍不在少数。一些自由派女性组织认识到纳粹党反女权主义的危险，警告女性不要投票支持希特勒。许多受过良好教育的社会上层女性也对纳粹党及其女性组织持冷漠态度。而工人阶级女性运动的领袖们则坚决反对纳粹党赤裸裸的男权主义思想、专制要求和战争计划。

（二）在德国历史上虽然不乏声名显赫的女君主、女大公和名门贵媛，但比较有自觉意识的女性解放运动是在19世纪初才开始的。19世纪60年代，全德女性组织得以建立，但主要以改善女性在家庭中的地位、使女性获得受教育和就业权为目标。直到19世纪末，参政议政才被列入一些女性组织的议事议程，女性解放运动和女权主义由此获得了较大规模的全面发展。在魏玛共和国时期，大大小小、各式各样具有比较明确政治倾向的女性团体与日俱增，在整个德国的社会和政治生活中发挥着越来越大的作用。但最初它们多是支持以民族为导向的保守派政党的，也有一些女性组织支持德国社会民主党等左翼政党。1929年经济危机爆发后，诸如"德国福音派女性同盟""新国家同盟"和"露易丝王后同盟"等具有强烈民族主义倾向的女性组织纷纷转向了纳粹党，主动提供各种帮助。而由纳粹女党员们自发成立的一些地方性组织，如"纳粹德国女性运动""族民女性同盟"，以及由埃尔斯贝特·灿德尔在柏林建立的"德意志女骑士团"，更是发动民众，组织请愿，积极地为纳粹党拉选票。

在篡夺了国家政权后，希特勒和纳粹党实现全面统制，取缔了所有非纳粹主义政党和团体，确立了纳粹党的唯一合法地位，组建了一些由纳粹党政机关管辖的社会团体，其中包括"民族社会主义女性联盟""德意志女性工作社"和"德意志少女同盟"等女性团体。

但在纳粹政权的社会统治下，大批女性主要是为了维护自身的利益而被迫加入纳粹女性组织，也是被迫参加这些组织所举办的政治教育、母亲培训和晚间聚会等活动的。纳粹女性组织致力于构建庞大的德国女性共同体，但实际上并没有得到德国广大女性的普遍认同，不少德国女性依然没有加入。纳粹女性组织未能在战前吸引到足够的成员，为纳粹党做服务工作、支持战争，也没能说服大多数的德国女性参与义务服务。当然也有不少德国女性是反对侵略扩张和殖民主义的，例如德国无产阶级革命家罗莎·卢森堡就坚决反对帝国主义军备竞赛和帝国主义战争，支持殖民地人民的民族解放事业。

（三）纵观历史，近二百年以来，德意志民族屡次企图扩大疆域，致力于建立一个幅员辽阔的世界大国。普鲁士能跻身列强，就与其领土扩张有着密切联系。然而，领土的扩张也导致了种族混杂问题。自19世纪50年代起，普鲁士政府就频繁动用"日耳曼化"手段，强迫非德意志人接受德意志文化，抑制其经济势力和文化影响的自由发展。

希特勒和纳粹党执政后，大肆叫嚣德意志民族复仇主义，鼓吹对外扩张，占有更大的"生存空间"来养活德国人民和迁移德国过剩的人口。纳粹德国也以"总体战"战略和"闪击战"战术，在很短的时间里就占领了欧洲大片土地，并在这些土地上开始了"日耳曼化"工程。

在第二次世界大战期间，有相当数量的德国女性作为战争辅助人员积极投身于德国的侵略战争当中，她们随着国防军一起被部署到波兰等国外占领地，并且担当起协助本国人安家落户的职责，她们在此过程中发挥了巨大的作用，可谓是二战期间德国侵略战中的"最强助攻"。

至少有50万名德国女性参与了东部日耳曼化运动。她们大都是年轻且接受过中等教育的单身女性，也有不少女学生，还有部分有想法、有目的中产阶级女性，即"边境老帮手"、日耳曼历史文化研究者。她们有的是纳粹党女党员、纳粹女性组织的女干部和积极分子，但也有纳粹女性组织的一般成员。她们有的成为"安置顾问"、青年工作者、学校和幼儿园教师，有的因具备专业的知识和技能，成为"种族学专家"，在"研究所"工作。这些女性都承担着帮助纳粹政权实施泛日耳曼主义扩张和统治的使命。

但也有许多女性对参与这样的工作不感兴趣，以种种理由，千方百计逃避应征。即使是那些参与了东部建设工作的女性，大多数也是被迫的，她们对于长期生活在东部地区十分不满，抱怨连连：结婚不能离职，没有婚假，生完孩子之后要继续工作，没有产假，怀孕期间也要一直工作，直至临盆。还有一些人始终不能适应农村生活，千方百计要求调回德国本土。对于女性工作的成效，这些人也十分悲观，认为尽管她们工作得十分卖力，还是难以一下子改变这些人原来的生活习性，所谓的"日耳曼化"纯属空想。

随着1936年开始实施扩充军备的"四年计划"以及大量的男子应征

入伍，劳动力短缺现象日益突出。最后在1943年1月7日，纳粹政府号召17—45岁的未怀孕的或没有幼儿的女性到工厂工作。

　　对于纳粹政府的战时就业动员，德国女性们的反应也多种多样，有的积极响应，有的消极应付，有的干脆拒绝或逃避。至1944年时，因为工作和生活条件不断恶化，加班时间过长，女性的不满情绪日益增加，工作效率严重降低。逃避就业者数量众多，致使纳粹政府的战时动员虽然来势凶猛，收效却甚微。

　　（四）在纳粹当政的12年里，有数千名德国女性应聘到集中营和死亡营担任狱警、看守、监工、秘书、医生和护士。部分雅利安血统的女囚也被委以"重任"，担任女舍长或女囚头。还有一些女性嫁给党卫队官员，并倚仗其丈夫的权威，成为集中营的实际"女主人"。这一特殊女性群体无论职务大小、身份高低，都掌握着攸关在押人员命运的生杀予夺大权。尽管她们并非都是刽子手，有些人还甘冒生命危险为无辜的囚徒们提供些许帮助，但还是有不少人积极参与了纳粹政权的"种族灭绝"计划，疯狂地虐待和屠杀囚徒，行径恶劣，罪恶累累，其凶残甚至远胜于男性凶手。即使有些人原本也是阶下囚，一旦被任命为监督其他犯人的小头目，她们也会凶相毕露，残酷无情。

　　不少女看守利用多种方式羞辱、虐待、残害囚徒。拷问、搜查、强取囚徒的贵重物品是家常便饭，暴打、枪杀囚徒也司空见惯。还有人借科学研究的名义在囚徒身上实施化学和生物实验，甚或把囚徒当作性具加以玩弄，利用囚徒为自己的性变态助兴。还有的人参与了从囚徒中挑选"适合的"人去服劳役、充当实验品或者干脆送入毒气室的公务。她们同党卫队男队员一样，都是纳粹政权虐待和屠杀囚徒的机器，有的女性甚至比男性更"胜"一筹。

　　这些"女凶手"完全接受了纳粹主义意识形态，无比效忠于纳粹党和国家。她们相信德意志民族是世界上最优秀的民族，纳粹主义是绝对真理，纳粹德国神圣不可侵犯，在押囚徒政治犯是"叛国贼"，犹太人和吉普赛人是"劣等民族"，刑事犯、同性恋者和残疾人是"人渣"，毫无生存价值，应该被彻底清除。有的女看守也因为极其残暴而获得了相应的提拔，这就更加助长了她们的嚣张气焰。

　　这些女性也证明了只要被赋予权力和机会，任何人都可以变成暴力的杀人犯，无论多么丑陋邪恶的欲念都可以付诸实践。

（五）自16世纪宗教改革以来，基督教一分为二，福音派与天主教并存，绝大多数德国女性也分属福音派和天主教两大阵营。

同大多数信奉福音派的男性一样，对于纳粹运动，信奉福音派的德国女性也有两种不同的态度：一部分是狂热支持者，有的人，特别是一些福音派女性组织领导人甚至加入了纳粹党；另一部分则不能接受"雅利安条款"，也反对纳粹当局干涉自己的权利和生活，她们力图保持自己固有的信仰，不愿意放弃福音派的自主权。不少福音派女性加入了认信教会，有的人还承担了秘书工作，或者成为教会助理、女房东、幼儿园老师、护士、女赞助人、女神学家。一些福音派女性嫁给了认信教会的牧师，并成为自己丈夫的好帮手，协助丈夫工作。还有很多认信教会女教徒积极参与了反纳粹抵抗运动，协助印刷非法的传单和杂志，举办秘密会议，帮助犹太人，为陷入困境者挨家挨户地筹款，为被捕入狱的牧师做祷告，等等。不少人还为此牺牲了身家性命。

在魏玛共和国时期，德国大多数天主教徒集中在中央党和巴伐利亚人民党周围。他们虽然接受了魏玛共和国，但依然是坚定的君主论者，反对现代化，反对自由主义、社会主义和共产主义，某些神职人员还谴责法西斯主义和纳粹运动。只是在经济危机爆发后，有些天主教徒才转而支持纳粹党，中央党更是为希特勒和纳粹党篡夺国家政权尽心竭力。

希特勒上台后，德国天主教会的高级神职人员只提出了微弱抗议，更多的是想通过某种息事宁人的方式换取平静的生活。1933年7月20日，希特勒政府与梵蒂冈签署了一份国家间协议。希特勒政府以禁止天主教神职人员进行任何政治活动为前提，同意教会有权"独立安排和管理自身的事务，并在其职权范围内向其教徒颁布具有约束力的法令和规定。"这样一来，天主教会与纳粹国家就实现了暂时的合作。

然而，纳粹政权不可能容忍在纳粹主义之外还有其他教会或任何机构提出另一种意识形态或是信仰。天主教和福音派这样对德国民众深具影响力的教会更是绝不会被纳粹政府所接纳的，它们也不可能在不受纳粹意识形态的主导下，独立自主地运行。面对纳粹政权的无情迫害，天主教会的一些神职人员和普通教徒也开展了激烈的抵抗运动。

德国天主教女性对待纳粹运动的态度大都是以罗马教皇和天主教会高级神职人员的意志为转移的，虽然也有越来越多的人开始对纳粹党表现出好感，但大多数人即使在经济危机爆发后依然支持中央党和巴伐利亚人民党等天主教政党。对于希特勒被任命为德国总理一事,天主教女性组织领导人并没有感到特别兴奋,她们是在福音派女性宣布支持纳粹拥护其政权6个月之后,才根据教会上层的指示,勉强答应与新政权合作的。

在天主教高级神职人员开始反抗纳粹政权之后,大多数天主教女性也积极投身于这一抵抗运动了。天主教女性组织对自身的宗教责任感日益加深,对公共生活也用宗教的教义来对待。大多数天主教女性反对那些直接违背天主教教义的政策,不能接受纳粹的优生工程和世俗教育政策。她们力图捍卫天主教女性用自己的方式生养和教育孩子的权利,不愿接受纳粹的多子化方针,不想做种族繁衍的生育机器。对于纳粹政权的优生计划,大多数德国天主教女性更是十分反感。许多天主教母亲、专业人士、志愿者和修女不愿意配合纳粹政权的行动,她们不愿意违背教义,不愿意背叛自己的信仰,不愿意背离自己长期以来所固守的传统,不愿意欺瞒他人,她们没有完全沦为纳粹的执行工具和刽子手。还有一些信奉天主教的女性极力避免让自己的孩子参加纳粹的青年组织,也坚持天主教教育,甚至举行大规模的游行示威,抗议纳粹当局没收学校里的十字架等政策。在一些地方,这一斗争也取得了胜利,迫使纳粹当局收回成命,将十字架归还给学校。

总之,纳粹运动甫一兴起,就受到德国社会各界的顽强抵抗,很多人不能容忍希特勒和纳粹党反自由主义、反和平主义、推崇专制独裁、颂扬战争暴力的宣传,绝大多数左翼政党和群众团体更是反对纳粹党徒对马克思主义的疯狂诋毁。在希特勒和纳粹党参加国会大选时,共产党、社会民主党、资产阶级政党和天主教会中人也不乏与纳粹党进行对抗的行为。直到1933年3月,大多数的德国人仍未投票支持希特勒的领导,其中有些人直到最后都坚守反希特勒的立场。在纳粹统治时期,除了许多无组织的、个体的抵抗者外,从事抵抗运动主要有德国共产党、德国社会民主党和由自由派人士组建的跨党派秘密地下组织,以及由贵族、军事和行政官员等保守派人士组建的密谋集团。

这些抵抗者的目标都是反对纳粹主义和纳粹统治,但在思想观念和行动方式上又呈现出明显差异:有的仅仅反对纳粹政权的某些政策和措施,有的是要推翻希特勒和纳粹党的独裁统治;有的主张建立自由民主体制,有的则主张恢复霍亨索伦王朝或是其他专制统治。与之相应,德国抵抗运动内部也呈现出一种分裂状态,不同阶级阶层、教派党派、意识形态和思想观念的抵抗组织之间缺乏相互沟通和联系，未能形成精诚合作和大规模共同行动，更未能掀起强有力的武装斗争，推翻旧政权，建立新政权。

抵抗者大都遭到了纳粹政府的残酷镇压。1933—1945年，大概有77000名德国公民因为具有"反叛"思想或抵抗行为而惨遭纳粹分子杀害，还有数不清的"嫌疑犯"被抓入集中营。德国的抵抗运动虽然有很大的局限性，但仍在一定程度上挽救了德意志民族的声誉，证明了"另一个德国"的存在，德国人并不都是纳粹分子，德意志民族的良心未泯，为了信仰和理想，许多人不惜以身犯险，死而无怨。

有许多女共产党员积极参与了抵抗斗争，她们不怕牺牲、英勇顽强，用生命和鲜血谱写了无数可歌可泣的壮丽篇章，其中最著名的有：克拉拉·蔡特金、格特鲁德·皮特尔、海伦讷·格拉茨尔、莉泽萝特·赫尔曼、凯特·尼德基什内尔、奥尔加·克尔讷、埃尔娜·格尔辛斯基、吕迪亚·施洛塞尔、菲利皮娜·罗特、罗拉·沃尔夫、夏洛蒂·毕朔夫、玛丽亚·吕德尔、路易泽·赫尔曼—里斯、埃尔泽·默克尔、丽娜·哈格、玛丽亚·瓦哈特尔、玛丽亚·罗伯、朵拉·蔡茨和凯特·利姆巴赫等人。

许多德国社会民主党女性党员也积极参与了反纳粹抵抗斗争，其中最著名的有：托妮·普福尔夫、约翰娜·基什内尔、弗丽达·罗森塔尔、玛利亚·格鲁姆斯、约翰娜·尼德黑尔曼、安格拉·布劳恩—施特拉特曼、赫尔塔·戈特黑尔夫和希尔德·梅塞尔等人。

除了政治抵抗，许多德国女性还在日常生活中对纳粹运动进行了抵抗。她们有的不顾纳粹政府的禁令，坚持外出工作；有的则不响应纳粹政府的号召，拒绝多生孩子；还有的人庆祝天主教的母亲节而不是纳粹的母亲节。特别是到了战争后期，越来越多的德国女性开始抱怨政府，她们拒绝问候的时候说"希特勒万岁"，不在公共场所佩戴纳粹党的党徽，有些人甚至举行了集体抗议。这种日常生活中的抵抗虽然不足以推翻纳粹政权，但对于该政权的最终失败还是发挥了一定作用的。

参考文献

外文专著

Althaus, Paul, *Evangelium und Leben: Gesammelte Vorträge*, Gütersloh: C. Bertelsmann, 1927.

Barnett, Victoria J., *For the Soul of the People: Protestant Protest Against Hitler*, New York: Oxford Press, 1992.

Barnett, Victoria und Wolfgang Gerlach, *And the Witnesses Were Silent: The Confessing Church and the Persecution of the Jews*, Lincoln: University of Nebraska Press, 2000.

Benz, Wolfgang und Walther Pehle (Hrsg.), *Lexikon des Deutschen Widerstands Frankfurt am Main*: Artikel Rote Kapelle, 1999.

Bessel, Richard and E. J., Feuchtwanger (eds), *Social Change and Political Development in Weimar Germany*, London: 1981.

Beyer, Hans, *Die Frau in der Politischen Entscheidung, Eine Untersuchung über das Frauenwahlrecht in Deutschland*, Stuttgart: Enke, 1933.

Bremme, Gabriele, *Die politische Rolle der Frau in Deutschland*, Göttingen: Vandenhoeck and Ruprecht, 1956.

Brown, Daniel Patrick, *The Beautiful Beast: The Life and Crimes of SS-Aufseherin Irma Grese*, Ventura, CA: Golden West Historical Publications, 1996.

Brown, Daniel Patrick, *The Camp Women: The Female Auxiliaries Who Assisted in the SS in Running the Nazi Concentration Camp System*, Atglen, PA: Schiffer Military History, 2002.

Burleigh, Michael, *Death and Deliverance: "Euthanasia" in Germany 1900 – 1945*, New York: Cambridge University Press.

Burleigh, Michael, *The Racial State: Germany 1933 – 1945*, New York: Cambridge University Press, 1991.

Childers, Thomas, *The Nazi Voter: the Social Foundations of Fascism in Germany*, 1919 – 1933, Chapel Hill: The University of North Carolina Press, 1983.

Christof, Dipper, *Der Deutsche Widerstand und die Juden*, Berlin: Vandenhoeck & Ruprecht.

Cosner, Sharon, *Women under the Third Reich: a Biographical Dictionary*, New York: Greenwood Press, 1998.

Dahrendorf, Ralf, *Society and Democracy in Germany*, London: Weidenfeld and Nicolson, 1968.

Demandt Philipp, *Luisenkult. Die Unsterblichkeit der Königin von Preußen*, Köln: Böhlau Verlag, 2003.

Diehl, Gudia, *Erlösung vom Wirrwahn*, Eisenach 1931.

Die Kindergruppen der NSF/DFW, in: Die Frau, 1941.

Die Rote Kapelle auf der Website der Gedenkstätte Deutscher Widerstand.

Donohoe, James, *Hitler's Conservative Opponents in Bavaria 1930 – 1945: A Study of Catholic, Monarchist, and Separatist anti-Nazi Activities*, Leiden: E. J. Brill, 1961.

Dufournier, Denise, *The Women's Camp of Death*, London: George Allen and Unwin, Ltd., 1948.

Durham, Martin, *Women and Fascism*, London: Routledge Press, 1998.

Edvardson, Cordelia, *Burded Child Seeks the Fire: A Momoir*, Boston: Beacon Press, 1997.

Ehrle, Gertrud Regina Broel (Hrsg.), *Licht über dem Abgrund: Aufzeichnungen u. Erlebnisse christlicher Frauen 1933 – 1945*, Herder, 1951.

Falter, Jürgen W., *Hitlers Wähler*, München: Verlag C. H. Beck, 1991.

Fest, Joachim C., *The Face of the Third Reich*, Harmondsworth, 1972.

Fraenkel, Hernrich, *The German People Versus Hitler*, London: Routledge, 2010.

Gedenkstätte Deutscher Widerstand: Die Toten der Roten Kapelle.

Grossmann, Atina, *Reforming Sex: The German Movement for the Birth Control*

& *Abortion Reform* 1920 – 1950, New York: Oxford University Press.

Grunberger, Richard, *A Social History of the Third Reich*, London: 1971.

Grunberger, Richard, *The 12 – Year Reich: A Social History Of Nazi Germany* 1933 – 1945, Virginia: Rinehart and Winston.

Hackett David A. ed., *The Buchenwald Report*, Boulder: Westview Press, 1995.

Hagen, William W., *Germans, Poles and Jews: The Nationality Conflict in the Prussian East*, 1772 – 1914, 1995.

Harvey, Elizabeth, *Women and the Nazi East: Agents and Witnesses of Germanization*, London: Yale University Press, 2003.

Heineman, Elizabeth D., *What Difference does a Husband Make? Women and Marital Status in Nazi and Postwar Germany*, Los Angeles: University of California Press, 2003.

Heyen, Franz, *Nationalsozialismus in Alltag*, Boppard: Bolt, 1967.

Hänisch, Dirk, *Sozialstrukturelle Bestimmungsgründe des Wahlverhaltens in der Weimarer Republik: Eine Aggregatdatenanalzse der Ergebnisse der Reichstagswahlen* 1924 – 1933, Duisburg: Verlag der Sozialwissenschaftlichen Kooperative, 1983.

Hofer, Walter, *Der Nationalsozialismus. Dokumente* 1933 – 1945, Frankfurt am Main: Fischer, 1957.

Hopf, Caroline, *Frauenbewegung und Pädagogik-Gertrud Bäumer zum Beispiel*, Bad Heilbrunn 1997.

Jacobsen, Hans-Adolf, *Nationalsozialistische Aussenpolitik*, Frankfurt am Main: Alfred Metzner, 1968.

Jones, Ann, *Women Who Kill*, New York: Holt, Rinehart and Winston, 1980.

Jürgen Kuczynski, *Studien zur Geschichte der Lage der Arbeiterin in Deutschland von* 1700 *bis zur Gegenwart*, Berlin: Akademie, 1965.

Kater, Michael H., *Hitler Youth*, London: Harvard University Press, 2004.

Kater, Micheal, *The Nazi Party: A Social Profile of Members and Leaders*, 1919 – 1945, Cambridge: Blackwell, 1983.

Kempner, Benedikta Maria: *Priester vor Hiters Tribunalen*, Munich: Rütten and Loening, 1966.

Kershaw, Ian, *Hitler 1889 – 1936: Hubris*, London: Penguin, 2001.

Kershaw, Ian, *The Nazi Dictatorship Problems and Perspectives of Interpretation*, London: Arnold Press, 2000.

Klin, Gertrud Scholtzk, *Die Frau im Dritten Reich*, Tübingen: Grabert, 1978.

Klinksiek, Dorothee, *Die Frau im NS-Staat*, Stuttgart: DVA, 1982.

Klönne, Jugend im Dritten Reich, Munich 1995.

Koonz, Claudia, *Mothers in the Fatherland: Women, the Family and Nazi Politics*, New York: St. Martin's Griffin, 1988.

Lewy, Guenter, *The Catholic Church and Nazi Germany*, McGraw-Hill, 1964.

Löffler, Peter, *Bischof Clemens August Graf von Galen-Akten, Briefe und Predigten 1933 – 1946*, Paderborn/München/Wien/Zürich: Ferdinand Schöningh, 2. Aufl. 1996.

Man, Hendrik de, *Sozialismus und National-Fascismus*, Potsdam: Protte, 1931.

Manstein, Peter, *Die Mitglieder und Wähler der NSDAP 1919 – 1933: Untersuchungen zu ihrer schichtmässigen Zusammensetzung*, Frankfurt am Main: P. Lang, 1990.

Matheson, Peter, *The Third Reich and the Christian Churches*, Michigan: W. B. Eerdmans Pub. Co., 1981.

Meding, Dorothee von, *Courageous Hearts, Women and the Anti-Hitler Plot of 1944*, Oxford: Berghahn Books, 1997.

Miller, Joy Erlichmann, *Love Carried Me Home: Women Surviving Auschwitz*, Deerfield Beach, FL: Simcha Press, 2000.

Milward, Alan S., *The Germany Economy at War*, London: Athlone Press, 1965.

Müller, Hans, *Katholische Kirche und Nationalsozialismus, Dokumente 1930 – 1935*, München: Nymphenburger Verlagshandlung, 1963.

Moltke, Freya von, *Memories of Kreisau and the German Resistance*, London: University of Nebraska Press, 2005.

Mommsen, Hans, *Alternatives to Hitler: German Resistance Under the Third Reich*, Muchen: Verlag C. H. Beck oHG, 2000.

Monton, Michelle, *From Nurturing the Nation to Purifying the Weimar and Nazi Family Policy*, 1918 – 1945, New York: Cambridge University Press, 2007.

Morrision, Jack G., *Ravensbrück: Everyday Life in a Women's Concentration Camp*, 1939 – 1945, Princeton: Markus Wiener Publishers, 2000.

Mouton, Michelle, *From Nurturing the Nation to Purifying the Volk*, New York: Cambridge University Press, 2009.

Nasuti, Guy, *The Hitler Youth: An Effective Organization for Total War*.

Newborn, Jud and Annette Dumbach, *Sophie Scholl and The White Rose: The Story of the Remarkable German Students Who Defied Hitler*, New York: ONE World Publications, 2006.

Newborn, Jud and Dumbach, Annette, *Sophie Scholl and The White Rose: The story of the Remarkable German Students who Defied Hitler*, London: ONE World Publications, 2006.

Newman, Richard and Karen Kirtley, *Alma Rose: Vienna to Auschwitz*, Portland: Amadeus Press, 2000.

Nicholas, Lynn H., *Cruel World: the Children of Europe in the Nazi Web*, London: Knopf Doubleday Publishing Group, 2011.

Noakes, Jeremy, *Nazism*, 1919 – 1945, Volume 4, Exeter University Press, 1998.

Orlow, Dietrich, *The History of the Nazi Party* 1919 – 1933, New York: Enigma Books, 1971.

Pauwels, Jacques R. Women, *Nazis and Universities-Female University Students in the Third Reich*, 1933 – 1945, Westport: Greenwood Press, 1984.

Pine, Lisa, *Nazi Family Policy*, 1933 – 1945, New York: Berg, 1997.

Pratt, Samuel, *The Social Basis of Nazism and Communism in Urban Germany. A Correlational Study of the July 31, 1932 Reichstag Election in Germany*, Magister-Arbeit, Michigan State University, East Lansing 1948, S. 244f.

Pridham, Geoffrey, *Hitler's Rise to Power, The Nazi Movement in Bavaria* 1923 – 1933, London, 1973.

Rainer, Barth und Helmut Müller-Enbergs, *Biographische Datenbanken: Kuckhoff, Greta Bundesunmittelbare Stiftung des öffentlichen Rechts. Wer war* wer in der DDR? 5th edition, Volume 1 Ch. Links Verlag, Berlin 2010.

Rauschning, Hermann, Hitler Speaks: A Series of Political Conversations with Adolf Hitler on His Real Aims, London: Thornton Butterworth, 1939.

Reagin, Nancy R. A., German Women's Movement, Class and Gender in Hanover, 1880 – 1933, Chapel Hill: North Carolina University Press, 1995.

Reese, Dagmar, Die BDM-Generation: Weibliche Jugendliche in Deutschland und Österreich im Nationalsozialismus, Berlin: Verlag für Berlin – Brandenburg, 2007.

Reese, Dagmar, Growing Up. Female in Nazi Germany, Berkeley and Los Angeles: University of Michigan Press, 2006.

Rempel, G., Hitler's Children: The Hitler Youth and the SS, Chapel Hill: University of North Carolina Press.

Richard F. Hamilton, Who Voted for Hitler? Princeton: Princeton University Press, 1982.

Roseman, Mark (ed.), Generations in Conflict: Youth Revolt and Generation Formation in Germany 1770 – 1968, Cambridge, 1995.

Rothfels, Hans, The German Opposition to Hitler, Chicago: Henry Regnery, 1962.

Rupp, Leila J., Mobilizing Women of War, German and American Propaganda, 1939 – 1945, Princeton, N. J., Princeton University Press, 1978.

Sachse, Carola, Industrial Housewives: Women's Social Work in the Factories of Nazi Germany, New York: The Institute for Research in History and the Haworth Press, 1987.

Sarti, Wendy Adele-Marie, Women and Nazis: Perpetrators of Genocide and Other Crimes During Hitler's Regime, 1933 – 1945, London: Yale University Press, 2012.

Schechtman, Joseph B., European Population Transfers 1939 – 1945, New York: Oxford Press, 1946.

Scheck, Raffael, Mothers of the Nation: Right-wing Women in Weimar Germany, New York: Berg Press, 2004.

Schneider, Thomas, Eine Untersuchung zu Leben, Werk und Persönlichkeit,

Göttingen: Vandenhoeck & Ruprecht, 1993.

Scholder, Klaus, *A Requiem for Hitler and Other New Perspectives on the German Church Struggle*, London: SCM Press/ Philadelphia: Trinity Press International, 1989.

Scholder, Klaus, *Die Kirchen und das Dritte Reich*, Band I, Berlin: Propyläen, 1977.

Scholder, Klaus, *The Churches and the Third Reich, The Year of Disillusionment: 1934 Barmen and Rome*, Vol. 2, London: SCM Press, 2012.

Sir Fyfe, David Maxwell, *War Crimes Trials: Volume II, The Belsen Trial*, London: William Hodge and Company, Ltd. , 1949.

Sneeringer, Julia, *Propaganda and Politics in Weimar Germany, Winging Women's Vote*, Chapel Hill: University of North Carolina Press, 2002.

Speer, Albert, *Inside The Third Reich*, Phoenix, New Ed edition.

Stachura, Peter D. (ed.), *The Nazi Machtergreifung*, London: Allen and Unwin, 1983.

Staritz, Katarina, *Des grossen Lichtes Widerschein*, Berlin: Evang. Frauenhilfe in Deutschland, 1947.

Stephenson, Jill, *The Nazi Organization of Women*, New Jersey: Croom Helm, 1981.

Stephenson, Jill, *Women in Nazi Germany*, New York: Longman Press, 2001.

Stibbe, Matthew, *Women in the Third Reich*, London: Arnold Press 2003.

Susannah Heschel, *The Arayn Jesus: Christian Theologians and the Bible in Nazi Germany*, New Jersey: Princeton University Press, 2010.

Thomas, Theodore N. , *Women Against Hitler: Christian Resistance in the Third Reich*, Westport: Greenwood Press, 1995.

Tillion, Germaine, *Ravensbrück: An Eyewitness Account of a Women's Concentration Camp*, Garden city, NY: Anchor Books, 1975.

Tingsten, Herbert, *Political Behaviour: Studies in Election Statistics*, New York: Arno, 1975.

Usbone, Cornelie, *The Politics of the Body in Weimar Germany: Women's*

Reproductive Right and Duties, Basinstoke: Macmillan, 1992.

von Gersdorff, Ursula, *Frauen im Kriegsdienst 1914 – 1945*, Stuttgart: Deutsche Verlags-Anstalt, 1969.

Walgenbach, Katharina, *Die weiße Frau als Trägerin deutscher Kultur*, Campus Verlag, 2006.

Westerfield, L. Leigh, "This Anguish, Like a Kind of Intimate Song": *Resistance in Women's Literature of World War II*, New York: Rodopi, 2004.

Winkler, Dörte, *Frauenarbeit im Dritten Reich*, Hamburg: Hoffmann und Campe, 1977.

Winkler, Heinrich A. Mittelstand, *Demokratie und Nationalsozialismus: Die Politische Entwicklung von Handwerk und Kleinhandel in der Weimarer Republik*, Cologne: Kiepenheuer & Witsch, 1971.

外文论文

Bax, Douglas S., "The Barmen Theological Declaration: Its Historical Background", *Journal of Theology for Southern Africa*, June 1984.

Boak, Helen L., "'Our Last Hope': Women's Votes for Hitler: A Reappraisal", *German Studies Review*, Vol. 12, No. 2, May, 1989.

Bock, Gisela, "Racism and Sexism in Nazi Germany: Motherhood, Compulsory Sterilization and the State," *Signs*, Vol. 8, No. 3, Spring, 1983.

Bridenthal, Renate, "Class Struggle around the Hearth: Women and Domestic Service in the Weimar Republic", Michael Dobkowski and Isidor Wallimann, eds., *Toward the Holocaust: The Social and Economic Collapse of the Weimar Republic*, Westport: Greenwood, 1983.

Brown, Robert M., "1984: Orwell and Barme", *Christian Century* 101, August 1984.

Bunsen, Matthew, "Catholic Martyrs of the Holocaust", *The Rock*, November, 2008.

Childers, Thomas, "The Social Bases of the National Socialist Vote", *Journal of Contemporary History*, Vol. 11, No. 4, October 1976.

Evans, Richard J., "German Women and the Triumph of Hitler", *The Journal of Modern History*, Vol. 48, No. 1, On Demand Supplement Mar., 1976.

Falter, Jürgen W., und M. H. Kater, "Wähler und Mitglieder der NSDAP: Neue Forschungsergebnisse zur Soziographie des Nationalsozialismus 1925 bis 1933", *Geschichte und Gesellschaft: Zeitschrift für historische Sozialwissenschaft*, 19 Jahrg., 1993.

Faris, Ellsworth, "Takeoff Point for the National Socialist Party: The Landtag Election in Baden, 1929", *Central European History*, 1975.

Gall, Richard Steigmann, "Religion and the Churched", in: Jane Caplan (ed.), *Nazi Germany*, London: Oxford University Press, 2008.

G., Angela, "Ich bin froh, wenn ich allen helfen kann: Aus Tagebüchern beim Lehrereinsatz", *Der Bewegung* 8, No. 35, 1940.

Gödl, Doris, "Women's Contributions to the Political Policies of National Socialism", *Feminist Issues*, No. 3, 1997.

Geiger, Theodor, "Panik im Mittelstand", *Die Arbeit*, 7, 1930.

Guida, Diehl, "Deutsche Jugend", *Neuland*, Nr. 1, 1916.

Gupta, Charu, "Politics of Gender, Women in Nazi Germany", *Economic and Political Weekly*, Vol. 26, No. 17 Apr., 1991.

Hartwig, "Das Frauenwahlrecht in der Statistik", *Allgemeines Statistisches Archiv*, 21, 1931.

Heike, Irmtraud. "Female Concentration Camp Guards as Perpetrators: Three Case Studies", in: Olaf Jensen and Claus-Christian W. Szejnmann (ed.), *Ordinary People as Mass Murderers: Perpetrators in Comparative Perspectives*, New York: Palgrave Macmillan, 2008.

Hopmann, A., "Doppelmitgliedschaft", *Nachrichtenblatt Newsletter*, November 1933, 39.

Jean and Comaroff, John L., "Home-Made Hegemony. Modernity, Domesticity and Colonialism in South Africa", in: Karen Tranberg Hansen, ed., *African Encounters with Domesticity*, New Brunswick, N. J.: Rutgers University Press, 1992.

Kaplan, Marion, "A. Jewish Women in Nazi Germany, Daily Life, Daily Struggles, 1933-1939", *Feminist Studies*, Vol. 16, No. 3, 1990.

Koonz, Claudia, "Nazi Women before 1933: Rebels Against Emancipation",

Social Science Quarterly, 56 - 4 Mar. , 1976.

Mason, Tim. , "Women in Germany, 1925 - 1940, Family, Welfare and Work", *History Workshop*, No. 1, Spring, 1976.

Matheson, Peter, "Protest of the Provisional Leadership to Hitler", 28 May 1936, *The Third Reich and the Christian Churches*, Michigan: W. B. Eerdmans Pub. Co. , 1981.

Prusin, Alexander V. , "Poland's Nuremberg: The Seven Court Cases of the Supreme National Tribunal, 1946 - 1948", *Holocaust and Genocide Studies* 24 - 1, Spring 2010, pp. 1 - 25.

Reagin, Nancy, "The Imagined Hausfrau: National Identity, Domesticity, and Colonialism in Imperial Germany", *The Journal of Modern History*, Vol. 73, No. 1, Mar. 2001, pp. 54 - 86.

Reese, Dagmar, "The BDM Generation: A Female Generation in Transition from Dictatorship to Democracy", in: Mark Roseman (ed.), *Generations in Conflict: Youth Revolt and Generation Formation in Germany* 1770 - 1968, Cambridge, 1995.

Sahm, Ulrich, "Ilse Stöbe", in: Hans Coppi, Jürgen Danyel, Johannes Tuchel (Hrsg.), *Die Rote Kapelle im Widerstand gegen den Nationalsozialismus*, Berlin: Gedenkstätte Deutscher Widerstand.

Saldern, Adelheid von, "Innovative Trends in Women's and Gender Studies of the National Socialist Era", *German History*, 2009 - 27.

Scheck, Raffael, "German Conservatism and Female Political Activism in the Early Weimar Republic", *German History*, Vol. 15 No. 1, 1997, pp. 34 - 55.

Shively, W. Phillips, "Party Identification, Party Choice, and Voting Stability: The Weimar Case", *The American Political Science Review*, December 1972, pp. 1203 - 1225.

Stachura, Peter D. , "Who Were the Nazis? A Socio-Political Analysis of the National Socialist Machtübernahme", *European History Quarterly*, No. 11, July 1981, pp. 293 - 324.

Stephenson, Jill, "National Socialism and Women before 1933", in: Peter D. Stachura ed. , *The Nazi Machtergreifung*, London: Allen and Unwin,

1983.
Stephenson, Jill, "Reichsbund der Kinderreichen, the League of Large Families in the Population Policy of Nazi Germany", *European History Quarterly*, 1979.
Stephenson, Jill, "Women's Labor Service in Nazi Germany", *Central European History*, Vol. 15, No. 3, 1982.
Stoler, Ann L., "Making Empire Respectable: The Politics of Race and Sexual Morality in 20th-Century Colonial Cultures", *American Ethnologist*, Vol. 16, No. 4, Nov., 1989.
Westerfield, L. Leigh, "Chipping Away at the State; German Women and Resistance", *This Anguish, Like a Kind of Intimate Song-Resistance in Women's Literature of World WarⅡ. Amsterdam*, New York: Rodopi, 2004.
Wiggerhaus, Renate, "Women in the Third Reich", *Connexions*, 36, 1991.

中文译著

［奥］安娜·玛丽亚·西格蒙德：《纳粹女人》，班玮、曲俊雅译，北京十月文艺出版社2004年版。

［奥］威尔海姆·赖希：《法西斯主义群众心理学》，张峰译，重庆出版社1990年版。

［德］U. 弗雷福德：《德国妇女运动史：走过两世纪的沧桑》，马维麟译，台北五南图书出版公司1995年版。

［德］安东·约阿希姆斯塔勒编：《希特勒女秘书的遗著》，陈建福译，世界知识出版社1991年版。

［德］保·施密特：《我是希特勒的译员》，刘同舜译，上海人民出版社1982年版。

［德］古多·克诺普：《希特勒时代的孩子们》，王燕生、周祖生译，人民文学出版社2006年版。

［德］海克·格特马克尔：《爱娃·布劳恩：与希特勒相伴的人生》，朱刘华译，国际文化出版公司2011年版。

［德］海因里希·奥古斯特·温克勒：《永远活在希特勒阴影下吗？关于德国人和他们的历史》，丁君君译，生活·读书·新知三联书店2011年版。

［德］克里斯塔·施罗德：《在希特勒身边12年——希特勒贴身女秘书回忆录》，王南颖、金龙格译，作家出版社2006年版。

［德］玛尔塔·莎德：《希特勒的女密使》，叶萌译，群众出版社2005年版。

［德］齐格弗里德·克拉考尔：《从卡里加利到希特勒：德国电影心理史》，黎静译，上海人民出版社2008年版。

［德］莱因哈德·屈恩尔：《法西斯主义剖析》，邱文、李广起译，军事科学出版社1992年版。

［德］赛巴斯提安·哈夫纳：《破解希特勒》，周全译，台北左岸文化2010年版。

［德］舒伦堡：《纳粹德国的谍报工作：纳粹德国间谍头子舒伦堡的回忆录》，群众出版社1961年版。

［德］特劳德尔·容格、梅丽莎·米勒：《帝国的陷落：希特勒女秘书回忆录》，陈琬译，文汇出版社2005年版。

［德］托尔斯腾·克尔讷：《纳粹德国的兴亡》，李工真译，人民出版社2010年版。

［德］沃尔夫冈·茨德拉：《希特勒家族：第三帝国的神秘家庭》，黄雪媛译，新星出版社2007年版。

［德］英克·布罗德森、卡洛拉·施特恩：《他们为什么效忠希特勒》，安尼译，中央编译出版社2007年版。

［德］约阿希姆·费斯特：《帝国的崩溃：希特勒和第三帝国的末日》，陈晓春译，上海三联书店2005年版。

［法］克洛德·达维德：《希特勒与纳粹主义》，徐岚译，商务印书馆1997年版。

［法］米歇尔：《法西斯主义》，黄发典译，台北远流出版事业公司1993年版。

［法］让·马哈比尼：《希特勒时代的柏林》，沈珂译，上海人民出版社2007年版。

［捷克］丽达·巴洛娃：《我一生的甜蜜与痛苦：明星生涯与希特勒、戈培尔情怨录》，杜新华译，中央编译出版社2002年版。

［联邦德国］麦斯纳：《第三帝国的第一夫人》，齐乃政、张丽华译，百花文艺出版社1990年版。

［联邦德国］施罗德：《残暴的普通人——希特勒贴身女秘书自述》，章琪译，农村读物出版社1988年版。

［美］安特耶·阿舍得：《希特勒的女明星：纳粹电影中的明星身份和女性特质》，柳迪善、丁宁译，上海人民出版社2009年版。

［美］查里斯·怀汀：《纳粹德国的兴亡（下）：帝国梦》，熊婷婷译，中国社会科学出版社2005年版。

［美］格奥尔格·G.伊格尔斯：《德国的历史观》，彭刚、顾杭译，译林出版社2006年版。

［美］汉娜·阿伦特：《极权主义的起源》，林骧华译，生活·读书·新知三联书店2008年版。

［美］阿尔方斯·黑克：《希特勒青年团骨干忏悔录》，王涛等译，四川文艺出版社1992年版。

［美］卡尔·兰道尔：《欧洲社会主义思想与运动史：从产业革命到希特勒攫取政权（下卷）社会主义者反对资本主义与极权主义的斗争》，刘山等译，商务印书馆1994年版。

［美］克劳斯·P.费舍尔：《纳粹德国：一部新的历史》，佘江涛译，译林出版社2011年版。

［美］威廉·夏伊勒：《第三帝国的兴亡——纳粹德国史》，董乐山等译，生活·读书·新知三联书店1974年版。

［美］威廉·夏伊勒：《第三帝国的兴亡》，董乐山等译，世界知识出版社2005年版。

［美］沃尔特·C.兰格：《希特勒的心态——战时秘密报告》，程洪雁译，中央编译出版社2011年版。

［美］沃尔特·拉克尔：《法西斯主义——过去、现代、未来》，张峰译，北京出版社2000年版。

［美］格伦·贝·因菲尔德：《爱娃与希特勒》，郭文峰等译，云南人民出版社1986年版。

［匈］卢卡奇：《理性的毁灭：非理性主义的道路——从谢林到希特勒》，王玖兴等译，山东人民出版社1988年版。

［意］恩佐·克罗迪：《希特勒与纳粹主义》，文心译，生活·读书·新知三联书店2006年版。

［英］邓肯·安德森：《第三帝国的灭亡》，赵玉、钱澄译，台北知书房出

版社 2004 年版。

[英] 迪克·吉尔里：《希特勒和纳粹主义》，王文科译，上海译文出版社 2003 年版。

[英] 弗·卡斯顿：《法西斯主义的兴起》，周颖如、周熙安译，商务印书馆 1989 年版。

[英] 克里斯特·约尔根森：《希特勒的间谍机器》，张卫东、薛蕾、薛晓译，中国市场出版社 2011 年版。

[英] 马克·尼古拉斯：《法西斯主义》，袁柏顺译，吉林人民出版社 2007 年版。

[英] 伊恩·克肖：《希特勒（上卷）：傲慢（1889—1936）》，赖兴译，世界知识出版社 2005 年版。

[英] 伊恩·克肖：《希特勒（下卷）：报应（1936—1945）》，赖兴译，世界知识出版社 2005 年版。

中文专著

陈振昌、相艳：《德意志帝国》，三秦出版社 2001 年版。
齐世荣主编：《世界史·现代卷》，高等教育出版社 2006 年版。
孙炳辉、郑寅达编著：《德国史纲》，华东师范大学出版社 1995 年版。
孙寒冰：《克拉拉·蔡特金评传》，北京图书馆出版社 1997 年版。
邢来顺：《德国工业化经济—社会史》，湖北人民出版社 2004 年版。
张建华主编：《世界现代史资料汇编》上辑，北京师范大学出版社 2009 年版。

中文论文

陈其逊：《德国妇女运动的历史与现状》，《德国研究》2000 年第 1 期。
马瑞映：《德国纳粹时期的妇女政策与妇女》，《世界历史》2003 年第 4 期。
王琪：《纳粹主义运动下的德国妇女》，《西洋史集刊》第三期，1991 年 12 月。
王肇伟：《论纳粹德国的妇女理论及政策》，《世界历史》1995 年第 4 期。
王肇伟：《试论纳粹德国的人口政策》，《山东师大学报》（社会科学版）1994 年第 4 期。

邢来顺：《德意志帝国时期妇女群体的崛起》，《世界历史》2004年第2期。

徐盐城：《试论纳粹德国的战时妇女就业动员政策》，《牡丹江教育学院学报》2005年第4期。

杨秀梅：《纳粹德国的妇女政策》，《女性研究论丛》1996年第2期。

学位论文

邓雪莉：《论德国妇女对纳粹政权的支持》，硕士学位论文，华中师范大学，2011年。

韩昕旸：《纳粹时期德国妇女的社会角色研究》，硕士学位论文，华东师范大学，2010年。

卢卉：《魏玛共和国时期的德国妇女》，硕士学位论文，华中师范大学，2008年。

罗盘：《魏玛德国晚期的妇女选民与纳粹党的崛起》，硕士学位论文，复旦大学，2014年。

网络资源

http：//bbs. tianya. cn/post-worldlook-246266-1. shtml.

http：//de. wikipedia. org/wiki/Angela_ Braun-Stratmann.

http：//de. wikipedia. org/wiki/Der_ Gerade_ Weg.

http：//de. wikipedia. org/wiki/Dora_ Zeitz.

http：//de. wikipedia. org/wiki/Else_ Merkel.

http：//de. wikipedia. org/wiki/Erna_ Gersinski.

http：//de. wikipedia. org/wiki/Eva-Maria_ Buch.

http：//de. wikipedia. org/wiki/Frauen_ im_ Nationalsozialismus.

http：//de. wikipedia. org/wiki/Frieda_ Rosenthal.

http：//de. wikipedia. org/wiki/Gertrud_ Piter.

http：//de. wikipedia. org/wiki/Hanns_ Kerrl.

http：//de. wikipedia. org/wiki/Herta_ Gotthelf.

http：//de. wikipedia. org/wiki/Johanna_ Niederhellmann.

http：//de. wikipedia. org/wiki/K%C3%A4the_ Limbach.

http：//de. wikipedia. org/wiki/K%C3%A4the_ Niederkirchner.

参考文献

http: //de. wikipedia. org/wiki/KPD.

http: //de. wikipedia. org/wiki/Lagi_ von_ Ballestrem.

http: //de. wikipedia. org/wiki/Liselotte_ Herrmann.

http: //de. wikipedia. org/wiki/Lore_ Wolf.

http: //de. wikipedia. org/wiki/Ludwig_ Kaas.

http: //de. wikipedia. org/wiki/Luise_ Herrmann-Ries.

http: //de. wikipedia. org/wiki/Maria_ Grollmu%C3%9F.

http: //de. wikipedia. org/wiki/Maria_ R%C3%B6der.

http: //de. wikipedia. org/wiki/Maria_ Wachter.

http: //de. wikipedia. org/wiki/Mira_ Lobe.

http: //de. wikipedia. org/wiki/Olga_ K%C3%B6rner.

http: //de. wikipedia. org/wiki/Philippina_ Roth.

http: //de. wikipedia. org/wiki/Toni_ Pf%C3%BClf.

http: //en. wikipedia. org/wiki/Elisabeth_ Schumacher.

http: //en. wikipedia. org/wiki/Erika_ von_ Brockdorff.

http: //en. wikipedia. org/wiki/Hilde_ Coppi.

http: //en. wikipedia. org/wiki/Irma_ Grese.

http: //en. wikipedia. org/wiki/Johanna_ Kirchner.

http: //en. wikipedia. org/wiki/Libertas_ Schulze-Boysen.

http: //en. wikipedia. org/wiki/Lina_ Haag.

http: //en. wikipedia. org/wiki/Ludwig_ Kaas.

http: //en. wikipedia. org/wiki/Mildred_ Harnack.

http: //en. wikipedia. org/wiki/NS-Frauen-Warte.

http: //en. wikipedia. org/wiki/Otto_ Wels.

http: //en. wikipedia. org/wiki/Pope_ Pius_ XII.

http: //en. wikipedia. org/wiki/Protestant_ Reich_ Church.

http: //en. wikipedia. org/wiki/Solf_ Circle.

http: //en. wikipedia. org/wiki/Swing_ Kids.

http: //www. catholic. com/magazine/issues/volume-19-number-9.

http: //www. catholicapologetics. info/apologetics/protestantism/hitler. htm.

http: //www. chinanews. com/news/2005/2005-05-09/26/571751. shtml.

http: //www. geschichtsforum. de/f66/portr-ts-von-frauen-im-widerstand-20999/.

http：//www.jf-archiv.de/archiv00/130yy27.htm.

http：//www.militaryhistoryonline.com/wwii/articles/hitleryouth.aspx.

http：//www.mythoselser.de/ge-uniontime.htm.

http：//www.religion-online.org/showarticle.asp？title=1415.

索　引

民族社会主义运动（纳粹运动）　1，4－6，18，21－27，31，44，58，59，77，78，123，125，126，142，143，163，164，178，182，185，188，195，210，220，221，225－227

阿道夫·希特勒（希特勒）　25，127，135，136，184

民族社会主义德国工人党（纳粹党）　2－6，10－12，14，18－21，23－25，27－45，48－50，56－67，69，71－74，76，77，79－81，85，86，88，93，98，101，103，104，107，109，116，119－121，123，125－129，131，133，135－139，141－147，150，152，153，161，164，166，167，172，174，175，178，182，183，185，187，194，195，201，202，204，205，207，212－214，216－218，220－227，242

魏玛共和国　2，6，8－10，14，15，22，24－27，31，32，36－38，40，43，49，52，56，57，77，93，125－127，142，143，148，164，166，182，183，188，194，196，197，207，212，214，220－222，225，242

兴登堡　2，32，41，90，127，133，183，207

德国劳工阵线　2

白玫瑰小组　4，18，24，209，211，212

大德意志帝国　2，26，69

大德意志民族共同体　69

蔡特金　22，45－48，53，185，186，227，241

露易丝同盟　56

福音教妇女同盟

《二十五点纲领》　58，85

族民妇女同盟

德意志妇女骑士团

德意志少女同盟　12，24，50，62，63，67，71－78，87，91，93，95，97，98，102，114，119，209，210，217，222

舒尔茨－克林克　11，42，62，66－68，77，80，106，144，149，168

民族社会主义妇女联盟（纳粹妇联）　12，62－68，70－72，77－80，87，94，168

大德意志族民共同体

"东部建设"　93－96，99，223

国家母亲服务部　68－70，79，104，171

母亲儿童救济院　104，171

德意志基督教　56，125，126，129－131，143，150

福音教纳粹党（德国基督教徒党）　129

中央党（天主教中央党） 36，124，125，127，133

希特勒青年团 70-78，129，135，136，169，170，240

认信教 18，19，131，132，136-140，150，152-163，208，221，225

《巴门宣言》 131，132，136，153

德国共产党 24，25，45，47，57，178-180，182-194，197，198，201，204，205，226

德国社会民主党（社会民主党） 24，25，43，53，58，178，185，190，194-199，222，226，227

民族社会主义工人党 2，25，58

社会民主党 4，17，18，25，32，36，38-40，43，44，46，47，52-55，62，125，127，178-180，182-185，190，195-197，221，226

希特勒 1-6，11-14，17-20，23-32，37，38，40-45，49，57-61，66，73，77，81，85，89，90，104-107，114，115，118，121，125-137，139，140，143-146，148，152，157，158，161，165，169，171，172，174-178，180-184，188，195-198，201，203，205-207，212-214，217，218，220-223，225-227，238-241

致　　谢

作为一名出版社的编辑，在阅读了众多致谢后，发现大家都喜欢用"时光荏苒、光阴如梭"这样的话语来开头，之前觉得实在是泛泛可陈、缺乏新意，但轮到自己写致谢的时候，发现感慨时光的流逝乃是真情实感的流露，因为每当修改论文的时候多年前博士学位论文答辩时的情景就会跃入脑海。

恍惚回到博士毕业的那一年，好像又看到青涩的自己，已然是八年前的事情了，这八年我已经从一名单纯、不问世事的学生蜕变为一名"感受得到时代脉搏的学术编辑"。我也在这八年里为人妻、为人母，在繁忙的工作和无尽的家务中，修改博士论文实在是一件艰巨的工作。庆幸自己终于完成，但总觉得还是不尽如人意，作为一部学术性专著我深知自己的书稿理论性有些薄弱，只能寄希望于将来通过发表论文的方式弥补这个缺憾吧。

基于博士论文进行修改的这部书稿至此也将要画上一个句号，然而这个句号实在是来之不易，它凝聚了许多人在我求学期间和就业后所提供的支持和帮助，在此向诸位表示由衷的感谢。

能顺利完成学业，当然是离不开求学道路上众多师友的帮助。感谢中国海洋大学的修斌老师，可以说是修老师把我带进历史学这一学科大门的，修老师主攻的日本史、中外关系交流史方向对我影响深远，至今仍让我坚信历史学的学以致用，就是化解彼此偏见，客观上拉平认知差距的过程。感谢赵成国老师一直细致地从学习方法上给予我具体的指导，引导懒惰的我多"啃"经典著作。

感谢上海交通大学的李玉尚老师，虽未曾做过李老师一天的门生，但李老师认真严谨的学术态度，和孜孜以求的学术精神对我很是震撼。作为葛剑雄先生的弟子，李老师并没有半点傲气，上课时总是面带微笑的看着大家，将储备多年的知识倾巢而出。

当然，孙立新老师为我的付出的最多的。作为我的博士生指导老师，孙老师不仅未开学就为我列了书目清单"逼我"尽早进入状态，还从生活上关心我，经常热情的请客吃饭。从博士论文的开题到答辩，老师可以说是操碎了心，修改论文的过程虽然我本人很痛苦，但可以料想，这痛苦的背后让孙老师相当闹心。论文的每一步都离不开他的悉心指导、每一页都融入他的心血和智慧，如果没有他高屋建瓴的理论引导以及学术思考和科研方法上的点拨，没有他富有建设性的的修改意见，本书难以修订出版面世。在选择博士论文方向的时候，孙老师曾力荐研究马克思主义史学方向，但当初的我对理论研究的认识还是很浅薄的，觉得没有"意思"。在孙老师的引导下我找到了自己的兴趣点——研究纳粹时期女性政治思想。本着这一好奇心，追溯了这一段极端时期的历史。

此外，郑重感谢中国社会科学出版社的领导和各位老师多年来对我的鼓励和培养，感谢单位提供的机会使得本书能获得博士文库资助。尤其感谢赵剑英社长将我引领入学术出版的殿堂，并时刻关心我的学习和成长，剑英社长渊博的专业知识、活跃的学术思想、严谨的治学态度和勤勉的工作作风使我受益匪浅并为我将来的工作和学习树立了榜样。感谢魏长宝总编辑和王茵副总编辑对我工作的细致指导，包容我的"粗线条"与"直来直去"，并诚恳地给予诸多难能可贵的建议。感谢郭沂纹、李炳青等各位"领路人"手把手地教导我如何改稿，发挥了"传帮带"的优良作风。感谢多年来同事们的关心和帮助。是诸位领导和前辈的期冀鼓舞着我不断奋进，正是站在他们的肩膀上，我才有机会在学术出版这条路走下去。

时常感慨还是当学生的时候最轻松，这当然是因为父母帮我承担了相当的责任，尤其是经济压力，让我在相对富足的情况下完成了学业，不至于落入"寒窗苦读"的窘境。感谢我的父母在我迷茫的时候帮我坚定了"继续读书"这个信念。感谢父亲在成长过程中一直叮嘱我，无论做任何事情在过程中都要尽全部努力，至于结果既然无法控制就不要多想了，这让我能豁达、坦然的度过人生。感谢母亲在我的成长中能一直客观的指出我的缺点和需要改进的地方，承担了并不讨喜的"忠言逆耳"的角色，这避免让我过于沾沾自喜，陷入所取得的成绩中难以自拔。

做完博士论文已经8年，没想到这几年碰上21世纪女性主义思潮的回归，女性意识有了很大程度的觉醒，学界对女性这一小众群体的研究也增多了，女性的力量逐渐被关注到。这一契机也激发了我进一步修改博士论文。休产假是一个难得的"大块"时间，感谢在此期间体谅我并容忍我产后经常

"无理取闹"的丈夫，是你的包容和隐忍让我克服了产后的郁郁寡欢，也是你的鼓励然我有勇气能重拾博士论文的修改工作。也感谢女儿小栗子的到来，是你打破了我看似理性合理实则"循规蹈矩"缺乏新意的生活。让我有勇气去面对更有挑战性的工作，因为意识到言传身教的重要性也逼我不断地修正自己，成为一个更有趣、更积极的人。

限于时间、研究条件、特别是本人的学识，本书存在不尽如人意之处在所难免，诚恳地希望学界同仁和广大读者不吝赐教以为日后修正，感谢责任编辑为本书的顺利出版付出的辛劳。

于北京家中
2022 年 4 月